◆主なキーボードショートカットと特殊キー◆

機　能	キーボードからの入力
領域の選択	Shift ＋ 矢印（←→↑↓）
コピー	Ctrl ＋ C
貼り付け	Ctrl ＋ V
切り取り	Ctrl ＋ X
すべてを選択	Ctrl ＋ A
作業を元に戻す	Ctrl ＋ Z
ファイルの新規作成	Ctrl ＋ N
ファイルを開く	Ctrl ＋ O
ファイルを上書き保存	Ctrl ＋ S
印刷	Ctrl ＋ P
検索	Ctrl ＋ F
画面全体を画像としてクリップボードにコピー	Print Screen
アクティブウィンドウのみをクリップボードにコピー	Alt ＋ Print Screen
1ページ上へ移動	Page Up
1ページ下へ移動	Page Down
行頭へカーソルを移動	Home
行末へカーソルを移動	End
ウィンドウの切り替え	Alt ＋ Tab

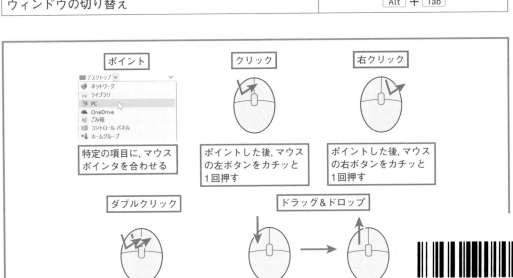

LibreOfficeで学ぶ
情報リテラシー

畔津忠博・吉永敦征・永﨑研宣 著

Microsoft，および Windows は，米国 Microsoft Corporation の，米国および
その他の国における登録商標です．
その他，本書中の製品名は，一般に各社の商標または登録商標です．
本文中では，™および Ⓡ マークは明記していません．

◆LibreOfficeのインストール方法◆

LibreOfficeを初めて使う際には，次の方法でインストールしてください．
❶ウェブブラウザでhttps://ja.libreoffice.org/にアクセスします．
❷「ダウンロード」をクリックします．
❸OSがWindows版であることを確認してから，「ダウンロードバージョン＊」をクリックします（＊には，アクセスした日におけるダウンロード可能なバージョン番号が表示されます）[注1]．
❹ページが変わります[注2]．そのまま少し待つと，ダウンロードするファイルLibreOffice＊＊.msiの保存場所を聞いてきますので，任意の場所に保存します（＊＊には，バージョン番号やインストールするOSの種類などが表示されます）．
❺ダウンロードしたLibreOffice＊＊.msiをダブルクリックします．
その後は，インストールウィザードが起動するので，その指示に従ってインストールを行いますが，以下の点に気を付けてください．
①セットアップの種類では，通常は，「標準」を選択します．
②ファイルの種類では，チェックボックスによりWord, Excel等で作成したファイルをLibreOfficeで開くようにすることができますが，通常はチェックをしないようにします．
③Baseを使うためにはJRE (Java Runtime Environment) が必要です．http://www.oracle.com/technetwork/java/javase/downloads/index.htmlからダウンロードしてインストールしてください．

注1：ダウンロードするバージョンの違いによって，メニューの構造やアイコンに若干の違いがあります．
注2：そのページではLibreOfficeを開発しているThe Document Foundationという団体が英語で寄付を募っています．もちろん寄付は義務ではありませんから寄付をする必要はありません．もしLibreOfficeの開発に貢献したい気持ちがある場合には，英語のヘルプを日本語に翻訳することや，マニュアルを作成することなど，行える貢献はほかにもあります．貢献もしたくないけれどLibreOfficeを使いたいという場合にも何も気にすることはありません．それがオープンソースのソフトウェアです．

『LibreOfficeで学ぶ情報リテラシー』の読者のみなさんへ

　本書は，タイトルに書いてあることを可能な限り適切に実現することを目的に執筆されました．つまり，グローバル化する知識経済において必須とされる情報リテラシーを，フリーソフトウェアの代表格の1つであるLibreOfficeの活用を通じて習得できるようにすることを目指したものです．

　多くの方々は，スマートフォン（以下，スマホ）でテキストや音声を使ってコミュニケーションをとることを違和感なくできるのではないかと思います．それ自体も，この時代には重要なスキルであり，大切にしていってください．しかし，スマホで情報を簡単にやりとりするには，個々の情報がきれいにそろっていて，かつ，ごく少ない操作でやりとりできるような約束事も取り決めておかなければなりません．例えば，LINEやTwitterをスマホで簡単に扱えるのは，それらが持っているデータが高度に構造化されており（いつ，誰から誰にやりとりされたか，本文はどれか，どれに対する返信か，といった情報がコンピュータにとって取り出しやすい形式で作成保存されているということです），そして，適切なAPI（Application Programming Interface，ほかのプログラムから機能やデータなどを呼び出すためのしくみです）が提供されているからです．スマホの小さな画面の中で，フリックやスワイプといった操作で簡単に作業をこなせるようなしくみを用意するためのハードルは結構高く，まだまだ，パソコンのキーボードとマウスを使って細々と作業をしなければならない状況は続いていくと思われます．やがて，スマホ的な操作で何もかもできるようになることを待ちつつ，今のところは，普通のパソコンの使い方も習得しておくことが必要です．

　すでに高校までに「情報」の授業などでパソコンの使い方を十分に習得している人もいると思いますが，本書は，必ずしもそういう人でなくとも，情報リテラシーについて一通り学ぶことができるように，Windows 10を前提として1から学ぶ形式となっています．特に，タッチタイピングとキーボードショートカットについては，これまで身に付けてなかった人はぜひここで身に付けてください．作業効率が格段にあがって，仕事をするときにもとても重宝します．キーボードショートカットについては，詳しくは第2章を見てください．

　本書で扱っているソフトウェアは，Microsoft Officeの主要ソフトウェアに対応するLibreOfficeのソフトウェアが主となっています．Microsoft OfficeのワープロソフトWordにあたるものがWriter，表計算ソフトのExcelにあたるものがCalc，プレゼンテーションソフトのPowerPointにあたるものがImpress，データベースソフトのAccessにあたるものがBase，といった案配です．そして，それ以外に，描画ソフトとしてDrawも扱っています．また，Microsoft Officeの使い方との違いについても適宜紹介しています．内容としては，プログラミングやデータベースの使い方など，パソコンにあまり習熟していない人が1年間で学ぶにはちょっと難しそうな範囲まで含んでいます．1年間かけて勉強してみて，取り組めなかったところも，その後，独習できるように工夫していますので，いそがず慌てず，いつか取り組んでみてください．

最後に，「なぜLibreOfficeで？」と思われる人もいらっしゃると思います．それは，「情報リテラシー」を身に付けることを目的としているのであって，LibreOfficeの使い方を覚えることを目的としているのではないからです．ソフトウェアは日進月歩，どのソフトの使い方を覚えても，数年経てば覚え直しです．でも，数年経っても覚え直さなくていい知識，かなり長い間使い続けられる知識もあります．例えば，データの構造を意識しながら文書作成をしたり，関数を使ってデータを処理したりするという考え方は，なかなか変わりません．本書で身に付けてもらおうと意図しているのは，そのようなことです．それを前提としたうえで，では，なぜ，LibreOfficeかといえば，自由に使えるからです．自分がLibreOfficeで作ったファイルを他人に渡したとき，「LibreOfficeがないからファイルを開けない」と言われたら，LibreOfficeも渡すことができるのです．あるいは，自分でウェブからダウンロードしてインストールしてもらうこともできるのです．商用ソフトウェアでは，そのようなことは禁止されていますが，LibreOfficeは自由にできるのです．その制約のなさが，色々な場面で役立つことがありますので，それを実感していただくことがLibreOfficeを採用している理由です．

　長くなってしまいましたが，みなさんが本書を通じて情報リテラシーを涵養し，知識経済の時代をうまく迎えられるようになっていただくことを楽しみにしています．

2016年4月

永﨑研宣

目　次

WindowsとLibreOfficeの基礎

第1章　Windowsの基本操作 ……………………………………………………… 1
- 1・1　Windowsへのログイン ………………………………………… 1
- 1・2　LibreOfficeの画面デザイン …………………………………… 3
- 1・3　文書の保存とフォルダーの取扱い …………………………… 6
- 　　　演習1 …………………………………………………………… 12

第2章　キーボードの基本と日本語入力 ……………………………………… 13
- 2・1　キーボードの使い方 …………………………………………… 13
- 2・2　文字の入力 ……………………………………………………… 14
- 2・3　文字の種類 ……………………………………………………… 15
- 2・4　日本語の入力方法 ……………………………………………… 18
- 　　　演習2 …………………………………………………………… 23

Writer

第3章　レポートの作成：基礎知識と文書の構造化 ………………………… 26
- 3・1　文書の構造化とスタイル ……………………………………… 27
- 3・2　レポート作成の基礎知識 ……………………………………… 28
- 3・3　スタイルを用いた構造化の方法 ……………………………… 30
- 3・4　ナビゲーター …………………………………………………… 34
- 　　　演習3 …………………………………………………………… 35
- 　　　Microsoft Officeの場合 ………………………………………… 36

第4章　レポートの作成：引用の方法，注の付け方と参考文献の書き方 …… 37
- 4・1　引用の方法 ……………………………………………………… 38
- 4・2　注の挿入 ………………………………………………………… 39
- 4・3　参考文献の書き方 ……………………………………………… 41
- 4・4　ヘッダー，フッターの追加 …………………………………… 43
- 4・5　様々な形式でのファイルの保存 ……………………………… 48
- 　　　演習4 …………………………………………………………… 53

第5章　表と画像の挿入 ………………………………………………………… 54
- 5・1　表の挿入 ………………………………………………………… 55
- 5・2　表の操作 ………………………………………………………… 56
- 5・3　画像の操作 ……………………………………………………… 63

演習5 ··· 69
Microsoft Officeの場合 ··· 69

第6章　検索と置換と目次の作成 ·· 71
6・1　検索ダイアログボックス ··· 71
6・2　検索の方法 ··· 72
6・3　文字の置き換え ·· 74
6・4　正規表現 ·· 77
6・5　目次の作成 ··· 82
演習6 ··· 84
Microsoft Officeの場合 ··· 85

Calc

第7章　表計算ソフトの概要とセルの書式設定 ························· 87
7・1　Calcの起動と画面 ·· 87
7・2　簡単な表の作成 ·· 89
7・3　ファイルの保存と既存のファイルの読み込み ························· 91
7・4　Calcの編集機能 ··· 92
7・5　セルの書式設定 ·· 94
7・6　シートの印刷 ··· 96
演習7 ··· 97
Microsoft Officeの場合 ··· 97

第8章　数式を使った計算処理 ·· 98
8・1　簡単な計算処理 ·· 99
8・2　セル番地を使った計算処理 ··· 100
演習8 ··· 106
Microsoft Officeの場合 ··· 106

第9章　関数を使った計算処理（1） ·· 107
9・1　関数の基本 ··· 107
9・2　よく使われる関数 ··· 109
演習9 ··· 113
Microsoft Officeの場合 ··· 113

第10章　関数を使った計算処理（2） ···································· 114
10・1　準備 ·· 115
10・2　配列数式 ·· 116
10・3　そのほかの関数 ·· 119
演習10 ··· 120
Microsoft Officeの場合 ··· 120

第11章	グラフ作成（1）	121
11・1	準備	122
11・2	グラフの作成と編集	123
11・3	図形描画	128
	演習11	130
	Microsoft Officeの場合	130

第12章	グラフ作成（2）	131
12・1	準備	131
12・2	様々なグラフの作成	131
	演習12	137
	Microsoft Officeの場合	137

第13章	統計データの活用（1）	138
13・1	準備	138
13・2	回帰分析	138
13・3	グラフの近似曲線	140
	演習13	141
	Microsoft Officeの場合	141

第14章	統計データの活用（2）	142
14・1	準備	142
14・2	誤差バー付きグラフの作成	143
14・3	検定	144
14・4	F分布のグラフ	147
14・5	多重比較	148
	演習14	149
	Microsoft Officeの場合	149

第15章	表集計（1）	150
15・1	準備	150
15・2	テキストファイルのインポート	151
15・3	データベース関数	153
15・4	小計	157
	演習15	159
	Microsoft Officeの場合	159

第16章	表集計（2）	160
16・1	準備	160
16・2	関数のネスト	161
16・3	ピボットテーブル	162
	演習16	165
	Microsoft Officeの場合	165

第17章　表集計（3） …………………………………… **166**
- 17・1　準備 …………………………………… 166
- 17・2　文字列の操作 …………………………………… 167
- 17・3　VLOOKUP関数 …………………………………… 167
- 17・4　クロス集計 …………………………………… 170
- 　　　演習17 …………………………………… 171
- 　　　Microsoft Officeの場合 …………………………………… 171

第18章　表計算ソフトによるプログラミング（1） …………… **172**
- 18・1　プログラムの作成 …………………………………… 172
- 18・2　変数 …………………………………… 175
- 18・3　算術演算 …………………………………… 177
- 18・4　配列 …………………………………… 177
- 　　　演習18 …………………………………… 178
- 　　　Microsoft Officeの場合 …………………………………… 179

第19章　表計算ソフトによるプログラミング（2） …………… **180**
- 19・1　繰り返し処理 …………………………………… 180
- 19・2　2次元配列 …………………………………… 182
- 19・3　2重ループ …………………………………… 183
- 　　　演習19 …………………………………… 185
- 　　　Microsoft Officeの場合 …………………………………… 185

第20章　表計算ソフトによるプログラミング（3） …………… **186**
- 20・1　条件分岐 …………………………………… 186
- 20・2　繰り返し処理と条件分岐 …………………………………… 190
- 　　　演習20 …………………………………… 191
- 　　　Microsoft Officeの場合 …………………………………… 192

第21章　表計算ソフトにおけるプログラムの利用（1） ………… **193**
- 21・1　オブジェクトの操作 …………………………………… 193
- 21・2　並べ替えのアルゴリズム …………………………………… 194
- 　　　演習21 …………………………………… 198
- 　　　Microsoft Officeの場合 …………………………………… 199

第22章　表計算ソフトにおけるプログラムの利用（2） ………… **200**
- 22・1　フローチャートを利用したプログラム作成 …………………………………… 200
- 22・2　関数の利用 …………………………………… 203
- 　　　演習22 …………………………………… 205
- 　　　Microsoft Officeの場合 …………………………………… 205

Draw

第23章　図形描画ソフトの基礎と論理表現　　206
- 23・1　Drawの画面構成　　206
- 23・2　オブジェクトの基本的な取扱い　　208
- 23・3　オブジェクトのプロパティ　　210
- 23・4　ベン図の作成　　211
- 23・5　「すべて」と「ある」　　214
- 23・6　and, or, not　　216
- 演習23　　219

第24章　フローチャートの作成　　220
- 24・1　Drawを利用したフローチャートの書き方　　220
- 24・2　条件分岐を用いたフローチャート　　223
- 演習24　　227

第25章　繰り返し処理を組み込んだフローチャートの作成　　228
- 25・1　単純な繰り返し処理の表現方法　　228
- 25・2　入れ子状の繰り返し処理　　231
- 演習25　　233

Impress

第26章　プレゼンテーション資料作成の基本　　234
- 26・1　Impressの起動と編集画面　　234
- 26・2　スライドの作成　　236
- 26・3　スライドショー　　239
- 26・4　表示モードについて　　241
- 演習26　　244

第27章　デザインとアニメーションの設定　　245
- 27・1　マスターページの選択　　245
- 27・2　文字の挿入　　246
- 27・3　文字の装飾　　247
- 27・4　アニメーションの設定　　248
- 27・5　コネクターの扱い方　　252
- 演習27　　253

第28章　グラフの作成とほかのソフトウェアとの連携　　255
- 28・1　Impressにおけるグラフの表示　　255
- 28・2　Calcで作成したグラフのコピー　　256
- 28・3　Impressのグラフ作成機能　　257

Base

第29章 データベースソフトの基礎 ······ 263
- 29・1　基本的なBaseの使い方 ······ 263
- 29・2　データの取り出し ······ 269
- 　　　　演習29 ······ 277

第30章 データベースを用いた文献管理 ······ 278
- 30・1　準備 ······ 278
- 30・2　データの入力 ······ 280
- 30・3　テーブルの結合 ······ 281
- 30・4　正規化 ······ 282
- 30・5　データベースの活用 ······ 285
- 　　　　演習30 ······ 288

参考文献一覧 ······ 289

索引 ······ 291

(28・4　OLEオブジェクトとしてのCalcとの連携 ······ 260　演習28 ······ 262　Microsoft Officeの場合 ······ 262)

Column

- OSとアプリケーション ······ 120
- LibreOffice Math ······ 149
- 10進数から2進数への変換 ······ 191
- デファクトスタンダードとサステナビリティ ······ 192
- LibreOfficeとODF ······ 199
- 暗号化とプライバシー ······ 227
- フリーソフトウェアの考え方 ······ 254
- オープンソースの考え方 ······ 262

本書に掲載した課題と演習問題のデータは，ウェブページからダウンロードできます．
東京電機大学出版局ウェブページ　https://www.tdupress.jp/
［トップページ］→［ダウンロード］→［LibreOfficeで学ぶ情報リテラシー］

WindowsとLibreOfficeの基礎

WindowsはMicrosoftが開発・販売しており，一般に広く利用されているOSです．第1章，第2章ではWindowsを使う際の基本的なUI（ユーザーインターフェイス）の操作方法やファイルの取扱い方，日本語入力等の基礎的なリテラシーを身に付けます．

第1章 Windowsの基本操作

本章では，これから学習するソフトウェアやコンピュータの用語を覚え，アプリケーションの起動方法やUIの操作方法を学び，フォルダーの作成を通じたファイルの整理方法などを学習します．

1・1 Windowsへのログイン

1) Windowsへのログイン

コンピュータの電源を入れると，いくつかのチェックが行われた後，まずOSと呼ばれる基本ソフトウェアが起動します．ここでは，OSの1つであるMicrosoft Windows（以下，Windows）を例に，その使い方を説明します．

Windowsを利用するときは，通常，利用者が使用する環境において正式に登録されたユーザーであるかどうかを確認するために，ログイン名（ユーザー名）とパスワードが必要になります．まずは，ログイン名とパスワードを入力して，Windowsにログインしてください．

2) アプリケーションソフトの起動

Windowsにログインすると，最初にデスクトップと呼ばれる作業領域が表示されます．

2　WindowsとLibreOfficeの基礎

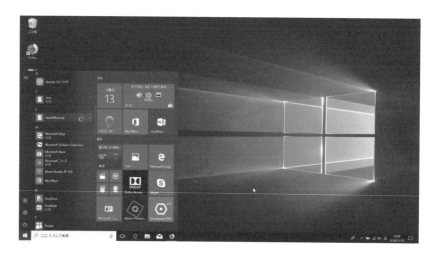

文書作成，数値計算，情報検索などの様々な情報処理作業は，このデスクトップ上で行います．多くの場合，これらの作業にはアプリケーションソフトを用いるので，まずはアプリケーションソフトの起動方法を確認しておきましょう．ここでは，本書でこれから使用するアプリケーションソフトLibreOfficeの起動方法を示します．

手順

➡ [LibreOffice 6.0] の数値部分は，環境によって異なります．

❶デスクトップ上の[**スタート**]メニュー■をクリックします．

❷メニューが表示されるので，その中から[**LibreOffice 6.0**]を探してクリックし，さらに表示されるメニューから[**LibreOffice**]をクリックします．

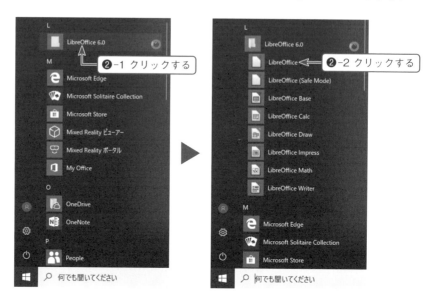

❸次図のような「LibreOffice」の画面が表示されます．統合OfficeソフトであるLibreOfficeを構成するソフトウェアは，すべてこの画面から起動できます．今回はこの中から[**Writer文書ドキュメント**]を選択して，Writerを起動します．

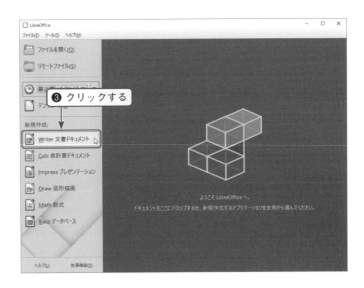

1・2 LibreOfficeの画面デザイン

① ウィンドウ各部の機能

この本で解説するLibreOfficeのアプリケーションソフトWriter, Calc, Impress, Draw, Baseは，基本的な画面のデザインや使い方などが共通しています．まずはWriterを例に，LibreOfficeの基本について学びましょう．

② ウィンドウ各部の名称

Writerを起動すると，図のようなウィンドウが開きます．各部の名称は次のとおりです．

4　WindowsとLibreOfficeの基礎

➡ この例ではツールバーは2段になっています。環境によっては1段しかないこともありますが、その場合でも特に問題はありません。

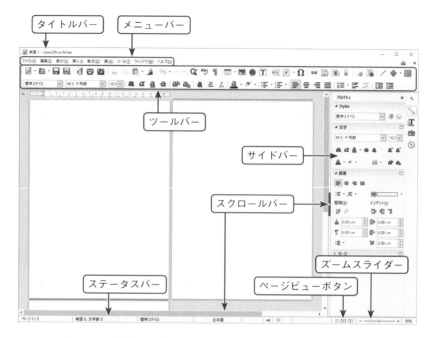

　ウィンドウの一番上には「タイトルバー」があります。そのタイトルバーの下に「メニューバー」があります。メニューバーの下には「ツールバー」があります。ウィンドウの一番下には「ステータスバー」があります。ウィンドウの右端と下に付いているのが「スクロールバー」です。

　これらは次のような機能を持っています。

❏ **タイトルバー**　　作成している文書の名前が表示されます。またタイトルバーの右端にはウィンドウを操作するボタンが3つ付いています。

❏ **メニューバー**　　ワープロで利用できるすべての機能が配置されています。メニューは機能ごとに分類された階層構造をしており、基本的な操作はすべてメニューバーの項目から選択して行うことができます。

❏ **ツールバー**　　よく使用する機能がアイコン状に表示されており、操作が直観的に行えるようになっています。アイコンの意味を覚えると、機能を便利に使えるようになります。

❏ **サイドバー**　　文字装飾を行う「プロパティ」、文書構造化のための「スタイルと書式設定」、「ナビゲーター」などが表示される領域です。

❏ **ステータスバー**　　ページ数やページスタイルなどの文書情報が表示されます。

❏ **スクロールバー**　　文書の表示領域を上下左右に移動できます。前後のページなどの縦方向に移動するときは上下、横幅の広い文書の隠れている部分を表示するときは左右のスクロールバーを使います。

❏ **ページビューボタン**　　「1ページ表示」「2ページ表示」「見開きでの表示」の3種類の方式で文書を表示することが可能です。また、ズームスライ

ダーを使うと，表示倍率が簡単に変更できます．

③ メニューバーの機能

図のようにメニューバーをクリックすると，そのメニューに登録されている項目の一覧が表示されます．メニュー左端の ▶ は，その項目の下にさらにサブメニューが存在することを表しています．

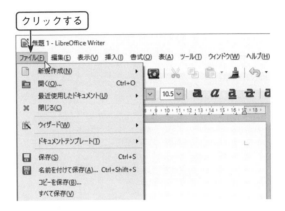

④ ツールバーの機能

ツールバーには様々なアイコンがあり，それぞれのアイコンには，文字を太字にする，文字の色を変える，印刷をする，ファイルを保存する，などの機能が割り当てられています．

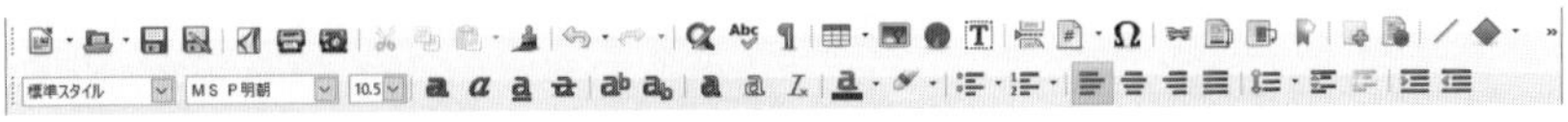

どのアイコンにどのような機能が割り当てられているのかは，次の手順で手軽に知ることができます．

手順

❶ メニューバーから［**ヘルプ**］→［**ヘルプ**］を選択します．するとマウスカーソルが のように変化します．

❷ この状態でマウスカーソルをアイコンに合わせると，それぞれのアイコンの機能の説明が表示されます．右図は，PDFを出力する機能のアイコンにマウスを合わせたところです．

6　WindowsとLibreOfficeの基礎

1・3　文書の保存とフォルダーの取扱い

1　文書の保存

文書の保存は，次のように行います．

手順

❶メニューバーの[**ファイル**] → [**名前を付けて保存**]をクリックするか，もしくはツールバーの[**名前を付けて保存**]ボタン 🖫 をクリックします．

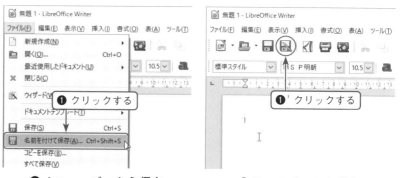

●メニューバーから保存　　●ツールバーから保存

❷画面に「名前を付けて保存」ダイアログボックスが表示されます．今回は「ドキュメント」の中にファイルを保存するので，[**保存する場所**]を「ドキュメント」にしてから，ファイル名「test」を入力して，[**保存**]ボタンをクリックします．

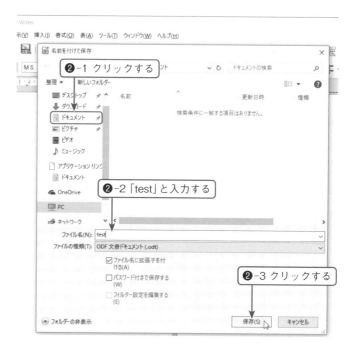

これで文書をファイルとして保存することができました．

ファイル名には，すでに存在するファイルと同じ名前を付けることはできません．同じ名前を付けた場合，以前のファイルに上書き保存をしてしまい，以前のファイルが消えてしまいます．

またファイルを保存するときには，できるだけ「日付」や「バージョン」などをファイル名に入れておくとよいでしょう．こうすることで，いつ作成し，何度修正をしたファイルなのかを簡単に識別することができます．例えば「第一回課題」というファイル名ではなく，「20160401コンピュータリテラシ第一回課題」のように，後から見てわかりやすいファイル名で保存しましょう．

➡ 今回は「test」というファイル名を付けましたが，今後は日付やバージョンを追加したファイル名にしてください．

② 文書を開く

先ほど保存した「test」というファイルを開いてみましょう．

❶ メニューバーの［**ファイル**］を選択して［**開く**］をクリックするか，ツールバーの［**開く**］ボタン 📂 をクリックしてください．

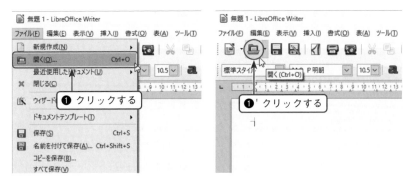

●メニューバーから開く場合　　●ツールバーから開く場合

❷「開く」ダイアログボックスが表示されるので，ファイルの場所を選択します．ここでは，先ほどファイルを保存した「ドキュメント」を選択します．

❸「test」ファイルをクリックし，最後に［**開く**］ボタンをクリックして，先ほど保存したファイルを開きます．

WindowsとLibreOfficeの基礎

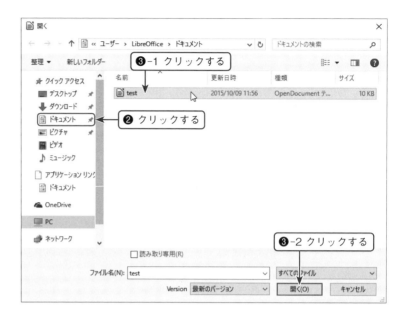

③ フォルダーの作成

　先ほどは，作成したファイルを「ドキュメント」にそのまま保存していました．しかし，これからたくさんのファイルを作成することになるため，このまま「ドキュメント」にすべてのファイルを保存しつづけると，ドキュメントの中が雑然として，どれが何のファイルなのかがわかりづらくなってしまいます．ここでは，よりよいファイルの管理のために，ドキュメントの中を細かく分けて整理する方法を覚えましょう．

　ファイルを管理するにはまず，それぞれのファイルを保管するためのフォルダーを作り，次にファイルをそれぞれのフォルダーに分けて保存します．

　まずは新しいフォルダーを作成する方法を学びましょう．

手順 ❶「ドキュメント」をダブルクリックして開きます．次にメニューバーから［**ホーム**］のタブを選択して，［**新しいフォルダー**］をクリックします．

❷作成されたフォルダーの「新しいフォルダー」の文字をクリックすると好きな文字を入力できるので，ここではフォルダー名として「University」と入力します．

❸ Enter キーを押してフォルダー名を確定します．

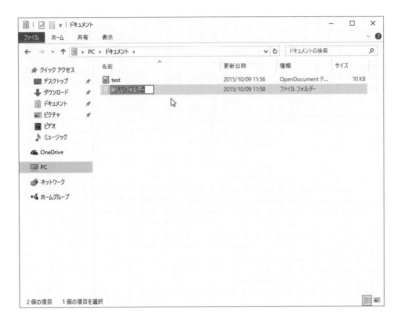

なお，フォルダーの作成は右クリックのメニューから［**新規作成**］→［**フォルダー**］を選択する方法でも可能です．

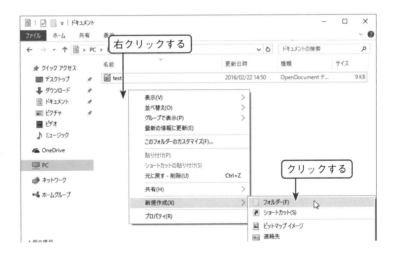

❹ サブフォルダーの作成

ファイルをより細かく整理するには，作成したフォルダーの中にさらにフォルダーを作成するとよいでしょう（このようなフォルダーをサブフォ

ルダーといいます）．ここでは，「University」フォルダーの中を年度で分けるために「2016」「2017」「2018」「2019」といったサブフォルダーを作成し，2016年度中に作成したファイルは「2016」の中に保存するようにします．さらに「2016」のフォルダーの中に「Computer Literacy」などの科目のフォルダーを作成して，ファイルをより細かく整理します．

上記の内容で作成したフォルダーは，図のような入れ子構造をしています．

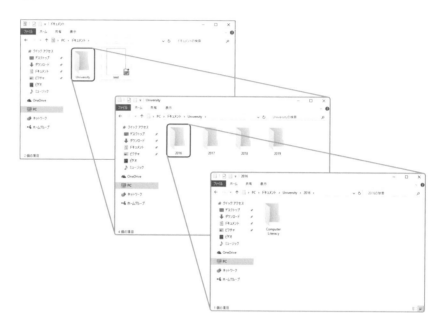

⑤ 場所を指定したファイルの保存

次に，ファイルを特定のフォルダーに保存する方法を学びましょう．

 ❶先ほどは「ドキュメント」にそのままファイルを保存しましたが，今度はフォルダーを選択して保存します．フォルダーを選択するときは，図のように選択したいフォルダー「University」をダブルクリックします．

❷フォルダーの中身として，先ほど作成した「2016」「2017」「2018」「2019」フォルダーが表示されるので，「2016」をダブルクリックし，さらにその中の「Computer Literacy」をダブルクリックします．

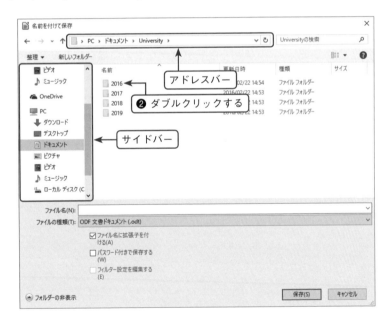

➡ 現在選択しているフォルダーの場所は，アドレスバーもしくはサイドバーで確認できます．

❸「ファイルの場所」が正しく選択されていることを確認したら，[ファイル名]を入力して，[保存]ボタンをクリックします．

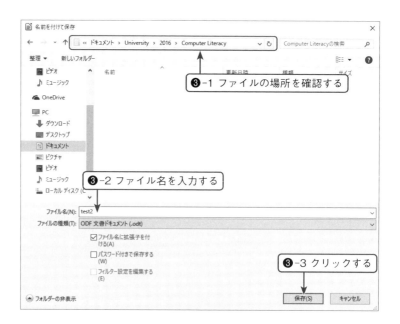

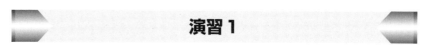

演習1

1. ファイルを管理しやすいよう自分の「ドキュメント」内にフォルダーを作成しましょう．どのような階層構造でフォルダーを作成するかを考えて，自分がわかりやすい構造にしてください．例えば「report」というフォルダーを作成し，その中に提出したレポートをすべて保存する方法や，「article」というフォルダーを作成して，ダウンロードした論文を保存するという方法などがあります．

2. 作成したフォルダーにファイルを保存してみましょう．Writerで何らかの文書を作成し，その文書を1で作成したフォルダーに保存してください．

第2章 キーボードの基本と日本語入力

　本章では，キーボードの使い方の基本と，日本語入力の方法を学習するために，LibreOffice Writerを起動し，キーボードから文字を入力する方法を説明します．またキーボードにある各キーの意味も学習します．文章を入力するための日本語入力の方法と，日本語入力ソフトの使い方を覚えることが本章の目標です．

2・1 キーボードの使い方

1 キーボードの配列

　通常キーボードには，下図のようにキーが並んでいます．このキーの並びをqwerty配列といい，ほとんどすべてのパーソナルコンピュータやワードプロセッサ，タイプライターがこの配列を採用しています．

　コンピュータを使えるようになるためには，この配列を覚えることが大切です．

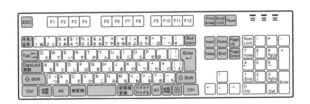

2 ホームポジション

　キーボードから文字を入力するときに，キーの位置を目で確認しながら入力していると，入力速度が遅くなってしまいます．タッチタイピング（キーボードを見ないで入力する方法）を習得すると，キーの入力速度を上げることができます．

　タッチタイピングをするためにまず覚えなければならないのが，ホームポジションです．

　まずは，キーボードの「F」と「J」に指を置いてみてください．これらのキーには表面に印が付いているので，この印に左右の人差指を合わせます．
- 「F」キー：左手の人差指
- 「J」キー：右手の人差指

後は中指，薬指，小指を，順々に横のキーに置いていきます．

- 「A」キー：左手の小指
- 「S」キー：左手の薬指
- 「D」キー：左手の中指
- 「K」キー：右手の中指
- 「L」キー：右手の薬指
- 「;」キー：右手の小指

親指は スペース キーに置きます．これがホームポジションです．この指の置き方を必ず覚えてください．

2・2 文字の入力

それではLibreOffice Writerを起動して，実際に文字を入力してみましょう．最初にアルファベットと数字の入力，その次に日本語の入力を学習します．

1 ホームポジションのキー入力

まずはホームポジションに手を置きます．左手の小指から右手の小指に向かって順々にキーを押していきましょう．右図のように文字が入力されます．

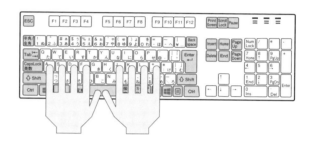

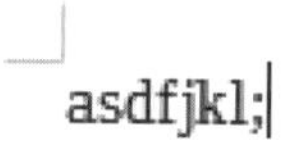

2 そのほかのキー入力

ホームポジション以外のキーは，ホームポジションを基本として考えます．ホームポジションに指を置きながら次の図を見て，どの指がどのキーを押すのかを確認してください．

この時点では，キーボードのどこにどのキーがあるのかを覚える必要はありません．どの指を上下に動かすとどのキーがあるのかを覚えるだけで十分です．

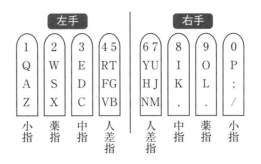

　それでは，指の役割を見ながら，「1」から「/」までを順に入力してみましょう．下図のように入力できたら Enter キーを押して改行します．Enter キーを押すのは右手の小指です．

　　　　1234567890qwertyuiopasdfghjkl;zxcvbnm,./

　Enter キーを押したら，もう一度「1」から「/」までを入力して，どの指がどのキーを押すのかを再度確認してください．各キーと指の対応を覚えるまでは，何度も何度もこの練習を繰り返しましょう．

　　　　1234567890qwertyuiopasdfghjkl;zxcvbnm,./
　　　　1234567890qwertyuiopasdfghjkl;zxcvbnm,./

2・3　文字の種類

　先ほど練習したのは，数字とアルファベットの小文字の入力方法でした．ここからはアルファベットの大文字と記号の入力方法を説明します．

① 大文字の入力

　アルファベットの大文字や記号を入力するときには Shift キーを押しながらキーを入力します．
　例えば，大文字の「A」を入力するときは，Shift キーを右手の小指で押さえながら左手の小指で「A」のキーを押します．

WindowsとLibreOfficeの基礎

同様にほかのアルファベットの大文字を入力するときも，Shift キーを押しながら各アルファベットのキーを入力します．

2　記号の入力

キーボードの上には数字とアルファベット以外にも，「[]¥/.,=-!@#$%^&*()_+|¦:"¦<>?;'」など，様々な記号が印刷されています．

これらの記号を入力するときには注意が必要です．キーボードをよく見てみてください．例えば「1」のキーを見てみると のようになっています．これは，そのままキーを押すと「1」，Shift キーを押しながら押すと「!」が入力されることを表しています．同様に「8」のキー を見てください．これは，そのままキーを押すと「8」，Shift キーを押しながら押すと「(」が入力されることを表しています．

それでは以上のことに注意して，実際に「!」「"」「#」「$」「%」「&」「'」「(」「)」「=」「~」「-」「¥」「`」「{」「+」「*」「}」「<」「>」「?」「_」の各記号を入力してみましょう．

これらの記号は今後，頻繁に入力することになります．逐一，位置を確認しなくても入力できるように練習しておいてください．

➡「¥」の記号は，使用するフォントによっては「\」と表示されることもあります．

!"#$%&'()=~¥`{+*}<>?_

3　Caps Lock キー

たくさんの大文字や記号を入力するときは，その都度 Shift キーを押していたのでは効率がよくありません．そのようなときは Caps Lock キーを使います．

Caps Lock キーには，常に Shift キーを押しているのと同じ状態にする機能があります．Caps Lock キーがオフになっているときとオンになっているときでは，入力される文字が次のように変わります．

	Caps Lockがオフ	Caps Lockがオン
通常入力	小文字	大文字
Shift キーを押しながら入力	大文字	小文字

「Caps Lock」のオンオフを切り替えるには，Shift キーを押しながら Caps Lock （英数）キーを押してください．

④ ほかのキーと組み合わせて使うキー

大文字や記号以外にもほかのキーと組み合わせて使うキーがあります．大文字や記号は Shift キーを組み合わせましたが，ほかには Ctrl キーや Alt キーと組み合わせて使うキーもあります．特にキーボードショートカットと呼ばれる操作は編集作業に便利なため，本書の見返しに一覧を掲載しておきます．

⑤ そのほかのキー

そのほかによく使用されるキーには，次のものがあります．それぞれの機能を覚えてください．

キー	機能	画面の状態
Enter	次の行に送るときや改行を行うとき，入力を確定するときに使う	1234567890 → 1234567890
スペース	スペース（1文字分の空白）を入力する	1234567890 → 1234567890
Tab	スペースよりも広い空白が挿入される（空白の幅は設定可能）	1234567890 → 1234567890
Back space	1文字後退を意味し，カーソルの直前の文字を消去する	1234567890 → 123456789
Delete	カーソルのある文字を消去する	1234567890 → 123456780
Esc	取り消しの意味で使われる場合が多い	
←→↑↓	上下左右のキーからなり，カーソルの位置を移動するのに使う	1234567890　1234567890 1234567890　1234567890

2・4 日本語の入力方法

日本語の入力には，Windowsに付属する日本語入力ソフトウェアMS-IMEを使用します．MS-IMEの状態は右のようにタスクバーに表示されています．

1 MS-IMEの入力モード

日本語を入力する前に，まず日本語が入力できる状態になっているかどうかを確認します．MS-IMEには次のように5種類の入力モードがあります．これらの選択可能な入力モードは，タスクバーの言語アイコンを右クリックして切り替えます．

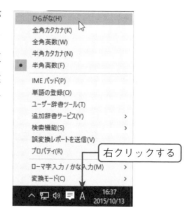

右クリックする

モード	機能	状態	表示される文字
ひらがな	日本語の入力	あ 16:37 2015/10/13	あいうえお
全角カタカナ	カタカナの入力	カ 16:31 2015/10/13	アイウエオ
全角英数	全角の英数字の入力	A 16:31 2015/10/13	ＡＩＵＥＯ
半角カタカナ	半角カタカナの入力	ｶ 16:32 2015/10/13	ｱｲｳｴｵ
半角英数	半角の英数字の入力	A 16:32 2015/10/13	AIUEO

日本語を入力するときにはひらがなを使い，英数を入力するときには半角英数を使います．カタカナはひらがなとして入力した後で変換することができますから，大量のカタカナを入力する必要がない場合はひらがなを使いましょう．また，半角カタカナについては，MS-IMEの機能として入力することはできますが，基本的に使用しないでください．

2 MS-IMEの設定

次に，MS-IMEを使うための設定を行います．

手順 ➊ 言語バーのアイコンを右クリックしてMS-IMEのメニューを表示して，この中から[**プロパティ**]をクリックします．

第2章　キーボードの基本と日本語入力　　**19**

❷「Microsoft IMEの設定」ダイアログボックスが開くので，［**詳細設定**］ボタンをクリックします．

❸「Microsoft IMEの詳細設定」ダイアログボックスが開くので，［**全般**］タブを選択し，［**入力設定**］の各欄を次のように設定します．

→ 今後は，ここで行った日本語の設定を基本として学習を進めていきます．

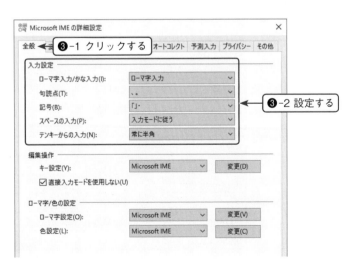

③ 入力方法の確認

日本語を入力するには，次の2つの方法があります．

❑ **ローマ字入力**　ローマ字で日本語を入力します．「わたしは」と入力したいとき「watasiha」と入力する方法です．

❑ **かな入力**　日本語キーボードに刻印してあるひらがなをそのまま入力する方法です．

本書では，ローマ字入力の方法を説明します．これからは英文を入力する機会も増えます．英語と日本語を同じキー入力で行えるローマ字入力に慣れておくことが大切です．

④ 日本語入力の変換と確定

日本語を入力するときは，「入力」→「変換」→「確定」というステップを踏みます．

1 文字の入力

日本語入力時に文字を変換するために使用する基本的なキーには，次のものがあります．

●日本語入力で変換や確定に使用するキー

キー	機能
スペース ・ 変換	変換候補を表示する
F6	ひらがなに変換する
F7	カタカナに変換する
F9	全角英数字に変換する
F10	半角英数字に変換する
Enter	確定する

それでは実際に文章を入力してみましょう．例として「今年から大学生になりました。」と入力します．下表はキーボードからの入力と画面の出力，そして，その時点での状態をまとめたものです．

キーボードからの入力	画面の出力	状態
kotosi	ことし	入力中（下線あり）
スペース	今年	変換中（下線あり）
Enter	今年	変換を確定（下線なし）
kara	今年 から	入力中（下線あり）
Enter	今年 から	変換を確定（下線なし）
daigakuseini	今年 からだいがくせいに	入力中（下線あり）
スペース	今年 から大学生に	変換（下線あり）
Enter	今年から大学生に	変換を確定（下線なし）
narimasita.	今年から大学生になりました。	入力中（下線あり）
Enter キー	今年から大学生になりました。	変換を確定（下線なし）

入力された文字には，最初，下線が引かれています．これは「入力された文字が確定されていない」という印です．そのまま入力したいときは，Enterキーを押して確定します．漢字に変換したいときは，スペースキーを押して変換候補の一覧を表示してから希望の変換候補を選択します．

2 変換候補の選択

変換の候補がいくつかある場合は変換候補の一覧が表示されますが，その中でも現在選択中の変換候補は背景に色が付きます．目的の変換候補を選択するには，↑↓で候補間を移動する方法や，スペースキーで次の候補に移動する方法，数字を入力する方法などがあります．

MS-IMEには，意味の難しい同音異義語に，その単語の意味や使用例を表示する機能があります．変換候補内の辞書マークが付いている文字を選択すると，図のように横に使用例が表示されます．

この説明は「コメント」と呼ばれています．初期設定ではコメントが表示されるようになっていますが，表示を止めたい場合には言語バーの[**プロパティ**]から設定することができます．

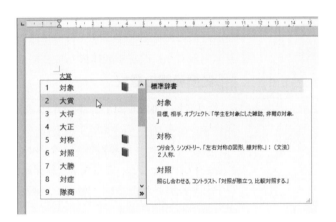

手順 ➡

❶「Microsoft IMEの詳細設定」ダイアログボックスの[**変換**]タブをクリックします．

❷[**コメントの表示**]の「単語コメントを表示する」のチェックを外します．

❸[OK]ボタンをクリックします．

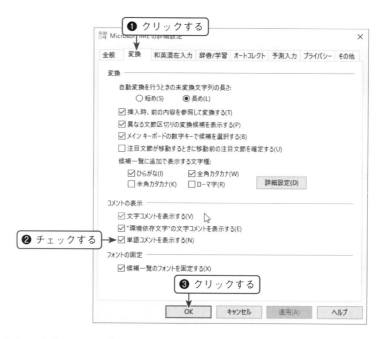

➡「環境依存文字」（機種依存文字とも呼ばれる）の文字コメントは表示される設定にしておき，そのような文字の使用を避けるようにしてください．

もう一度「たいしょう」と入力して変換すると，コメントが表示されなくなったことが確認できます．確認できたら今と同様の手順で，コメントを表示するように設定を元に戻してください．

3 変換範囲の選択

MS-IMEは十分に賢い日本語入力ソフトですが，思ったように変換できない場合もあります．例えば「けいさんきかがく」という文字を入力したとき，正しい変換が「計算幾何学」なのか「計算機科学」なのかは入力する人にしかわかりません．ここでは「計算幾何学」と入力しようとして「計算機科学」が表示されたという想定で，変換範囲を変更して正しい変換に修正する方法を説明します．

手順

❶変換する文字範囲「計算機」を選択します．移動にはカーソルキーを使います．
　●変換範囲を左に移動：←
　●変換範囲を右に移動：→

❷変換範囲の区切りが「けいさんき」＋「かがく」となっているので，これを「けいさん」＋「きかがく」に変更して，正しく変換できるようにしま

す．変換範囲の区切りを変更するには，Shift キーを押しながらカーソルキーを押します．
- 変換範囲を広げる：Shift キーを押しながら→
- 変換範囲を狭める：Shift キーを押しながら←

❸ 正しく変換されれば，Enter キーを押して変換を確定します．

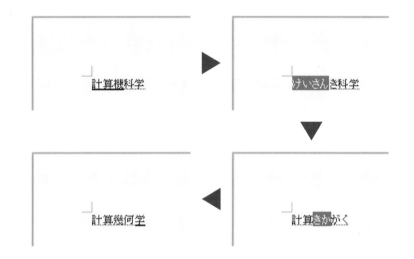

演習2

→ ゲーム感覚でタッチタイピングを練習できるタイピングソフトを利用する方法もあります．自分のやりかたにあった方法で，タッチタイピングをマスターしてください．

1. タッチタイピングをマスターしましょう．「aからzまでの文字を15秒以内で入力する」ことを目標に練習してください．タッチタイピングをマスターするには，実際に文字を入力することが大切です．ただひたすらに「aからz」までを入力してください．

2. 次の文章を入力してください．第3章〜第6章では，この文章を使用して学習を進めていきます．

情報倫理が必要な理由とその役割について

ソーシャル文化学部多文化共生学科1年
山口 文多朗
8/31/2016

目的
　本レポートでは，情報倫理が必要な理由を「指針の空白」という考え方を用いて述べ，情報倫理が行うことが情報の取扱い方の指針を作成することであり，ICT技術が発展する限り情報倫理の役割が無くならないことを明かにします．

証明
　ICT技術が発展し，情報化社会が進展するにつれ，私たちは以前には行なえなかったようなことまで行なえるようになってきました．誰もが情報を容易に発信することができるようになり，また誰もが情報を簡単に編集することができるようになっています．その一方で，どのようにICTを使えばよいのかというガイドはいまだ明らかではありません．
　ガイドが無ければ人々はICTを使ってどのように振る舞えばよいのかがわかりません．各自の判断で情報を取り扱うことになってしまいます．それは以前から存在する似たようなガイドに従う人がいる一方で，あたらしく独自の判断をするかもしれません．それは合理的な判断であるかもしれませんし，うまくゆくこともあればそうでないこともあります．その結果，たとえば自分が権利を持たない著作物を流通させてしまったり，意図せずにプライバシーの侵害を行なってしまうことや，他人のコンピュータへの不正アクセスなどのトラブルが多発するようになってしまいました．
　もしガイドがあったならば，どのように振る舞ってよいのかを判断することができますし，トラブルを引き起こさないかたちで行為することができるようになります．つまりガイドが無いことによってトラブルが生じていると考えることができます．このように指針が存在しないことを，James Moorは「指針の空白」と呼びました．

　A typical problem in computer ethics arises because there is a policy vacuum about how computer technology should be used. Computers provide us with new capabilities and these in turn give us new choices for action. Often, either no policies for conduct in these situations exist or existing policies seem inadequate. A central task of computer ethics is to determine what we should do in such cases, i.e., to formulate policies to guide our actions. Of course, some ethical situations confront us as individuals and some as a society. Computer ethics includes consideration of both personal and social policies for the ethical use of computer technology.

　Now it may seem that all that needs to be done is the mechanical application of an ethical theory to generate the appropriate policy. But this is usually not possible. A difficulty is that along with a policy vacuum there is often a conceptual vacuum. Although a problem in computer ethics may seem clear initially, a little reflection reveals a conceptual muddle. What is needed in such cases is an analysis which provides a coherent conceptual framework within which to formulate a policy for action. Indeed, much of the important work in computer ethics is devoted to proposing conceptual frameworks for understanding ethical problems involving computer technology.

　ICTが高度化した社会において「指針の空白」はトラブルの発生源となります．プライベートな情報の取扱い方の指針がある社会と，そのような指針が無い社会を比較することでこのことはよりわかりやすいでしょう．トラブルを回避するためには原因となっていることを把握し，情報の取扱いについての指針を設けること，そして指針を作成することが必要となります．個人の情報が不適切に取り扱われ被害を被ってしまう人がいるのならば，不適切に取り扱われないような指針が必要になります．この指針の作成を行なうことすなわち「指針の空白」を無くすことが情報倫理の役割の一つだということが明らかになります．

　指針を作成するときに考慮すべきこともあります．ICT技術は技術を使う場面に応じてさまざまに変化してゆくことです．ある時点での指針が，技術が変化することで有効で無くなってしまうかもしれません．つまり行為の指針は技術の発展に応じて変わる可能性があり，情報倫理が行なうことは技術の発展に応じて増えてゆくことになります．技術が時間とともに変化してゆくなら，解決すべき問題も変化し，情報倫理はそれら問題へ対処しつづけることになります．

　土屋は倫理の役割とは発生している問題に対して「一定の原則を示すことによって一連の解決を与えることだ」と述べ，ICT技術が社会に変化をもたらすものである以上「変化に応じて何をなすべきか，何をすることが許されるのか，そして何がよいことであるのかということを検討する」ことだと述べています．つまり情報倫理の役割の一つには現在のICT技術が引き起こす問題について整理することがあり，二つには整理した問題を解決することがあります．そのためには新たな技術によって変化してゆく社会における新たな規範を作成することが求められることになります．そして問題を解決するための原則を示し，解決をすることが情報倫理の役割になります．

　今後もICT技術が発展し指針の空白が生じるのであれば，社会に新たな問題が引き起されることになります．つまり情報倫理はICT技術の変化と伴に発展し続けてゆく学問なのです．

結論
　本レポートでは，情報倫理が必要な理由を「指針の空白」という考え方を用いて述べ，情報倫理が行うことが情報の取扱い方の指針を作成することであり，ICT技術が発展する限り情報倫理の役割が無くならないことを明らかにしました．

Writer

LibreOffice Writer は，Microsoft Office での Word に相当するワープロソフトです．ワープロソフトは，文書作成を主眼とするソフトウェアですが，目的に応じて多彩なレイアウトの文書が作成できるという特徴があります．

第3章～第6章ではレポート作成を目的として，文書の構造化や引用の方法，参考文献の書き方，表の作成や画像の挿入，目次作成などの方法を説明します．さらに，レポートを作成するときに必要となる考え方も合わせて学習します．

第3章 レポートの作成：基礎知識と文書の構造化

LibreOffice では，文書のレイアウトを整えるための「スタイルと書式設定」という機能が充実しています．これは「文書の構造化」を効率的に行うのに役立ちます．本章ではレポート作成の基礎知識と文書の構造化について理解し，レポートにふさわしいレイアウトとはどのようなものかを学習します．

●課題

本章の課題は，第2章の演習で入力した文章を，次のようにレポートとして提出できる形式に整えることです．

3・1　文書の構造化とスタイル

　新聞や雑誌，書籍や論文等を眺めたとき，私たちはそこから様々な情報を読み取ることができます．例えば，テキストのどの部分がタイトルや著者名であり，どの部分が見出しや脚注であるかを見ただけで判断しています．テキスト自体に「これはタイトルです」と書いてあるわけではないのにこのような判断ができるのは，それぞれのテキストの種類に応じてレイアウトや書式が異なっているからです．私たちは，文字の大きさや配置，字形の違いを見て取ることで，書かれている内容のみではなく，その部分がテキストの中で果たす役割を暗黙のうちに読み取っているのです．

　新聞を読み慣れた人であれば，紙面に大きく目立つように書かれている文字列は「記事の見出しに違いない」と判断します．テキストの見た目とテキストの構造（意味）のつながりが理解できているからです．一方，新聞を読み慣れていない人がこの判断をすぐにできるかといえば難しいでしょう．テキストの見た目とテキストの構造の関係があいまいだからです．

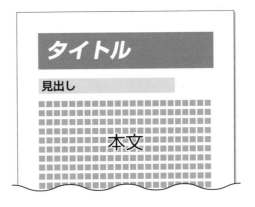

　コンピュータ上に入力されたテキストについて考えてみてください．人間が見ればすぐにタイトルだとわかる文字列があったとしても，それをタイトルと理解できるのは人間だけです．コンピュータは入力されている文字が何を意味しているのかをそのままでは理解できません．これは新聞を初めて見た人が新聞の読み方がわからないのと同じです．

　コンピュータと人間がこのようなテキストの意味を共有するには，人間がコンピュータにもわかる形でこれらを指示しなければいけません．コンピュータに対して，どこがタイトルなのか，本文はどの部分か，引用部分はどこか，箇条書きはどこなのかを1つ1つ指示していく必要があるのです．一度，文書にこのような情報を付加しておけば，コンピュータは「タイトルを大きくして」という命令でタイトルを大きく，「本文の文字を10.5ポイントにして」という命令で本文に指定された箇所の文字を調整してくれるよ

うになります．文書にこのようなテキストの論理構造についての情報を付加することを「文書の構造化」といいます．

　LibreOfficeの「スタイルと書式設定」は，文書中のそれぞれのテキストに論理構造上の役割（見出し，中見出し，本文，脚注など）を与え，同時にそれぞれの要素に対して書式設定を行う機能です．例えば，あるテキストに「タイトル」というスタイルを適用すると，タイトルにふさわしい書式設定（大きめの文字，ゴシック体のフォント，中央寄せなど）をコンピュータが自動的に行ってくれます．同様に，文書中のすべてのテキストにあらかじめスタイルを適用しておけば，「スタイルの変更」というメニューから「見出しの文字を大きくする」や「本文の最初の行のインデントを変更する」などの命令をコンピュータに出すことができるようになります．

　ここではLibreOfficeの初期状態のスタイルを使って文書の構造化とレイアウト変更の練習をしますが，多くの論文や書籍を目にするうちにLibreOfficeのレイアウトに違和感を持つようになるかもしれません．そのときは，自分の専門にふさわしいレポートや論文のレイアウトになるよう，自分でスタイルを編集してください．多くの論文や書籍に触れることで優れたレイアウトとはどのようなものかを判断できるようになり，それを自分の文書にも適用できるようになれば，よりよいレポートが作成できるようになります．

3・2　レポート作成の基礎知識

➡ 論文などで多くの場合好まれるのが，「Introduction（導入），Methods（研究方法），Ｒｅｓｕｌｔｓ（結果），Discussion（考察）」を順に並べたIMRAD（イムラッド）という文書構成です．もちろん，この構成は常に厳密に守らなければいけないというものではなく，「Results」と「Discussion」をまとめて書くなどのバリエーションも存在しています．本書で解説するレポートの構成は，このIMRADを単純化したものです．

　レポートは，自分が発見した新しい知識を発表するために作成する文書です．その形式には程度の差はあれ，ある程度のルールが定まっていると考えてください．さらに，論文の執筆にはより厳格なルールが存在します．レポートの延長線上には論文があることを意識し，レポートを書くうえで従うべきルールを身に付けていきましょう．

　まずは，レポートに書くべき内容，見出しの付け方，注の付け方，引用の方法，参考文献の書き方などを理解し，これらを実践することで，「レポートらしいレポート」を仕上げられるようになります．

① 書くべき内容

　先述のように，レポートは自分が発見した新しい知識をテキストとして

人に伝えるために作成します．そのため，レポートに記述すべき内容は，レポート自体の結論（目的），その結論にいたる過程（仮説・証明），参考とした資料です．これら以外のこと，例えばレポート課題への感想や科目担当者への意見，参考とした文献の著者の心情を推し量る記述などは，一切必要ありません．必要なことは「自分が発見した知識」，「それが新しい知識だと証明するための過程」，「その知識を発見するために用いた情報のリスト」，これだけです．これらのみに集中して記述することでよいレポートができあがります．

> ➡ ただし論文執筆の際は，論文を提出する学会などのルールに従うことになります．英語で論文を執筆するときには，例えばAPA，MLAなどのルールが一般的です．

② 見出しの付け方

レポートを書くために新規文書を作成したら，まず最初に「目的」「証明」「結論」と入力しましょう．

「目的（結論）」には，そのレポートの中で明らかにできると思われることを述べます．次に「それが正しい理由（証明）」を書き，最後に再び「結論」を書きます．このような構造を持たせることが，よいレポートへの第一歩です．

みなさんの中には，最後に犯人が明かされる推理小説のようにレポートを書くのだと誤解している人がいるかもしれませんが，レポートでは最初に「犯人はメイドだ」というように結論として主張する内容を明らかにします．ですが，この段階ではまだ内容が証明されていないので，その主張が正しいかどうかは不明であり，結論の正しさは証明の正しさに委ねられることになります．つまり「犯人がメイドだとわかった理由」を述べる証明の過程こそが，「犯人がメイド」であることを示すことになるのです．

通常，証明では前提となる知識と新たに発見した事実を組み合わせて用います．どのような前提や仮説をもとにして，どのような事実から新しい知識を発見したのかを記述するのが「証明」です．この証明過程をつまびらかにすることで，証明の正しさが読者にも判断できるようになります．証明過程が正しくなければ犯人はメイドではないということになりかねません．

最後に，もう一度，結論を書きます．これは証明過程から明らかになったことですから，結論の段階では自分の主張が正しいのだと主張することができます．

具体的に「犯人がメイドである」ことを明らかにしたとするレポートを，この形式に当てはめて作成してみましょう．

```
目的
  本レポートでは犯人がメイドであることを示す

証明
  前提
  犯人と被害者は同じ場所にいなければなされない犯行だった

  推論
  事件が起こったとき，洋館には被害者の他にはメイドとシェフと私
  しかいなかった
  シェフと私は同じ場所に一緒にいた
  被害者と同じ場所にいられるものはメイド以外には存在しない

結論
  本レポートでは犯人がメイドであることを示した
```

→ この例のように前提から結論を推論する以外に，仮説を立て検証するという証明方法もあります．特に自然科学のレポートでは証明が帰納的に示されることが多く，仮説と検証という骨格を持つことも多いですが，ここでは証明の方法ではなく，レポート作成の骨格づくりの観点から見出しを作成していると理解してください．

シンプルで極端な例ですが，このように目的と証明の過程を明確に区別して書くことで，書きやすく読みやすいレポートとなります．

次節では上記のレポートの文章を使用するので，次に進む前に，Writer にこの文章を入力しておいてください．

3・3 スタイルを用いた構造化の方法

① スタイルの使い方

スタイルを使うには，まず「スタイルと書式設定」ウィンドウを表示します．
❶ メニューバーから［**スタイル**］→［**スタイルの管理**］を選択するか，または，サイドバーの［**スタイルと書式設定**］ボタン **T** をクリックします．

手順

→ ツールバーにもテキストを装飾するボタンなどが用意されていますが，ここでは多くの書式を選べる「スタイルと書式設定」ウィンドウを使います．

●メニューから選択　　●サイドバーのボタンをクリック

❷「スタイルと書式設定」ウィンドウが表示されたら，一番下のドロップダウンリストを「階層」から「すべてのスタイル」に切り替えます．

これで，次図のように使用できるすべてのスタイルが表示されます．項目の中でグレーに反転しているものは使用しているスタイルです．

現在のスタイルはツールバーから確認することもできます．

2 スタイルの適用

スタイルを特定のテキストに適用するには，適用したい箇所にカーソルを合わせて，「スタイルと書式設定」ウィンドウから適用するスタイルを選択します．ここでは「目的」「証明」「結論」に「見出し2」を適用する手順を説明します．

手順 ❶「目的」のテキストにカーソルを合わせます．

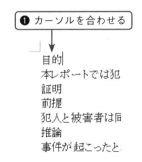

❷「スタイルと書式設定」ウィンドウの「見出し2」をダブルクリックします．すると「見出し2」のスタイルが「目的」という文字に適用され，文字が大きく太字になります．

●スタイルをダブルクリック　　●スタイルの適用後

❸次に「証明」「結論」にも「見出し2」を適用します．「前提」と「推論」は証明の一部なので「見出し3」を適用し，本文部分には「本文」のスタイルを適用します．以上によって，下図のような状態になります．

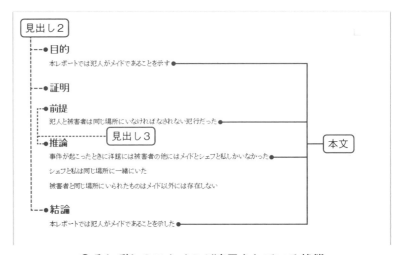

●それぞれのスタイルが適用されている状態

③ スタイルの編集

前項の作業で，文書にスタイルが適用されて構造化されました．スタイルを適用する利点は2つあります．
1．構造化することで，編集作業が便利に行える
2．同じスタイルが適用された箇所の書式を一括で変更できるようになる

ここではスタイルの編集を通じて，構造化の利点をしっかりと理解しましょう．

スタイルの編集は，「スタイルと書式設定」ウィンドウからそれぞれのスタイルに対するダイアログボックスを表示して行います．

それでは実際に「見出し3」スタイルを変更してみましょう．「見出し3」は「見出し2」よりも構造的に下に位置することが一目でわかるように，行頭の位置（インデント）を下げることにします．

手順

❶「スタイルと書式設定」ウィンドウで設定したいスタイル項目（ここでは「見出し3」）にカーソルを合わせて右クリックし，メニューから[**編集**]を選択します．

❷「段落スタイル: 見出し3」ダイアログボックスが表示されるので，[**インデントと間隔**]タブをクリックします．

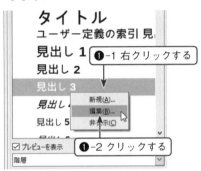

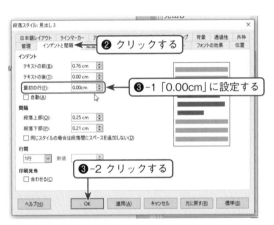

❸「最初の行」を「0.00cm」に設定して，[**OK**]ボタンをクリックします．

●変更前　　●変更後

［インデントと間隔］タブでは，「インデント」のほかにも段落間の「間隔」や「行間」などが設定できます．このダイアログボックスには，そのほかにも数多くのタブが含まれており，それぞれのタブではフォントや背景，外枠など，様々な内容を細かく設定することができます．これらの設定を変更すると「見出し3」スタイルが再定義されて，「見出し3」スタイルが適用されたすべての箇所を一気に変更することができます．

3・4 ナビゲーター

構造化された文書では，それぞれの要素が区画に分かれていると考えることができます．ナビゲーターはこれらの区画を移動したり編集するためのツールです．まずは，メニューバーから［**表示**］→［**ナビゲーター**］を選択するか，もしくはサイドバーの［**ナビゲーター**］ボタン◎をクリックして「ナビゲーター」ウィンドウを表示してください．

●メニューから選択

●サイドバーのボタンをクリック

1 ナビゲーターの使い方

「ナビゲーター」ウィンドウの「見出し」という項目を見てください．左に⊞マークがあります．このマークは項目に何らかの内容が含まれていることを表しており，マークをクリックすると「見出し」が展開されて，図のように，文書中の「見出し」スタイルの適用箇所が表示されます．

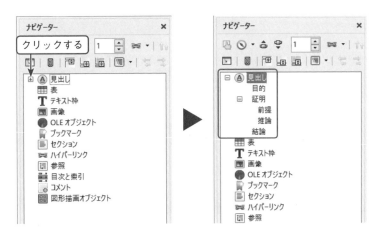

　展開後の表示を見ると，見出しの下に，「見出し2」に指定した「目的」「証明」「結論」の3つの見出しが並んでおり，「証明」の中にさらに「見出し3」に指定した「前提」と「推論」の2つの見出しがあります．この並び方自体も，文書の構造を表現していることに注意してください．

　ナビゲーター上で「証明」をダブルクリックすると，文書中の「証明」の箇所に移動することができます．この文書はページ数が少ないため利点がわかりづらいですが，何ページにもわたる文書を作成するときに便利な機能です．

　このようにスタイルを適用すると，文書の編集が便利になります．スタイルを適用することで（文章を構造化することで），人間とコンピュータが同じ意味を共有しながら文書を作成できるようになるのです．

演習3

1．メイドが犯人であることを示すレポートに「表題」と「署名」を追加した後に，下記のスタイルを適用しレポートを完成してください．

適用するスタイル	適用する箇所	スタイルの変更
見出し2	「目的」「証明」「結論」	フォントの大きさを「110%」にする
見出し3	「前提」「推論」	見出し2よりも字下げをする
本文	本文のテキスト	見出し3よりも字下げをする
タイトル	表題	文字の大きさを24ptにする

2．前章の演習2で入力したテキストにスタイルを適用し，本章文頭の「課題」と同じになるように文書を構造化してください．

適用するスタイル	適用する箇所	スタイルの変更
見出し2	「目的」「証明」「結論」	フォントの大きさを「110%」にする
本文	本文のテキスト	見出し2よりも字下げをする「最初の行」を1文字分だけ字下げする
タイトル	表題	文字の大きさを24ptにする
署名	名前と所属	右揃えにする

◆Microsoft Officeの場合

　Wordにもスタイル機能が実装されており，[ホーム]タブの[スタイル]から各種スタイルを適用できます．スタイルについての考え方はLibreOfficeと同じですから，Wordを使用して文書を作成するときも文書を構造化することを心がけてください．Wordの機能を使用して目次を作成する場合は，あらかじめ文書にスタイルが適用されていることが前提となります．

❶スタイルを適用したいテキストを選んで，[ホーム]タブの[スタイル]をクリックします．

❷より多くのスタイルから選択したいときは，[スタイル]の右下のアイコンをクリックします．

❸表示された「スタイル」ウィンドウから希望のスタイルを選択します．

第4章 レポートの作成：引用の方法，注の付け方と参考文献の書き方

　レポートを作成するためにはデータや過去の研究結果などを参考にしなければなりません．本章では，これら外部の情報を用いたときのルールを説明します．引用のルール，参考文献の書き方のルールなどについて理解し，引き続きレポートの形式を整える方法を学習します．

　　　　　　　　　本章の課題は第3章で整形した文章をレポートとして提出できる形式に整えることです．引用の方法，注の付け方，参考文献の書き方，ヘッダー・フッターについて学習します．

4・1 引用の方法

1 引用とは

レポート内での主張の根拠付けや説得のために先行研究を利用する行為が引用です．適切な引用を行うと，自分の主張が今まで研究されてきた知識に基づいていることを示せます．つまり主張の根拠付けになるわけです．また，主張と関連する研究成果を取り上げることで，自分がこれまでに発見されている知識とは異なった主張をしていることも明らかにできます．さらには，「自分の主張が過去に蓄積された知識とどのような関係にあるのか」を示す見取り図を読者に提示することにもなります．レポートや論文を書くうえでは，これまで蓄積されてきた知識を積極的に使用するために，適切な引用を行うことが推奨されています．

一方，当然ながら，誰かの論文の内容をすべて引用するというのは適切な引用ではありません．引用は，あくまで自分の主張の根拠付けを目的に行いましょう．また，引用した箇所はインデント（字下げ）などを行い，本文とは異なることをレイアウトの面でもわかりやすくする必要があります．

➡ 引用のルールに従わずに引用行為を行うことは「剽窃」（ひょうせつ）と呼ばれ，厳しく非難されます．先行研究の成果をあたかも自分の成果であるように偽るだけでなく，先行研究への尊敬の念に欠ける行為だからです．そのような振る舞いは，誠実に知識を探求しようとする学術研究にはふさわしくない行為と判断されます．

2 長い引用と短い引用

段落単位などの長いテキストを引用する場合と，ごく短いテキストを引用する場合では，引用の記述方法は異なります．まずは長いテキストを引用する方法を説明します．

1 長い引用の場合：引用スタイルの適用

4行以上になる引用の場合，次図のように引用箇所を選択し，「スタイルと書式設定」ウィンドウにて「引用」スタイルを適用します．

➡ スタイルの具体的な適用方法については，「3.3 スタイルを用いた構造化の方法」を参照してください．

2 引用情報の記載

次に引用した文献情報を「（著者名 ページ）」の形で引用箇所のピリオドの後ろに付けます．詳細な文献情報は「参考文献」に正確に記述するので，引用箇所では文献情報を省略するのが一般的です．冒頭の課題レポートでは，英文の引用の直後に「(Moor 266)」と記述されていることを確認してください．

> Now it may seem that all that needs to l
> theory to generate the appropriate polic
> along with a policy vacuum there is oft
> computer ethics may seem clear initiall
> is needed in such cases is an analysis w
> which to formulate a policy for action.
> is devoted to proposing conceptual fran
> computer technology. (Moor 266)

3 短い引用の場合：括弧書き

本文中で短い引用を行うときは，引用文を「」で囲み，自分の文章とつなげて書きます．そして，文献の情報として，長い引用と同じように「（著者名 ページ）」を記述します．ここで引用している書籍は複数の著者によるものなので，「et al.（「ほか」を意味する）」としています．

> とで有効で無くなってしまうかもしれません．つまり行為の指針は技術
> が行なうことは技術の発展に応じて増えてゆくことになります．技術
> も変化し，情報倫理はそれら問題へ対処しつづけることになります．
> 示すことによって一連の解決を与えることだ」(水谷 et al. 2)と述べ，
> 以上「変化に応じて何をなすべきか，何をすることが許されるのか，そし

4・2　注の挿入

1　脚注とは

脚注とは，ページ末や文書の末尾に付ける注釈のことです．脚注を利用すると，文中の単語の解説や，自分の意見の補足，問題となる論点についての追記などを，本文の流れを損なうことなく記述できます．ページごとに注を付ける「脚注」と，文書（またはセクション）の最後にまとめて注を掲載する「文末脚注」があります．脚注では，注が参照元と同じページ内にあるため読者への負担が少なく読みやすいという特徴がありますが，脚注が多すぎると本文のスペースが圧迫されてしまうため，逆に読みづらい文章になる可能性があります．

2 脚注の挿入

次に，Writerで脚注を入れる方法を説明します．

手順

❶ 本文中の脚注番号を入れたい箇所にカーソルを合わせます．ここでは課題レポート冒頭の「情報倫理」の箇所に注を挿入するので，次のように「情報倫理」の直後にカーソルを合わせます．

❷ メニューバーから［挿入］→［脚注と文末脚注］→［脚注または文末脚注］を選択します．

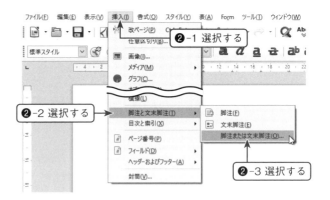

❸「脚注／文末脚注の挿入」ダイアログボックスが表示されるので，［種類］として「脚注」を選択し，［OK］ボタンをクリックします．

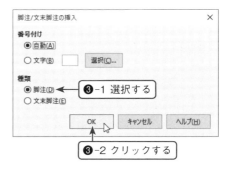

❹ カーソルがページ末に移動して，脚注が入力できるようになります．ここに次のように参照情報を入力してください．

情報倫理成立の経緯や全体像についてはBynumを参照のこと.

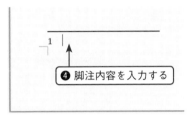

これで脚注を挿入することができました．ここで参照先として指定したBynumについては，後ほど参考文献一覧に記載します．

③ 文末脚注の挿入

文末脚注を挿入するときは，注を入れたい箇所にカーソルを合わせた後，脚注と同じように「脚注/文末脚注の挿入」ダイアログボックスで［**種類**］として「文末脚注」を選択して，［**OK**］ボタンをクリックします．これによって，カーソルが文書の最終ページへと移動し，文末脚注を挿入できるようになります．

4・3 参考文献の書き方

➡ MLAは，英語論文を書く際の各種形式について定めた書式のことです．ほかにもこのような書式は複数あり，分野によって，また学会によって採用している書式は異なっています．ここでは1つの基準としてMLAを用いた解説を行います．そのため日本語の資料の記述には，きれいに当てはまらない場合があります．

レポートで引用した文献，参考にした文献は，「引用文献一覧」「参考文献一覧」としてレポートの最後に掲載します．

これらに記載する文献の書き方にも分野によって異なるルール（書式）がありますが，それぞれのルールは，読者が「著者が利用した情報」を得られるように形式を統一しているという点で共通しています．ここではMLAスタイルに従って説明します．実際にレポートを書くときは，その分野での一般的な記述方法を調べるか，指導教官の指示を仰ぐとよいでしょう．

① 参考文献一覧表の作成

■1 新規ページの作成

それでは，実際にWriterで参考文献一覧を記述する手順を説明します．

手順 ➡

❶ 文書に新規ページを追加します．文書の最後の行にカーソルを移動して，メニューバーから［挿入］→［任意区切り］を選択します．

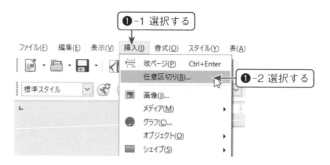

❷「区切りの挿入」ダイアログボックスが表示されるので，図のように［種類］から「改ページ」を選択して，［OK］ボタンをクリックします．

➡ 論文中に引用した文献を「引用資料（Work Sited)」，参照した文献を「参考資料（Work Consulted)」と分けて書く場合もありますが，ここではわかりやすさを優先し両者をまとめて参考文献一覧とします．

2 参考文献の記入

まずは，先ほど作成したページに「参考文献一覧」と入力して，「見出し2」スタイルを適用します．

次に，レポートや論文の作成に使用した文献（必要とした情報）を，著者名のアルファベット順に記載します．すべての書誌情報の記載を忘れないようにしてください．

② 基本的な形式

参考文献に必要な内容は「誰が」「何を」「どこで」「いつ」述べたのかという情報です．これらの情報を記載しておくことで，みなさんのレポートの根拠となった文献に読者がたどり着けるようになり，レポートの内容について読者が検証できるようになります．

❏ **書籍の場合**　　著者の姓，著者の名．書名．出版社．出版年．Print.
❏ **論文の場合**　　著者の姓，著者の名．"論文名." 雑誌名．巻号(出版年): ページ．Print.
❏ **ウェブ資料の場合**　　著者の姓，著者の名．"論文名." ウェブサイトのタ

イトル. アクセス年月日. URL.

本文で引用したJames Moorの論文を参考文献に挙げるときには下記のように記述します.

 Moor, James. "What is Computer Ethics?." *MetaPhilosophy*. Vol.16, No.4(1985), 266-275. Print.

同じく本文で引用した日本語の書籍については, 下記のように記述します.

 水谷雅彦, 越智貢, 土屋俊編著.『情報倫理の構築』. 新世社. 2003.

脚注で参照したウェブ資料については, 下記のように記述します.

 Bynum, Terrel. "Computer and Information Ethics." Encyclopedia of Philosophy. 31 July 2016. http://plato.stanford.edu/entries/ethics-computer.

➡ 日本語の文献のためMLAの書式と合わない部分について変更をしています.

書誌情報の記載では, 以下の点に注意しましょう.

- 日本語の雑誌名や書籍名は『』で囲む
- 英語の雑誌名や書籍名は斜体にする
- 論文の場合は, 掲載されていた雑誌のページ番号を書く
- ウェブ資料の場合は, アクセス年月日を書く(URLを省略する場合もあります)
- 2行以上になるときは字下げを行う
- 最後にピリオドを打つ

これらを踏まえた参考文献一覧は, 次のようになります.

参考文献一覧

Bynum, Terrel. "Computer and Information Ethics."Encyclopedia of Philosophy. 31 July 2016. http://plato.stanford.edu/entries/ethics-computer.

Moor, James. "What is Computer Ethics?."*MetaPhilosophy*. Vol.16, No.4(1985), 266–275. Print.

水谷雅彦,越智貢,土屋俊編著.『情報倫理の構築』. 新世社. 2003.

4・4 ヘッダー, フッターの追加

ヘッダーやフッターは, すべてのページに共通する, 文書全体に関連する情報を書き込む領域です. 図のように本文の上に位置するものをヘッダー, 下に位置するものをフッターと呼びます.

　一般的に，ヘッダーにはタイトルや，作成者，見出しなど，フッターにはページ番号などの要素を追加します．

① ヘッダー，フッター領域の追加

　ヘッダー，フッター領域の追加は「ページスタイル」ダイアログボックスから行います．ヘッダー，フッター領域を追加する方法は次のとおりです．

手順　❶ メニューバーの［**書式**］→［**ページ**］をクリックして，「ページスタイル」ダイアログボックスを表示します．

❷［**ヘッダー**］タブを選択して，「ヘッダーを付ける」，「奇数/偶数ページで同じ内容」をチェックします．

第4章 レポートの作成：引用の方法，注の付け方と参考文献の書き方

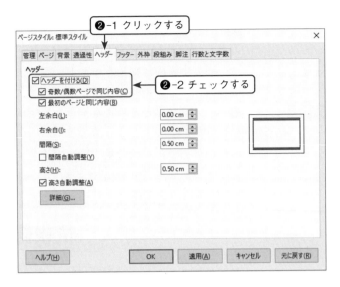

❸ [フッター] タブを選択して，「フッターを付ける」，「奇数/偶数ページで同じ内容」をチェックします．

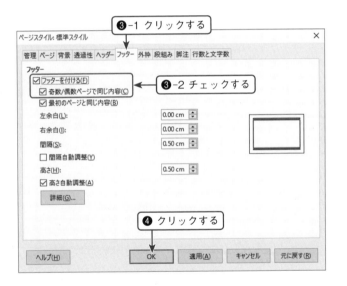

❹ [OK] ボタンをクリックします．

　これで文書にヘッダー，フッター領域が追加されました．なお，ヘッダー，フッターを挿入すると本文に使える紙面が減るため，ページ数が増える場合があります．

② ヘッダー，フッター要素の追加

　それでは，ヘッダーに「レポート名」，フッターに「ページ番号」を挿入してみましょう．

1 ヘッダー要素の追加

　ヘッダーに要素を追加するには，ヘッダーの領域にカーソルを合わせて，挿入する内容を入力します．ここではレポートの名称「情報倫理が必要な理由とその役割について」を入力してください．

手順 ❶ヘッダー領域でマウスをクリックして，カーソル位置を合わせます．

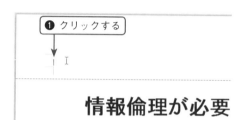

❷追加するテキスト「情報倫理が必要な理由とその役割について」を入力します．

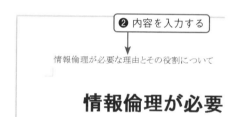

　1ページ目のヘッダーに入力したテキストが，自動的に2ページ目以降にも挿入されることを確認してください．

2 フッター要素の追加

　フッターに要素を追加するときも，ヘッダーと同様，フッター領域にカーソルを合わせて挿入する内容を入力します．ページ番号の挿入には，フィールド機能を利用します．

手順 ❶フッター領域でマウスをクリックして，カーソル位置を合わせます．

第4章 レポートの作成：引用の方法,注の付け方と参考文献の書き方　47

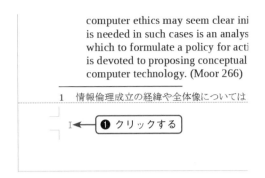

❷メニューバーから［挿入］→［フィールド］→［ページ番号］を選択します．

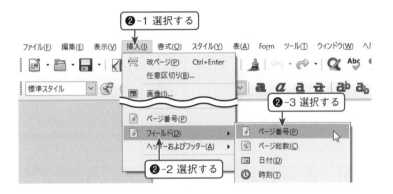

これによって，ページ番号がフッターに挿入できました．ヘッダーのときと同様，2ページ目以降にもページ番号が自動的に挿入されますが，フィールド機能によって1ページ目には「1」，2ページ目には「2」が表示されることを確認してください．

次に，文書の総ページ数を追加して，「1/2」のように「現在のページ数/総ページ数」と表示されるようにします．

手順

❶先ほど挿入したフッター領域のページ数の隣をクリックして，キーボードから「/」と入力します．

❷メニューバーから［挿入］→［フィールド］→［ページ総数］を選択します．

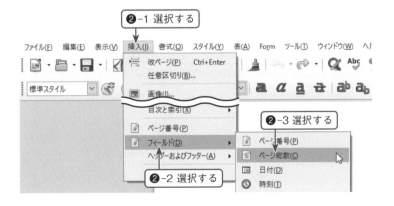

これによって、レポートが全部で何枚あるのかが記載されるようになりました．

最後に「フッター」のスタイルを変更して、ページ数とページ総数が中央揃えになるようにしましょう．

4・5 様々な形式でのファイルの保存

ここまでの学習で、レポートとしての形式がある程度整った文書ができあがりました．このファイルを提出するために、様々な形式で保存する方法を覚えましょう．先方のコンピュータにLibreOfficeがインストールされていない場合や、相手が希望する形式でファイルを提出しなければならない場合もあります．どのような場合でも対応できるようにファイル形式の違いを理解してください．

① Word形式での保存

Word形式は、文書作成で広く使われているMicrosoft Wordが採用しているファイル形式です．LibreOfficeではなく、Wordのみ使用できる環境の相手に文書を渡すときは、この方式で保存したファイルを渡すのが便利です．ただし、LibreOffice Writerの書式情報が完全にWordに移行できるわけではなく、細かいレイアウトが崩れることなどがありますので注意してください．

Word形式でファイルを保存する手順は次のとおりです．

手順 ➡
❶ メニューバーから、[**ファイル**]→[**名前を付けて保存**]を選択します．
❷「名前を付けて保存」ダイアログボックスで、[**ファイルの種類**] から

第4章 レポートの作成：引用の方法,注の付け方と参考文献の書き方　49

「Microsoft Word.....」を選択し，[**保存**]ボタンをクリックします．

❸書式に関する警告として「ファイル形式の確認」ダイアログボックスが表示されるので，[**Microsoft Word 2007-2013 XML形式を使用**]ボタンをクリックします．

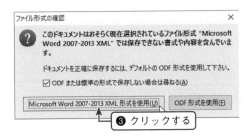

使用中のコンピュータにWordがインストールされている場合には，保存したファイルをWordから開いてみて，内容を確認してください．

② テキスト形式での保存

テキスト形式は，文字情報を保存するための基本的なファイル形式です．どんなコンピュータでも開くことができるため，互換性に優れています．ただし，保存できるのはテキスト（文字列）だけです．書式情報などは

ファイルに含めることができません.

テキスト形式でファイルを保存する手順は次のとおりです.

手順

❶ メニューバーから［**ファイル**］→［**名前を付けて保存**］を選択します.
❷「名前を付けて保存」ダイアログボックスで［**ファイルの種類**］として「テキスト」を選択し,［**保存**］ボタンをクリックします.

上記の手順で,［**ファイルの種類**］として「文書 - エンコードの選択」を選ぶと,「ASCIIフィルターオプション」ダイアログボックスが現れ,様々な文字コードを選択できます.Windowsを使っている人には「Windows-932」を,UNIXを使っている人には「EUC-JP」を,というように相手の環境に合わせたファイルの保存を行いましょう.

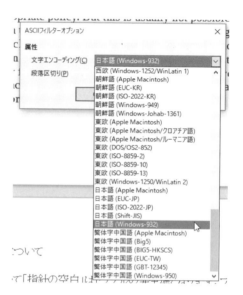

テキストファイルが保存できたら,そのファイルのアイコンをダブルクリックして,文書の内容や開くソフトを確認してください.

③ PDF形式での保存

作成した文書のレイアウト情報を正確に伝えたいときや,できるだけきれいに印刷したいときは,PDF形式で保存しましょう.PDF (Portable Document Format) は,Adobe社が開発したファイル形式で,正確なレイアウト情報を持った文書をインターネット上で公開する際に広く用いられています.

LibreOfficeは作成した文書などをPDF形式に変換する機能を持っています.ただし,PDF形式のファイルを再編集するには専用のソフトウェアが別途必要になります.再編集が必要になりそうな場合は,PDFでの保存は避けるのが無難です.

第4章 レポートの作成：引用の方法，注の付け方と参考文献の書き方

PDF形式でファイルを保存する手順は次のとおりです．

手順

❶ メニューバーの［**ファイル**］→［**PDFとしてエクスポート**］を選択します．

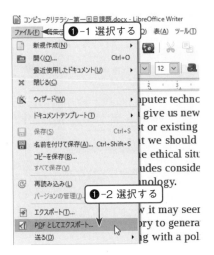

❷「PDFオプション」ダイアログボックスが現れます．このダイアログボックスでは様々な設定が可能ですが，ここではそのまま［**エクスポート**］ボタンをクリックします．

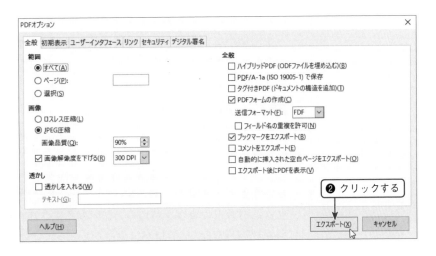

❸「エクスポート」ダイアログボックスが開くので，保存先のフォルダーやファイル名を確認して，［**保存**］ボタンをクリックします．

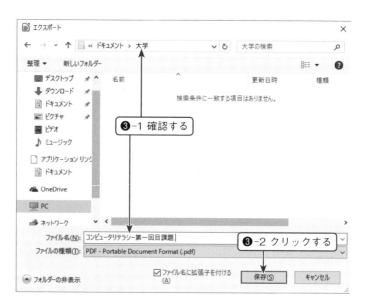

これで，PDF形式のファイルが作成されます．

LibreOfficeでは，WriterだけでなくCalcやDraw, Impressなどで作成したファイルもPDF形式に変換することができます．PDFは多くのコンピュータで開くことができるファイル形式なので，例えばプレゼンテーションのスライドをPDFにしておくと，プレゼンテーションの本番でファイルが開かないなどの状況を避けることができます．また，図形や画像が含まれるドキュメントを印刷する場合，一度，PDF形式に変換してからのほうが，きれいに印刷できる場合もあります．

1 PDF形式の詳細

PDFファイルには，機密性を高めるためにパスワードを設定したり，内容を書き換えられないように制限する機能などがあります．

パスワードの設定では，「文書を開くパスワード」と「権限パスワード」という2つのパスワードを決めることができます．「文書を開くパスワード」は，作成した文書を特定の人にのみ閲覧させたい場合に用います．この場合，そのPDFの内容はパスワードを知っている人しか読むことができません．「権限パスワード」は，PDFファイルの印刷や，テキストのコピーアンドペーストを禁止する場合に設定します．

パスワードを設定する手順は次のとおりです．

❶メニューバーの［**ファイル**］→［**PDFとしてエクスポート**］を選択します．
❷「PDFオプション」ダイアログボックスで，［**セキュリティ**］タブをクリックし，［**パスワードの設定**］ボタンをクリックします．

第4章 レポートの作成：引用の方法，注の付け方と参考文献の書き方

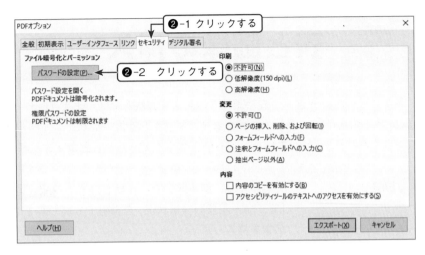

❸「パスワードの設定」ダイアログボックスで［**パスワード**］と［**確認**］に同一のパスワードを入力して［**OK**］ボタンをクリックします．

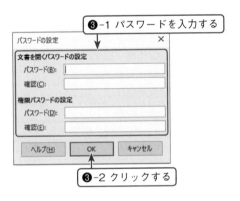

❹「エクスポート」ダイアログボックスが開くので，保存先のフォルダーやファイル名を確認して，［**保存**］ボタンをクリックします．

　文書に対するアクセスや利用方法をコントロールしたい場合には，このようなセキュリティの設定を行うようにしてください．

演習4

1．課題レポートにヘッダー，フッターならびに脚注を挿入し，適切に参考文献一覧が作成できていることを確認しましょう．

2．1で参考文献一覧を追加したレポートをPDFに変換して提出してください．このとき，パスワードを入力しないとファイルを開けないように設定してください．提出の際は，設定したパスワードをファイルに添えておきましょう．

第5章 表と画像の挿入

　本章ではWriterを使って表や画像を挿入する方法を学習します．レポートにデータを記載するときは，表を自由に使いこなす必要があります．また主張の根拠としてレポートに画像を挿入する機会も多くあります．操作自体はとても簡単ですのでしっかりと覚えてください．

課題

　　本章では，第4章までに作成してきた文書に説得力を持たせるために，「サイバー犯罪の検挙状況」を説明する次の表を作成するとともに，文書に画像を挿入します．

年 罪　名		H21	H22	H23	H24	H25	前年比増減	
不正アクセス禁止法違反		2534	1601	248	543	980	+437	+80.5%
コンピュータ・電磁的記録対象犯罪		195	133	105	178	478		
	電子計算機使用詐欺	169	91	79	95	388		
	電磁的記録不正作出・毀棄	22	36	17	35	56		
	電子計算機損壊等業務妨害	4	6	6	7	7		
	不正指令電磁的記録作成・提供			0	4	8		
	不正指令電磁的記録供用			1	34	14		
	不正指令電磁的記録取得・保管			2	3	5		
ネットワーク利用犯罪		3961	5199	5388	6613	6655		
	詐欺	1280	1566	899	1357	956		
	オークション利用詐欺	522	677	389	235	158		
児童買春・児童ポルノ法違反	児童買春	416	410	444	435	492		
	児童ポルノ	507	783	883	1085	1124		
	青少年保護育成条例違反	326	481	434	520	690		
	わいせつ物頒布等	140	218	699	929	781		
	著作権法違反	188	368	409	472	731		
	商標法違反	126	119	212	184	197		
	その他	629	842	944	1268	1345		
合計		6690						

　出典：警察庁サイバー犯罪対策のウェブサイト「平成25年中のサイバー犯罪の検挙状況等について」(http://www.npa.go.jp/cyber/statics/h25/pdf01-2.pdf)．課題例のために一部表を変更して掲載している．

5・1 表の挿入

1 準備

➡ Appendix は，付録として掲載したい図表や本文に載せるほどではない資料などを掲載するときに使います．

第4章までに作成したレポートを開いて新規ページを挿入し，ページの冒頭に「Appendix」と入力して，「見出し2」スタイルを適用してください．

2 行と列

まずは行と列の区別を覚えましょう．Writerで使用する表は次のように行と列で構成されています．**縦の並びが行，横の並びが列**です．表の大きさは，含まれる行と列の数に応じて「何行何列の表」と表現します．

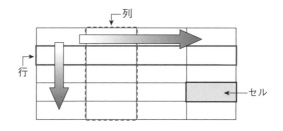

この表は「5行4列の表」です．

表の中は1つ1つ区分けされていますが，この区分けされた領域それぞれのことを**セル**といいます．

3 表の挿入

1 ダイアログボックスによる方法

手順 ➡

❶ メニューバーから［表］→［表の挿入］を選択するか，または，ツールバーの［表］ボタン▦→［詳細オプション］ボタンをクリックします．

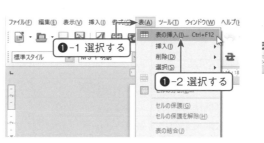

●メニューバーから挿入

●ツールバーから挿入

❷「表の挿入」ダイアログボックスが表示されるので，何行何列の表を作成するのか（ここでは7行6列）を指定します．
❸［挿入］ボタンをクリックすると，文書中に表が挿入されます．

2 マウス操作による方法

次にマウスで直観的に表を作成する方法も紹介しておきます．

❶ツールバーの［表］ボタンをクリックします．
❷小さな表が表示されます．この上でマウスを移動すると表の大きさが変わるので，自分の作りたい表の大きさ（ここでは7行6列）になったらクリックします．

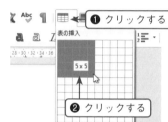

5・2 表の操作

それでは，先ほど作成した表に「サイバー犯罪の検挙状況」の内容を入力していきます．

1 表への文字入力

表への文字入力も，通常のテキストの入力と同じ要領で行います．入力したいセルにマウスを合わせてクリックすると，そのセルに対する入力が可能になります．

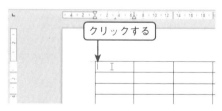

文字入力が可能になっていることを確認したら，実際に，表に文字を入力しましょう．まずは，次のように入力します．

年		H21	H22	H23	H24	H25
罪　名						
不正アクセス禁止法違反						
コンピュータ・電磁的記録対象犯罪						
電子計算機使用詐欺						
電磁的記録不正作出・毀棄						
電子計算機損壊等業務妨害						

② 表の操作方法

先ほど作成した表に1列目の「不正アクセス禁止法違反」などの長い文字を入力すると，横幅が小さすぎて表示が2行になってしまい，見た目が悪くなってしまいます．このような場合には，表を区切っている線を移動して，セルや表の大きさを変更します．

手順 ➡

❶表の線にマウスを合わせると，マウスカーソルが変化します．

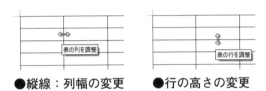

●縦線：列幅の変更　　●行の高さの変更

❷この状態でマウスを左右，上下にドラッグすると，セルや表の大きさを変更することができます．

③ 自動調整

列幅を1つ1つ手作業で調整するのは労力が必要なので，そのような作業はコンピュータに任せたほうがよいでしょう．

Writerには，列の幅を自動で調整する機能があります．

手順 ➡

❶マウスをドラッグして，「H21」から「H25」までの列を選択します．

❷右クリックで表示されたメニューから [**サイズ**] → [**列の均等分割**] を選択します．

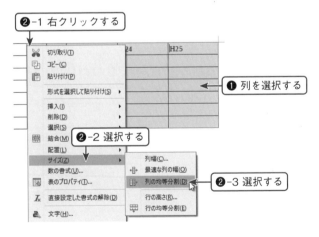

このようにすると，選択している列の幅が均一に整えられます．行の高さを調整するときにも，同じ方法が使用できます．

④ 行の追加と削除

1 1行追加

先ほどの表の一番下に，それぞれの年の犯罪数の合計を記入する行を追加します．

手順

❶ 追加する行の前後の行のセル（今回は「電子計算機損壊等業務妨害」のセル）にマウスカーソルを合わせます．

❷ 右クリックで表示されたメニューから［**挿入**］→［**行の下**］を選択します．

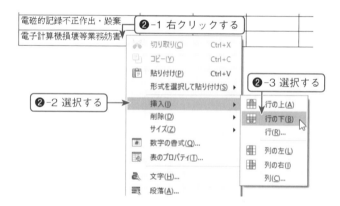

❸ 追加された行の左端（1列目）のセルに「合計」と入力します．

2 複数行の追加

複数の行を一度に追加したいときは，次の手順で行います．

手順

❶ 追加する行の前後の行のセルにマウスカーソルを合わせます．
❷ 右クリックで表示されたメニューから［**挿入**］→［**行**］を選択します．

第5章　表と画像の挿入

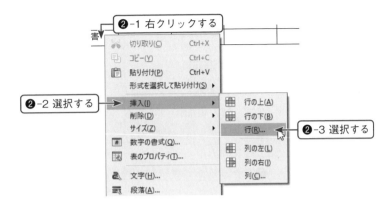

❸「行の挿入」ダイアログボックスが表示されるので，追加する行数，追加する位置（前か後ろか）を指定してから［OK］ボタンをクリックします．

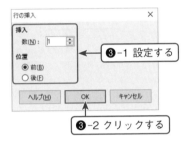

3 行の削除

次に行の削除方法を説明します．ここでは練習として，先ほど追加した「合計」の行を削除してみます．

手順 ➡

❶削除する行のセルのどれかにカーソルを合わせます．削除する行ならばどのセルでもかまいません．

❷右クリックで表示されたメニューから［**削除**］→［**行**］を選択します．

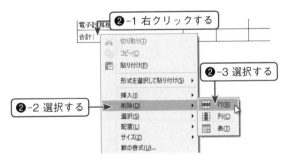

これで，行が削除されました．削除後は，もう一度「合計」の行を追加しておいてください．

⑤ 列の追加と削除

１ １列追加

表の一番右に列を追加して，前年からの犯罪の増加率を入れることにします．列の追加についても，基本的な手順は，行の追加と同じです．

手順
❶ 追加したい列の隣の列（ここでは「H25」の列）にマウスカーソルを合わせます．
❷ 右クリックで表示されたメニューから［**挿入**］→［**列の右**］を選択します．

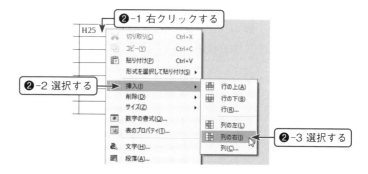

❸ 追加した列の見出し位置に「前年比増減」と入力します．

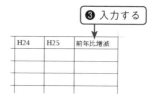

２ 複数列の追加

複数の列を一度に追加する方法も，行のときと同様です．

手順
❶ 追加したい列の隣の列にマウスカーソルを合わせます．
❷ 右クリックで表示されたメニューから［**挿入**］→［**列**］を選択します．

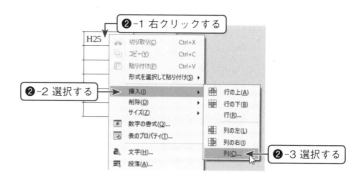

❸「列の挿入」ダイアログボックスが表示されるので，追加する列数，追加する位置（前か後か）を指定し，[OK]ボタンをクリックします．

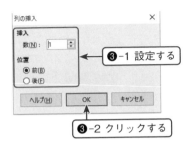

3 列の削除

列を削除する方法も，行の削除と同様です．

手順
❶削除したい列にカーソルを合わせます．
❷右クリックで表示されたメニューから[**削除**]→[**列**]を選択します．

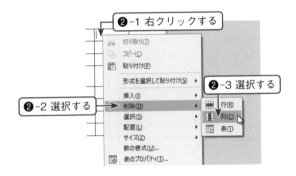

6 セルの分割と結合

1 セルの分割

「サイバー犯罪の検挙情報」の表の5～7行目の「電子計算機使用詐欺」「電磁的記録不正作出・毀棄」「電子計算機損壊等業務妨害」は，「コンピュータ・電磁的記録対象犯罪」の内訳の項目です．現在の状態では独立した項目としてカウントされてしまうので，これらのセルを分割して親項目と位置をずらし，親子関係をはっきりさせる必要があります．

セルの分割方法は，次のとおりです．

手順
❶マウスをドラッグして，分割したいセルの範囲を選択します．
❷メニューバーから[**表**]→[**セルの分割**]を選択します．

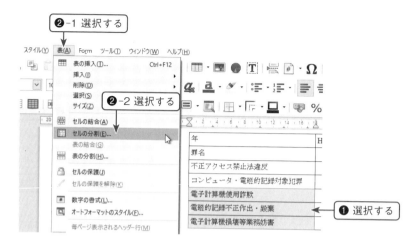

❸「セルの分割」のダイアログボックスが表示されるので，ここでセルをいくつに分割するのか，上下・左右のいずれの方向に分割するのかを設定します．今回は「左右」に「2」つに分割するよう設定してから[OK]ボタンをクリックします．

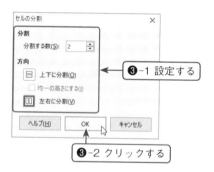

分割が終わったら，表を見やすくするために列の幅，文字の位置などを次のように調整してください．

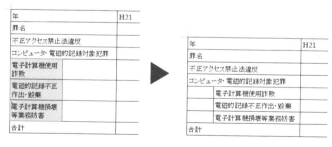

●テキストの位置，列の幅を調整する

2 セルの結合

次にセルを結合する方法も学んでおきましょう．ここでは先ほど分割したセルの左側を結合して，見やすくします．

手順
❶ マウスをドラッグして結合したいセルを選択します．
❷ メニューバーから［**表**］→［**セルの結合**］を選択します．

選択したセルが1つのセルに結合されました．

5・3 画像の操作

1 画像の挿入

次に，文書に画像を入れる方法を説明します．

手順
❶ メニューバーから［**挿入**］→［**画像**］を選択します．

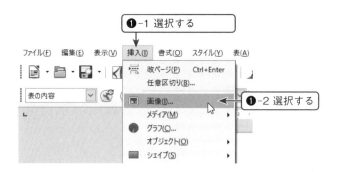

❷「画像の挿入」ダイアログボックスが表示されるので，挿入する画像を選択して，[開く]ボタンをクリックします．

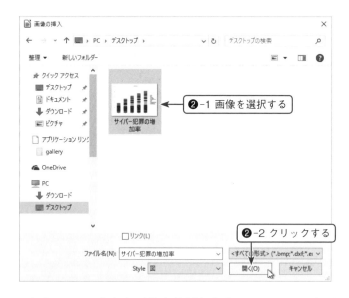

➡ 画像は，東京電機大学出版局のウェブサイト（http://www.tdupress.jp）の「ダウンロード」ページからダウンロードできます．

ここではダウンロードした画像を使用します．デスクトップからファイルを開いてください．

② 画像の移動

挿入した画像は，マウスでドラッグすると簡単に移動できます．

手順 ➡

❶画像をマウスでクリックします．このとき画像が挿入されている箇所（アンカーポイント）に⚓マークが表示されます．アンカーポイントとは，挿入した画像が本文のどの位置に属するかを示すものです．文書には自由な大きさの画像を挿入できることもあり，画像を見ただけでは，その画像が論理的に文書内のどこに位置付けられるものであるかはわかりません．そのような画像の属する場所（通常は段落）を示すのがアンカーポイントです．

❷画像をドラッグすると画像と同じ大きさの枠が表示されるので，これを目安に移動先場所を決定してマウスのボタンを離すと，画像が移動します．

⚓のマークが表示されている箇所がアンカーポイントの移動先になります．

③ 文字の折り返し

初期状態では，画像を挿入すると挿入箇所の前後の文字のレイアウトが崩れてしまうことがあります．このような意図しないレイアウトの崩れをできるだけ避けて，希望どおりの形に整えるために，Writerには，画像の周りに文字を配置してレイアウトを整える**折り返し**という機能があります．

左が折り返しを指定していない状態，右が折り返しを指定した状態です．

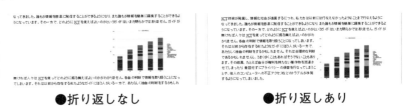

●折り返しなし　　　　　●折り返しあり

これを見ると，折り返しの有無によって余白の量が大幅に変化することがわかります．それでは実際に，折り返しを設定してみましょう．

手順 ➡
❶折り返しを設定する画像をダブルクリックします．
❷「画像」ダイアログボックスが表示されるので，[**折り返し**]タブをクリックします．

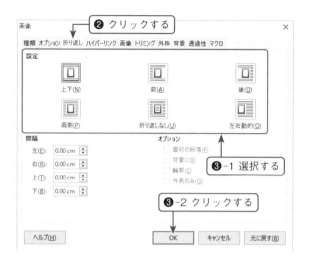

❸「上下」「前」「後」「両側」「折り返しなし」「左右動的」という6種類の折り返しパターンの中から1つを選択して，[OK]ボタンをクリックします．

なお，「プロパティ」でも折り返しパターンを選択することはできますが，「画像」ダイアログボックスではより詳細な設定を行うことができます．

1 上下の折り返し

上下の折り返しでは，画像の上下に文字が分かれ，画像の前後（左右）に文字が回り込むことがありません．画像を挿入した直後は，このパターンが適用されます．

タイトルとして画像を使いたい場合など，画像の前後に文字があっては困るときに使いましょう．

2 前への折り返し

前への折り返しを選択すると，画像の前で文字が折り返されます．

横書きの場合は左側に文字が来ますが，縦書きの場合は文字が上に来ることに注意してください．

3 後への折り返し

後への折り返しを選択すると，画像の後ろで文字が折り返されます．

前への折り返しと同様に，縦書きの場合には文字の配置が変わり，文字が画像の下に配置されることに注意してください．

4 両側への折り返し

このパターンでは，画像をはさんで両側に文字が配置されます．

5 折り返しなし

画像に対して文字の折り返しをしないで，画像を文字の前面に配置するパターンです．

画像と文字が重なってしまい，一部の文字は見えなくなります．

6 左右動的

左右動的では，画像の左右のどちらか広いほうに文字が配置されます．

画像が大きくて画像の端からページの端までが左右ともに2センチ未満となる場合には，文字は画像の下に配置されます．

●上下

●前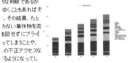

●後ろ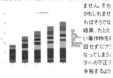

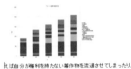

●両側

●折り返しなし

●左右動的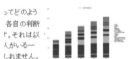

④ 画像の大きさを変える

次に，挿入した画像の大きさを変更する方法を説明します．

[手順]

❶ 先ほど挿入した画像をクリックします．画像の周りに合計8つの緑の点が表示されるのを確認してください．

❷ この緑の点を Shift キーを押しながらドラッグします．これによって画像の大きさが変更されます．

このときのマウスの動きと画像の変化を次に示します．

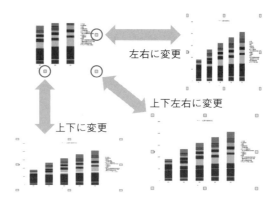

上記の手順において，緑の点を Shift キーを押さずにドラッグすると，画像の縦横の比率を変えずに画像の大きさを変更できます．元の画像を歪ませることなく画像の大きさを変更したいときはこの方法が便利です．

もっと正確に画像の大きさを変更したいときは，「画像」ダイアログボックスを利用します．

手順

❶ 大きさを変更する画像をダブルクリックします．

❷「画像」ダイアログボックスが開くので，[**種類**]タブをクリックします．

❸[**サイズ**]にて，画像の幅と高さを数値で指定します．画像を歪ませることなく大きさを変更したいときは，先に「縦横比を固定する」をチェックしてください．

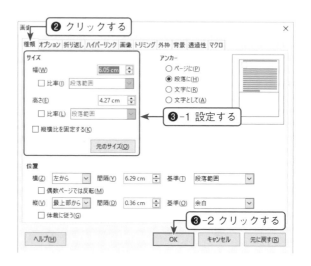

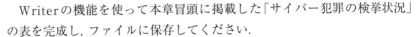

演習5

　Writerの機能を使って本章冒頭に掲載した「サイバー犯罪の検挙状況」の表を完成し，ファイルに保存してください．

　なお，表の空欄を埋める際は，下記に従ってください．

- ●右端の列の「増減」には，前年との比較による犯罪検挙数の上昇率を記入する．
- ●一番下の行には，その年の合計検挙件数を記入する．

　ファイルを保存するときは，今までに作成したファイルを上書きしないように注意してください．例えば「20160507コンピュータリテラシ第5回課題」というように，ファイルの内容がわかるような名前と日付などを組み合わせてファイルを保存してください．

◆Microsoft Officeの場合

●表の挿入

　Wordで表を挿入するときも，基本的な操作はWriterと同じです．[挿入]タブを選択して[表]ボタンをクリックすると，Writerと同じようにマウスを使って表の大きさを指定できます．

　さらに，Wordには「罫線を引く」という機能があり，これを利用すると，線を引く・消すなどの操作がマウスで直感的に行えます．これによって，Writerのようにセルを分割・結合しなくても，絵を描くように表を整形することができます．

●罫線の挿入

　「罫線を引く」機能を利用するには，[挿入]タブを選択して[表]→[罫線を引く]を選択するか，[ホーム]タブにて[段落]内の[罫線]ボタン横の▼をクリックして，[罫線を引く]を選択します．

●[挿入]タブにて[表]→[罫線を引く]を選択　　●[ホーム]タブにて[罫線]→[罫線を引く]を選択

カーソルが鉛筆マーク🖉に変わるので,線を引きたい箇所でマウスをドラッグします.挿入される線は点線で表示されるので,問題なければそのまま指を離してください.

●画像の挿入

Wordで画像を挿入するときは,[挿入]タブを選択して,[画像]ボタンをクリックします.また,画像の折り返しは,画像をクリックして選択した状態で,リボンの[書式]タブ→[文字の折り返し]から選択できます.

●画像の挿入　　　　　　　　　　　　●文字列の折り返し

第6章 検索と置換と目次の作成

　本章では文書内の検索と文字列の置換方法を学習した後，検索の応用として正規表現について説明します．また文書の構造化を利用したWriterの目次機能についても学びます．

●課題　　　　　　　　　本章の課題は，正規表現を利用してレポートの文体を整え，目次を作成することです．

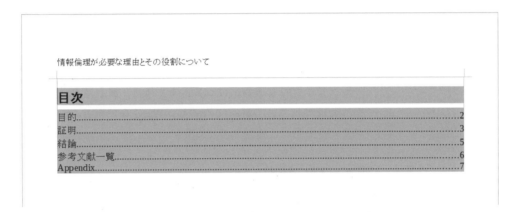

6・1　検索ダイアログボックス

　まずは，前章までに作成したレポートを開いてください．この文書内の文字列を検索してみましょう．
　文書内の文字列の検索は，次のダイアログボックスから行います．

手順　❶メニューバーから［編集］→［検索と置換］を選択します．

❷次の「検索と置換」ダイアログボックスが表示されます．文字列の検索では，線で囲まれた部分のみを使用します．

6・2 検索の方法

それでは実際に検索を行ってみましょう．検索はカーソル位置以降のテキストに対して行われるため，特に理由のない限り，検索する前にカーソルを文書の先頭に移動してください．

① 文頭から順に検索

文書内から「情報」という文字を検索します．

手順 ➡
❶カーソルを文書の先頭に移動します．
❷「検索と置換」ダイアログボックスの[**検索**]に「情報」という文字を入力します．
❸[**次を検索**]ボタンをクリックします．

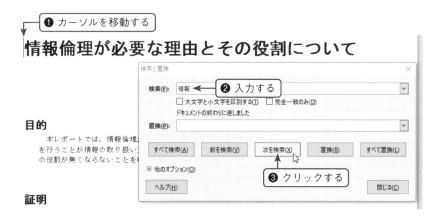

❹文書の先頭から順にこの文字列が検索されて，「情報」という文字が見つかると，その文字が選択された状態になります．

❺さらに[**次を検索**]ボタンをクリックすると，次に見つかった「情報」という文字が選択されます．

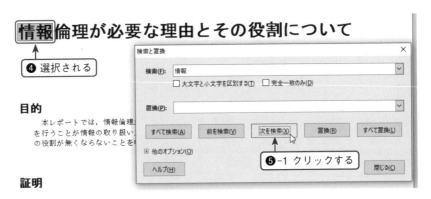

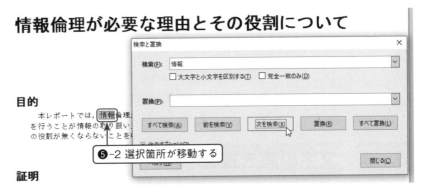

なお，検索を開始した場所から文書末までの検索が終わると，文書の始めに戻って検索が繰り返されます．

② 一括検索

文書の中の文字列を一度に検索したいときには一括検索機能を使います．

手順 ➡ ❶「**検索と置換**」ダイアログボックスにて，[**検索**]に「情報」という文字を入力します．
❷[**すべて検索**]ボタンをクリックします．

　一括検索を行うと，文書内の「情報」という文字がすべて選択された状態になります．この状態で[Back space]を押すと，選択された文字が一括で削除できます．

6・3　文字の置き換え

1　置換の方法

　第5章までに作成してきた文書は「ですます調」になっていてレポートにはふさわしくありません．ここでは置換の機能を使用して「ですます調」を「である調」に変換していきます．まずは文書中の「です」という文末表現を「である」に変えてみましょう．
　文字列の置き換え（置換）は，次の手順で行います．

手順 ➡

➡ 置換のときは「検索と置換」ダイアログボックスの全体を利用します．

❶検索のときと同様にメニューバーから[編集]→[検索と置換]を選択して，「検索と置換」ダイアログボックスを表示します．
❷[検索]に「です」を，[置換]に「である」を入力します．
❸[次を検索]ボタンをクリックすると，次のように「です」の部分が検索されます．

第6章 検索と置換と目次の作成

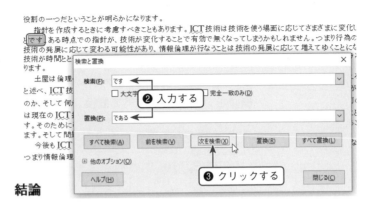

❹この状態で[**置換**]ボタンをクリックします．次のように「です」の箇所が「である」に置き換えられます．

❺置き換え後は該当する次の文字列へ選択範囲が移動します．問題なければ[**置換**]ボタンをクリックして，文字列の置き換えを繰り返しましょう．

検索を開始した箇所から文書末までの置換が終わると，カーソルが文書の始めに戻ります．

上記の手順では，置換対象を確認できるように置換を行う前に一度[**次を検索**]ボタンで検索を行っていますが，この手順は省略することもできます．この場合，[**置換**]ボタンをクリックしたときに，一番最初に見つかった対象の文字列が自動的に置換されます．

② すべて置換

検索のときと同様に，文書内の該当する文字列をすべて一括で置換することができます．次の手順の前に，先ほど行った「です」から「である」への

置換を,「元に戻す」機能を使って元に戻してください.

手順

❶「検索と置換」ダイアログボックスにて,[**検索する文字列**]に「です」を,[**置換後の文字列**]に「である」を入力します.

❷[**すべて検索**]ボタンをクリックし,置換するテキストを確認します.

❸問題がなければ[**すべて置換**]ボタンをクリックします.

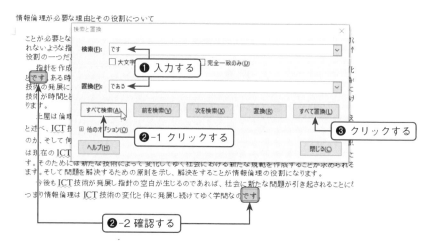

❹置換終了後に,置換されたテキストの数を示すメッセージが表示されます.

しかしこのような一括置換では,思いもよらない置換が行われることがあります.上記の例では,「〜ですらさえない」という文字を確認せずに置き換えると「〜であるらさえない」となってしまいます.

このような事態を避けるためにも,「検索の次に置換」という順序を身に付けてください.置換の際は,その都度,文書を確かめながら置き換えるようにして,一括での置換は誤った置き換えが起きない表現のみに限定したほうがよいでしょう.

6・4 正規表現

　LibreOfficeでは，検索と置換において正規表現を使うことができます．**正規表現**とは，文字列のパターンを検索するために利用する表現のことです．正規表現を使うときは，正規表現に特有の記号の組み合わせによってパターンを作成します．例えば「第x章」となっている部分を検索したい場合に，「第1章」「第2章」「第3章」というように1つずつ順番に検索するのは面倒です．そこでそれぞれの表現に共通している部分を正規表現によってパターンとして記述すると，そのパターンを使って文字列を検索することができます．

　準備のために，今まで作成してきたレポートの「目的」を「第1章」，「証明」を「第2章」，「結論」を「第3章」と書き換えてください．

① 正規表現の利用方法

　正規表現を使うための準備をします．

手順
❶「検索と置換」ダイアログボックスを表示して「他のオプション」をクリックします．
❷オプションの中の「正規表現」にチェックを入れます．

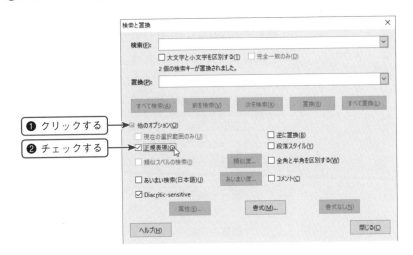

② 正規表現の使用

1 「第x章」の検索

　まず「第1章」「第2章」「第3章」に共通するパターンを見つけることから始めます．これらの文字列には「『第』で始まり『章』で終わる」というパターンと「『第』と『章』の間には1文字が存在する」というパターンが見つ

かります．これを正規表現で表すと「第.章」という組み合わせになります（「.」（ドット）は任意の1文字を表す正規表現）．それではこのパターンを使って，実際に検索してみましょう．

手順

❶ [検索]に「第.章」と入力して[すべて検索]ボタンをクリックします．
❷ 「第」＋1文字＋「章」という構成の文字列が検索されて，すべて反転表示されます．

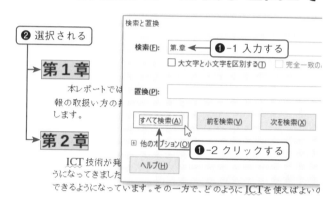

このように，「第1章」「第2章」がともに反転表示されるのを確認してください．

2 正規表現で利用できる記号

正規表現で利用できる代表的な記号を次表にまとめます．記号とその意味をよく理解しておいてください．

記号	説明
.	空白を含むすべての単一文字を表します．例えば「.肉.食」は，「弱肉強食」と「焼肉定食」の両方が検索されます．さらに「草食動物は肉を食べない」も検索されます（.には改行を意味する記号は含まれないため，改行が入っている文字列（複数行にまたがるような文字列）の検索はできません）．
¥n	改行を検索したいときに使います．余分な改行が多く入っている文書で，改行を取り除くときなどに便利です．
^	段落の先頭を表します．「^本日は」で検索すると，段落の始まりが「本日は」となっている部分だけを検索します．
$	段落の末尾を表します．
(|)	丸括弧と「|（パイプ）」を組み合わせることで，いずれかの文字列を表せます．「現代の (倫|社会病) 理」は「現代の倫理」，「現代の社会病理」のいずれも検索できます．

記号	説明
[]	角括弧は括弧内に書かれたどれか1つの要素を表します。「現代の[物倫]理」は「現代の物理」と「現代の倫理」のいずれも検索できます。 さらに、角括弧とハイフン (-) を使うと文字の範囲指定ができます。例えば「1[8-9][0-9][0-9]年」で検索すると「1867年」や「1956年」は検索できますが、「1789年」や「1192年」は検索されません。 また、[a-z]で小文字のアルファベット、[A-Z]で大文字のアルファベットを表現できます。[a-zA-Z0-9]は、小文字と大文字両方のアルファベットと数字を意味します。 角括弧と「^」を組み合わせて使用すると、「〜以外の文字」を表すこともできます。「[^abc]」はabc以外の文字を、「[^]」は空白以外の文字を表します。
*	「*」の前の文字が0回以上繰り返されることを表します。「文部*科学*省」は「文部科学省」と「文科省」の両方を検索できます。
+	「+」の前の文字が1回以上繰り返されることを表します。「[0-9]+分」を検索すると、「1分」「23分」「456分」などを検索できますが、「自分」や「大分」などは検索されません。
{n,m}	n と m にはそれぞれ数字が入り、直前の文字が n 回以上かつ m 回以下繰り返すことを表します。片方を省略することもできます。
&	検索した文字を意味します。例えばComputerという文字をPersonal Computerに置き換えたいときは、「検索する文字列」に「Computer」を入力し、「置換後の文字列」に「Personal &」と入力します。
¥	正規表現で用いる記号の意味を消したい場合は「¥」を使います。正規表現では「.」は「任意の1文字」を意味しますが、例えば、文末のピリオド自体を検索したい場合があります。そのようなときは「.」の意味を消すために「¥.」と入力して検索します。同様に、文中の「^」を検索したいときには「¥^」と入力します。

3 「(|)」の利用

それでは先ほどの記号を用いて、文書内から目的の文字列を検索する練習をしてみましょう。

「です。」と「なります。」を同時に検索します。この場合、「で」か「なりま」のどちらかで始まり、「す。」で終わるというパターンが見出せます。

正規表現での表し方には様々なものがありますが、例えば、丸括弧を用いて「(で|なりま)す。」という書き方ができます。

4 「^」記号の利用

文頭にある「ICT」という文字列のみを検索したい場合を想定してください。「ICT」という文字だけを検索すると、文中の文字も検索対象となってしまいます。そこで「文頭」を表す「^」という記号を付け加えて検索を行います。

手順

❶ [検索] に「^ICT」と入力し [次を検索] ボタンをクリックします。

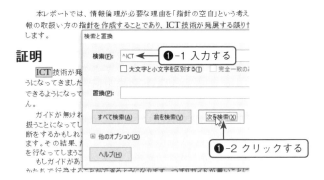

❷証明内1行目の文頭にある「ICT」が選択されていることを確認したら，再度［**次を検索**］をクリックします．

❸証明内の29行目の箇所も選択されていることを確認します．

　正規表現を用いることで高度な検索ができることが理解できたでしょうか．次節ではもう少し複雑な検索を行ってみます．

5 「{ }」記号の利用

　繰り返しを意味する「{ }」の使い方を説明します．今度は「します．」と「なります．」を同時に検索してみます．

　それぞれの文字列では末尾の「す．」が共通しているので，残りの「しま」と「なりま」を正規表現で表す必要があります．例えば，これらは2文字と3文字なので「.{2,3}す．」という表現が考えられます．この表現は「『何らかの文字が2つか3つ』に『す．』が続いている」という意味になります．

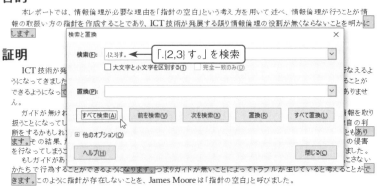

　しかし，実際に検索してみるとわかるように，上記のパターンでは「できます．」や「にします．」も検索されてしまいます．検索したい文字列だけを表すパターンを作成できるように様々なパターンを試してみてください．

　次に検索するのは，「cから始まる8文字の英単語」です．cから始まる単語なので「c.*」（cから始まって，後ろに「任意の1文字」が繰り返される）と

いう表現を思いつくかもしれません．まずはこの正規表現で検索をしてみましょう．

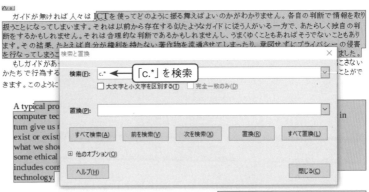

この結果は私たちが意図したものと異なります．しかし，コンピュータは私たちが命令したとおりに動作します．もし動作がおかしいと感じたならば，多くの場合それは私たちの命令がおかしい，つまり自分たちが意図したとおりの命令を出せていなかったことが原因です．

では，「c.{7}」というパターンで検索してみましょう．これは「cから始まって任意の文字が7文字繰り返される」という意味になります．この検索では「CT技術が発展し」も検索されてしまいます．

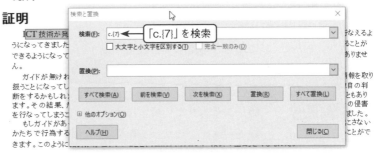

そこで，任意の文字ではなくアルファベットのみが繰り返されるという表現に変更します．

「c[a-z]{7}」

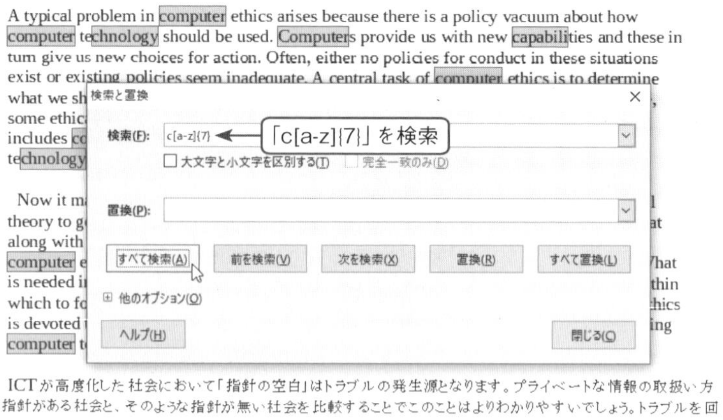

意図していた検索結果に近づいてきたことがわかります．このようにして文字列を過不足なく抽出できる表現を作成してください．

6・5 目次の作成

ページ数が多く複数の章立てからなるレポートを作成するときには，目次があったほうが全体の構成がわかりやすい場合があります．文書が構造化されていれば，目次の作成は簡単に行うことができます．

次に進む前に，先ほど検索の練習のために書き換えた「第1章」「第2章」「第3章」を，「目的」「証明」「結論」に戻しておいてください．

1 目次の設定

LibreOfficeでは，見出しスタイルが設定されていると，そこから自動的に項目を抽出して目次を作成することができます．今回目次を作成するレポートには，すでに見出しスタイルは適用されているはずなので，これをそのまま利用します．

手順

❶目次を入れたい場所にカーソルを移動します．
❷メニューバーから [**挿入**] → [**目次と索引**] → [**目次，索引または参考文献**] を選択します．
❸「目次と索引の挿入」ダイアログボックスが表示されるので，[**目次と索引**] タブをクリックします．
❹[**種類とタイトル**] の中で [**タイプ**] から「目次」を選択します．
❺[OK] ボタンをクリックします．

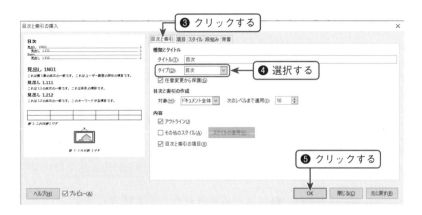

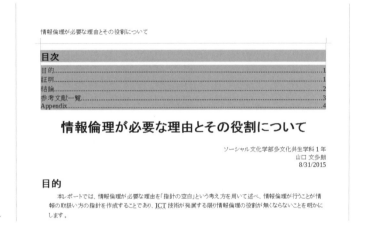

2 目次の更新

　目次を作成後に本文を修正すると，見出しがある場所のページ数がずれることがあります．手作業で作成した目次であればその都度ページ数を書きなおす必要がありますが，目次作成機能を利用している場合は「目次の更新」を実行するだけで，本文に連動して自動的に目次を修正できます．

　1ページ目を目次にするために，タイトルの前で改ページを行い，次に本文の「目的」「証明」「結論」がそれぞれ1ページずつに収まるようにしてから目次の更新をしてみましょう．

手順 ➡ ❶目次を更新するときは，目次の上で右クリックして，[**目次と索引の更新**]を選択します．

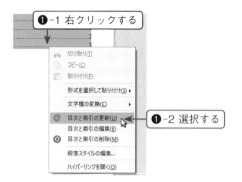

❷目次が更新されたことを確認します.

演習6

1. これまで作成してきた「ですます調」のレポートを「である調」にしましょう.

変更前	変更後
います	いる
あります(ありません)	ある(ない)
です	である
します	する
できます	できる

表に記載している以外にも多くの「ですます調」の表現があります. 効率的に置き換えをしてください.

2.「cから始まる8文字の単語」を検索する正規表現を作成しましょう.

3. レポート中に引用された英文の中から, それぞれの文の最後の単語のみを検索する正規表現を作成しましょう.

4．ここまでに作成したレポートに目次を追加して，PDFにして提出しましょう．

◆Microsoft Officeの場合

●検索と置換
検索と置換の機能はWordでも使うことができます．[ホーム]タブ→[検索]→[高度な検索]をクリックしてください．
「検索と置換」ダイアログが表示されます．使い方はWriterとほぼ同じですが，Wordでは「正規表現」の代わりに「ワイルドカード」という機能があります．正規表現とほぼ同じような検索ができますが，用いる記号が若干異なっており，記号の意味も独自のものがあります．

ワイルドカードを使用するには，「検索と置換」ダイアログのオプションを開き，「ワイルドカードを使用する」にチェックを入れてください．

正規表現もワイルドカードもどちらも有用な機能です．ワイルドカードを使って正規表現と同じような検索ができるかどうかを試してみましょう．

●目次の作成
構造化してある文書であれば，Wordでも簡単に目次を挿入することができます．
[参考資料]タブ→[目次]→[自動作成の目次]をクリックしてください．

カーソル位置に見出しの項目とそのページ数からなる目次が挿入されます．

Calc

パソコン上で広く使用されているソフトウェアの1つに表計算ソフトがあります．第7章〜第22章では，表計算ソフトのCalcの基本的な使い方を説明して演習を行っていきます．具体的には，Calcを用いて色々なデータを実際に処理しながら，その基本的な操作方法，数式・関数の利用法，グラフの作成法，データ分析のための各種ツールの使い方，LibreOffice Basicを用いたプログラムの作成方法などを説明していきます．

第7章 表計算ソフトの概要とセルの書式設定

LibreOffice Calcは表計算ソフトです．表計算ソフトは，表を用いた会計処理や統計処理などに使用されます．例えば，家庭で家計簿を作成したり，会社で商品の売り上げを計算したり，学校で実験データを処理したりなどと，その用途は様々です．Microsoft Officeでいえば，Excelにあたります．

ここでは，Calcの基本的な使い方を習得しましょう．

● 課題　　　本章では，Calcを用いて次の時間割表を作成します．

7・1　Calcの起動と画面

1　Calcの起動

Calcは，LibreOfficeの起動画面で［**Calc表計算ドキュメント**］を選択して起動します．Calcを終了するときは，メニューバーから［**ファイル**］→［**LibreOfficeの終了**］を選択します．

Calc

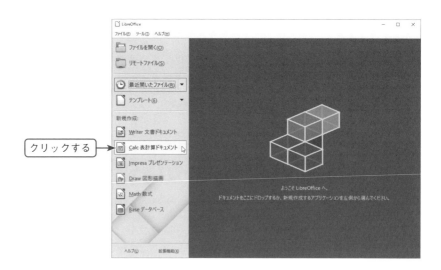

クリックする

2 Calcの画面

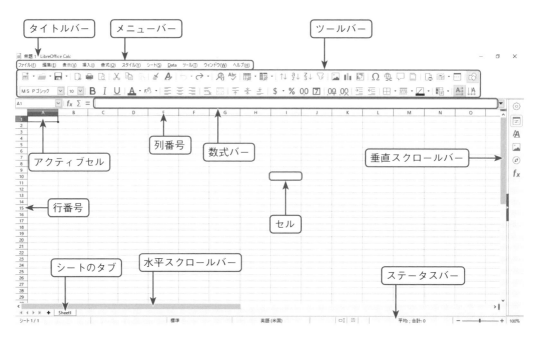

❏ **シート** Calcでは,シート上で作業を行います.シートは数値や文字列などの値を入力する場所であり,また,入力された値に対して計算処理,クロス集計,グラフ作成などを行った結果を出力する場所でもあります.シートは同時に複数利用可能で,その場合は,「シート」タブによって切り替えながら各シートを利用します.

❏ **セル** シートは1つ1つのマス目で構成されており,このマス目のことを**セル**と呼びます.また,セルの縦1列の集合を**列**,横1列の集合を**行**と

呼びます．

セルに格納されている値は，セル番地によって参照できます．セル番地は，行番号と列番号を組み合わせたものです．行番号は，シートの一番左に表示されている連続番号「1, 2, 3, ...」で，列番号は，シートの一番上に表示されているアルファベット「A, B, C, ...」で指定されるので，例えばA列1行にあるセルのセル番地は「A1」となり，このセルは「A1セル」と呼ばれます．

セルへの値の入力は，値を入力したいセルをアクティブにしてから行います．アクティブなセル（アクティブセル）は，セルの外側が黒枠で囲まれます．上図では，A1セルがアクティブセルになっています．この状態でキーボードから数値や文字を打つと，A1にその値が入力されます．

❏ **数式バー**　数式バーには，アクティブセルの内容が表示されます．この数式バーを使って，アクティブセルへ値を入力することもできます．また，数式バーという名のとおり数式を使うときにも利用されます．

なお，タイトルバー，メニューバー，ツールバー，スクロールバー，ステータスバーに関しては，Writerで説明した内容とほぼ同じです．

③ 画面の拡大縮小

Calcでは，シートの拡大・縮小ができるので，編集するときに覚えておくと便利です．画面一番下にある「ステータスバー」上のつまみで行います．

7・2　簡単な表の作成

① セルをアクティブにする方法

Calcを用いて簡単な表を作成する手順を示します．まず，セルへ値を入力するためには，値を入力したいセルをアクティブにする必要があります．マウスでセルをクリックすると，そのセルがアクティブセルになります．また，キーボードの矢印キー（←　→　↑　↓）を押すと，その矢印の方向へアクティブセルが移動します．

連続したセルへ値を入力する場合は，Tabキーや Enterキーを使うと速く入力できます．Tabキーを押すとアクティブセルが右に移動し，Enterキーを押すと下へ移動します．また，Tabキーによる右への移動を繰り返した後，最後に Enterキーを押すと，最初に Tabキーを押したセルの下に戻ります．

- ●セルをクリックして　　●値を入力する　　●[Enter]キーを押す
  アクティブにする

2) セルへの値の入力

　1つのセルには1つの値を入力します．セルの幅が入力した値の幅よりも小さい場合，その値の一部分しか表示されないこともありますが，そのときは，数式バーには値のすべてが表示されるので，これを見て正しく入力されているかどうかを確認してください．なお，セルの幅は列単位で自由に変更できます．

3) セル内容の修正

　入力した値を修正する方法には，「①その値が入力されているセルをダブルクリックする」か，「②アクティブセルにして[F2]キーを押す」，または「③そのセルがアクティブセルとなっているときに数式バーをクリックする」の3通りがあります．いずれの場合でもカーソルが表示されるので，適時修正を加えます．

　前の値をすべて消して新しい値を入力したいときは，そのセルをアクティブにして値を入力します．こうすると，前の値は削除され新しい値に置き換わります．

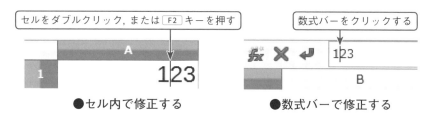

●セル内で修正する　　●数式バーで修正する

4) 列幅と行の高さの変更

　セルの幅が狭いため，セルに格納されている数値や文字列などの値が一部分しか画面に表示されないことがあります．この場合，列幅や行の高さを変更して全体を表示するようにできます．以下に列幅の変更の仕方を説明します．行の高さも同様の方法で設定できます．

第7章　表計算ソフトの概要とセルの書式設定

手順 ➡　❶幅を変更したい列を選択します．列を選択するには列番号をクリックします．複数の列を選択するときは，最初の列番号から最後の列番号までをマウスでドラッグします．すると，選択された列が青く反転します．
❷メニューバーから［書式］→［列］→［最適な幅］を選択します．
❸「最適な列の幅」ダイアログボックスが表示されます．これによってセルの枠とセルの値との余白を設定することができますが，ここでは特に変更する必要はないので，そのまま［OK］ボタンをクリックします．列幅が広がり値全体が表示されます．

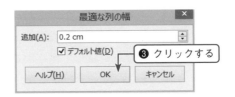

以上の操作は，マウスだけで行うこともできます．

手順 ➡　❶列を選択した後，選択範囲内の列番号の境界線上にマウスのポインタを移動します．
❷ポインタの形が ✥ に変わるので，この状態でダブルクリックすると，先ほどと同じように列幅が最適な幅に変更されます．

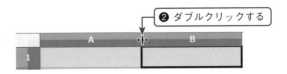

❸または，ポインタの形が ✥ に変わった状態でマウスでドラッグすると，それに応じて列幅が変わるので，適当な幅になったところで左ボタンを離します．この場合は，選択された列において列幅がすべて同じになります．

7・3　ファイルの保存と既存のファイルの読み込み

① 名前を付けて保存

新規に作成したファイルを保存する場合は，名前を付けて保存を使います．以下にその手順を示します．

手順

❶ メニューバーから［**ファイル**］→［**名前を付けて保存**］を選択します．
❷「名前を付けて保存」ダイアログボックスが表示されるので，保存する場所を指定します．
❸「**ファイル名**」の欄にファイル名を入力します．ファイル名は適当な名前を付けてください．
❹ 最後に［**保存**］ボタンをクリックします．Calcのタイトルバーに，今付けたファイル名が表示されているのを確認してください．

２ 保存

保存は，名前を付けて保存した後や，既存のファイルを開いた後にファイルの内容を更新して保存する場合に使います．メニューバーから［**ファイル**］→［**保存**］を選択するか，ツールバーの［**保存**］ボタン🖫をクリックします．

３ 既存のファイルを開く

既存のファイルを開くには，保存場所にあるファイルのアイコンをダブルクリックしてください．すでにCalcが起動している場合は，メニューバーから［**ファイル**］→［**開く**］を選ぶ方法でもファイルが開きます．この場合，「開く」ダイアログボックスが表示されるので，ファイルの場所を指定して［**開く**］ボタンをクリックします．

7・4 Calcの編集機能

１ セルのコピー

課題の表の「1限」から「5限」までを入力してみましょう．隣接する連続したセルに値をコピーするには以下のようにします．

手順

❶ B3セルに「1限」と入力します．1は半角で入力してください．
❷ B3セルをクリックし，セルの右下の角にマウスを移動して，ポインタが＋に変化したらそのままコピーしたい範囲の終わりまでドラッグします．

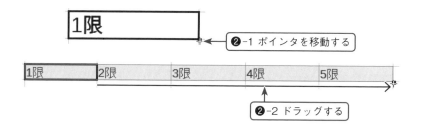

これは，**オートフィル**と呼ばれる機能です．数字や曜日などが入力されたセルに対してこの操作を行うと，規則性に従った値が出力されます．オートフィルは大変便利な機能であり，特に，数式をコピーするときによく利用されます．試しに，課題A列の曜日「月」〜「金」もオートフィルを使って入力してみましょう．

セルの内容をそのまま別のセルにコピーするときは，コピー元でメニューバーの[**編集**]→[**コピー**]，コピー先で[**編集**]→[**貼り付け**]を選ぶか，キーボードショートカット[Ctrl]+[C]キーと[Ctrl]+[V]キーを利用します．

② セル，行，列の挿入

1限と2限の間にセルを挿入してみましょう．

手順

❶C3セルをアクティブにします．
❷メニューバーの[**シート**]→[**セルの挿入**]を選択します．
❸「セルの挿入」ダイアログボックスが表示されるので「セルを右に移動」を選択し，[OK]ボタンをクリックします．

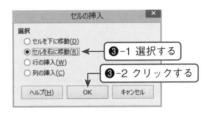

なお，❷で「行」を選んだ場合はアクティブセルの上側に1行，「列」を選んだ場合は左側に1列が，それぞれ挿入されます．

それでは，2限と3限，3限と4限，4限と5限の間にもセルを挿入しておきましょう．

③ セル，行，列の削除

手順

❶削除したいセル，行，列を指定します．行は左端の行番号，列は上部のアルファベットの列番号をドラッグすると範囲指定ができます．
❷メニューバーの[**シート**]→[**セルの削除**]を選択します．
❸「セルの削除」ダイアログボックスが表示されるので，セルをシフトする方向を選択し，[OK]ボタンをクリックします．

④ セルの結合

B3セルとB4セルを結合してみます．

手順

❶セル範囲「B3:C3」を選択します．

→「B3:C3」は,「始点のセル番地:終点のセル番地」によりセル範囲を示す表記法です.例えば,「B3:C4」と表記した場合は,「B3, B4, C3, C4」の各セルを示します.マウスで始点から終点へドラッグ操作することにより,範囲指定することができます.なお,「B3, C4」と表記した場合は,「B3, C4」の2つのセルのみを示すことになります.「:」と「,」の記号の違いに注意してください.

❷メニューバーの[書式]→[セルの結合]→[セルの結合と中央寄せ]を選択します.

2限～5限のセルも同様にセルを結合しましょう.また,「情報科学」などの授業名を入力するセルも隣のセルと結合しておきます.

5 操作の取り消しと繰り返し

手順

❶直前の操作の取り消し:メニューバーの[編集]→[元に戻す]を選択します.[Ctrl]+[Z]キーでも行えます.

❷直前の操作の繰り返し:メニューバーの[編集]→[繰り返し]を選択します.[Ctrl]+[Shift]+[Y]キーでも行えます.

6 セル内の改行

Calcでは[Enter]キーはアクティブセルを移動する操作に割り当てられています.そのため,セル内で改行する場合には[Ctrl]+[Enter]キーを使います.

7・5 セルの書式設定

Calcでは,セルに格納されている文字列や数値の書式やセル内での配置方法,セルの枠線(罫線)のスタイルを設定することができます.

手順

❶対象となるセルを範囲指定します.
❷メニューバーの[書式]→[セル]を選択します.
❸「セルの書式設定」ダイアログボックスが表示されるので,ここで目的に応じて以下の操作を行います.

1 文字列の配置

文字列をセル内の適当な位置に配置することができます.[配置]タブにおいて[横位置]と[縦位置]の欄で適当な項目をクリックします.

2 文字の書式設定

［フォント］タブにおいて，［フォント］［スタイル］［サイズ］等を設定します．課題の表のタイトルの場合，フォントを「MSゴシック」，サイズを「18」に設定しています．

3 セルの枠線

1限〜5限が格納されているセルに，枠線を設定してみましょう．

手順

❶ セル範囲「B3:K3」を選択し，上記の手順に従って「セルの書式設定」ダイアログボックスを表示します．

❷ セルの枠線を設定するには［**枠線**］タブを利用します．［**線のスタイル**］（点線や実線など）や［**幅**］を選び，［**線を引く位置**］の欄で線の場所を指定します．今回は，外側の枠線を幅「2.5pt」，内側の線を「1.25pt」に設定します．

❸ 最後に［OK］ボタンをクリックします．

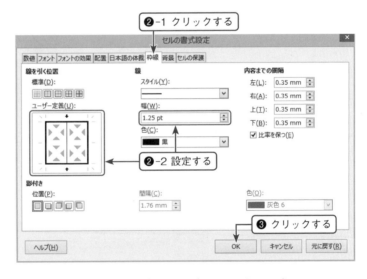

ほかのセルの罫線も同様の方法で設定してみましょう．

4 セルの色

セルの色は［**背景**］タブで設定することができます．

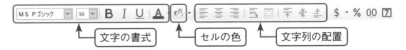

メニューバーから選択できる操作の中でもよく使用されるものは，ツー

ルバーからも操作できるようになっています．特にセルの書式設定はよく行うので，ツールバーを利用すると素早く操作できます．

7・6 シートの印刷

１ 印刷プレビュー

ワープロソフトであるLibreOffice WriterやMicrosoft Wordは，細かく設定しなくても印刷用紙にきちんと収まるように印刷できます．しかし，表計算ソフトであるCalcは，印刷される状態を確認してからでないと，うまく印刷できない場合があります．以下に印刷の手順を示します．

❶メニューバーから［**ファイル**］→［**印刷プレビュー**］を選択します．「印刷プレビュー」画面が表示されるので，印刷したい内容がきちんと用紙に収まっているかどうか確認します．

❷印刷内容が用紙に収まっていない場合や印刷の設定を変更したい場合は，「印刷プレビュー」画面で［**ページの書式設定**］ボタンをクリックします．

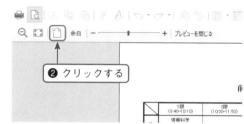

❸「ページスタイル」ダイアログボックスが表示されるので，ここで印刷についての詳細を設定します．例えば［**ページ**］タブを選ぶと，用紙のサイズや印刷の向き（紙の縦横の向き）を変更できます．ここでは，［**印刷の向き**］を「横」にしてみましょう．

❹[シート] タブを選択すると，拡大縮小印刷などができます．ここでは「印刷範囲をページ数に合わせる」を選択して [ページ数] に「1」を指定してみましょう．設定が終わったら，最後に [OK] ボタンをクリックします．

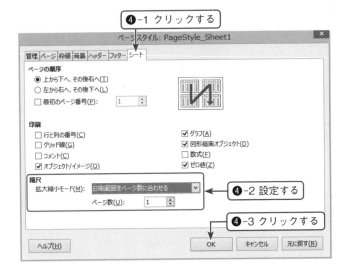

❺プリンタで印刷をする場合は，ツールバーの [印刷] ボタン🖨をクリックします．

演習7

1．「課題」の時間割表を完成させましょう．

2．完成した時間割表を印刷してみましょう．印刷の際は，紙を「横向き」に使って，1ページに収まるように設定してください．

◆Microsoft Office の場合

　Microsoft Office の場合は，Excel が Calc と同等の機能を備えています．本章の内容は，ほとんどが Excel でも当てはまりますが，異なる点をいくつか挙げます．
①最適な列幅に変更するときは [ホーム] タブの [セル] グループにある [書式] ボタンをクリックして [列の幅の自動調整] を選択します．
②保存のことを「上書き保存」と呼びます．機能はまったく同じです．
③[ファイル] タブ→ [印刷] において [ページ設定] をクリックすると，「ページ設定」ダイアログボックスが表示されます．「ページ設定」は「ページスタイル」とほぼ同じ内容です．
④セル内の改行は Alt + Enter キーです．
⑤直前の操作の繰り返しは Ctrl + Y キーです．
⑥セルの背景は色だけでなく網掛けもできます．

第8章 数式を使った計算処理

　本章では，Calcを使った基本的な計算方法を学習します．Calcでは，複数のセルに格納されたデータに対して，様々な計算処理を行うことができます．ここでは例として，簡単な成績表を作成します．

課題

本章では，Calcを用いて次のような成績表の処理を行います．

[前期]

	A	B	C	D	E	F	G	H	I
1				前期成績表					
2									
3	名前	国語	数学	英語	合計	平均	合計の偏差	偏差の二乗	偏差値
4	山口太郎	82	52	71					
5	広島次郎	65	82	69					
6	島根三郎	79	67	70					
7	岡山四郎	55	59	51					
8	鳥取五郎	82	55	69					
9	愛媛六郎	74	92	81					
10	徳島七郎	65	78	66					
11	香川八郎	88	91	89					
12	高知九郎	72	83	80					
13	福岡十郎	92	65	79					
14	合計								
15	平均								
16	分散								
17	標準偏差								

[後期]

	A	B	C	D	E	F	G	H	I
1				後期成績表					
2									
3	名前	国語	数学	英語	合計	平均	合計の偏差	偏差の二乗	偏差値
4	山口太郎	79	60	76					
5	広島次郎	58	80	70					
6	島根三郎	65	63	73					
7	岡山四郎	50	53	57					
8	鳥取五郎	81	54	72					
9	愛媛六郎	75	88	85					
10	徳島七郎	53	79	70					
11	香川八郎	79	85	88					
12	高知九郎	68	79	83					
13	福岡十郎	81	61	78					
14	合計								
15	平均								
16	分散								
17	標準偏差								

[前後期]

	A	B	C	D	E	F	G	H	I
1				前後期成績表					
2									
3	名前	国語	数学	英語	合計	平均	合計の偏差	偏差の二乗	偏差値
4	山口太郎								
5	広島次郎								
6	島根三郎								
7	岡山四郎								
8	鳥取五郎								
9	愛媛六郎								
10	徳島七郎								
11	香川八郎								
12	高知九郎								
13	福岡十郎								
14	合計								
15	平均								
16	分散								
17	標準偏差								

8・1 簡単な計算処理

1 数式を使った計算

課題を作成する前に，簡単な数式を使った計算方法を学習します．最初に，電卓のように直接数値を用いて計算してみましょう．

手順
❶ 計算結果を表示するA1セルをアクティブにします．
❷ 半角英数字（直接入力）で「**=1+2**」という文字列を入力して，Enter キーを押します．

Calcは，セル内の最初の文字が「=」であると，続く文字列が数式であると判断するため，上記の手順によってA1セルには計算結果である「3」が表示されます．

このように，Calcでは数式を使って計算処理を行うことができます．

2 数式バーの役割

A1セルをアクティブにすると，数式バーには計算結果の「3」ではなくて，次のように，数式「**=1+2**」が表示されます．このように数式バーには数式，セルには数式の計算結果が表示されます．

3 算術演算子

先ほど，数値の加算をするときに「**+**」を使いましたが，このような記号のことを**算術演算子**と呼びます．Calcで使用できる算術演算子を次に示します．

演算	演算子	計算例	結果	優先順位
加算	+	=1+2	3	3
減算	-	=1-2	-1	3
乗算	*	=1*2	2	2
除算	/	=1/2	0.5	2
べき乗	^	=1^2	1	1

この表の計算例を，Calcで実際に行ってみてください．

演算子には，優先順位があります．例えば「**=1+2*3**」と記述した場合，「*****」のほうが「**+**」よりも優先順位が高いため，まず，最初に「**2*3**」が行われ，その計算結果と「**1**」が加算されます．同じ優先順位であれば，数式の左にあるほうが先に計算されます．

このような演算の優先順位を変更したい場合は，括弧「( )」を利用します．例えば「=(1+2)*3」とすると，先に「(1+2)」が計算され，その計算結果と「3」が乗算されます．

8・2 セル番地を使った計算処理

それでは「課題」の表を作成していきましょう．3つ表がありますが，まず，「Sheet1」に「前期」の成績表を入力して，「後期」と「前後期」の表はSheet1をコピーした新たなシートを挿入してそこに入力します．シートのコピーは以下のように行います．

[手順]

❶コピーしたいシートのシートタブ上で右クリックし，[**シートを移動またはコピー**]を選択します．

❷「シートの移動またはコピー」ダイアログボックスが表示されるので，[OK]ボタンをクリックします．

❸さらに，シートタブ上で右クリックし，再び「シートの移動またはコピー」ダイアログボックスを表示して，[**アクション**]の「コピー」が選択されていることを確認して[OK]ボタンをクリックします．これで，前

期の成績表が入力されたシートが3枚になります．
❹次に，それぞれのシートのシートタブ上で右クリックし，今度は［シート名の変更］を選択します．
❺「シート名の変更」ダイアログボックスが表示されるので，それぞれ，「前期」「後期」「前後期」と名前を変更して［OK］ボタンをクリックします．

後は，それぞれのシート名に合うように，成績表の内容を書き換えてください．

1 数式内でのセルの参照

ここでは入力された成績表に対して，数式を使って計算を行います．数式を使う利点には

● セルの値が変更されると，Calcが数式を自動的に再計算してくれる
● 数式のコピー機能を使うと，ほかのセルでも同じ計算処理が行える

などがあります．

通常，Calcでは，セル番地を使用してセル内の値を参照しながら数式を記述します．次に，「前期」シートで，別のセルの値を参照して山口太郎さんの国語，数学，英語の合計を求める手順を説明します．

手順

❶計算結果を表示するE4セルをアクティブにして，「**=b4+c4+d4**」と数式を記述し，Enter キーを押します．ここで，セル番地のb，c，dを入力するときは，大文字でも小文字でもどちらでもかまいません．小文字の場合，自動的に大文字に変換されるからです．ただし全角文字は，数式を入力するとき基本的に使用しません．日本語入力システムが起動している場合は，半角/全角キーを押してオフにしてください．

| 4 | 山口太郎 | 82 | 52 | 71 | =b4+c4+d4 |

❷数式内のセル番地に実際の値が代入されて計算されます．「**=B4+C4+D4**」は「=82+52+71」となり，その計算結果「205」がE4セルに表示されます．

数式でセル番地を使う利点は，参照先のセルの値が変われば，それに応じて数式の計算結果が自動的に変わる点です．例えば，B4セルの値を82から79に変更すると，E4セルの数式「**=B4+C4+D4**」は「=79+52+71」とし

て自動的に再計算され，その計算結果「202」がE4セルに表示されます．

2 数式のコピー

　数式でセル番地を使うもう1つの利点は，セルのコピー機能を使うことにより，ほかのセルにも計算式を応用できる点です．セル内の数式を別のセルへコピーした場合，自動的に数式内のセル番地も変更されます．例えば，先ほどのE4セルの数式「**=B4+C4+D4**」をE5セルにコピーすると，E5セルにはセル番地が変更された数式「**=B5+C5+D5**」が入ります．E5セルはE4セルに比べて行番号が1つ大きいので，E5セルにコピーされた数式内のセル番地は，すべて行番号が1つ大きくなっています．そのため，E5セルには広島次郎さんの全科目の合計が表示されます．

　1つのセルの数式は，以下のような手順で複数のセルへ同時にコピーできます．

1 通常のコピー・貼り付けによる方法

❶コピーしたいセル（ここではE4セル）で右クリックし，[**コピー**]を選択します．
❷コピーした数式を貼り付けたいセル（ここでは，E5セルからE13セルまで）を範囲選択します．
❸E5セルからE13セルまでが青く反転するので，その上で右クリックし，[**貼り付け**]を選択します．

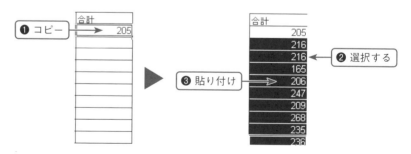

　E5セルからE13セルまでを順にアクティブにし，数式バーを見てください．E5セルからE13セルの数式内のセル番地は，コピー元であるE4セルからの相対的なセル番地のずれに応じて，変更されています．
　なお，この例のように1つのセルをそれに続く複数のセルにコピーするには，もっと簡単な方法があります．

2 オートフィルによる方法

手順

❶ コピー元のセル（E4セル）がアクティブになった状態で，セルの右下角の小さい四角の位置へマウスのポインタを移動します．すると，マウスのポインタが太い矢印から細い十字線＋に変更されます．

❷ その状態で，コピー範囲の終わりのセル（E13セル）までドラッグします．

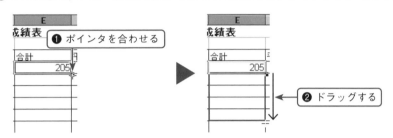

平均も同じように計算します．まず，山口太郎さんの平均を表示するF4セルをアクティブにし「=(b4+c4+d4)/3」と記述してください．そのほかの人についてはオートフィルで計算式をコピーします．

③ 相対参照と絶対参照

➡ 相対参照：数式内のセル番地として通常使用される表現．数式のコピーに応じてセル番地が変更します．

➡ 絶対参照：数式内のセル番地を固定するための表現．数式をコピーしてもセル番地は変更しません．

➡ 複合参照：相対参照と絶対参照を組み合わせた表現．

➡ 偏差とは，個々の値の平均からのずれを示します．

Calcでは数式内でセル番地を使うときに，相対参照，絶対参照，複合参照と呼ばれる3つの方式があります．**相対参照**では，数式のコピーを行うとその移動に応じて数式内で参照しているセル番地が変化します．これまで説明してきた手順では，相対参照でセル番地を表していました．一方，**絶対参照**は，数式をコピーしてもセル番地が変化しないセル参照方式です．

「前期」シートの「合計の偏差」の列では，「各人の合計 − 合計の平均点」を計算します．したがって，山口太郎さんの合計の偏差は，以下のような数式で計算できます．

```
=E4-E15
```

この数式をG4セルに記述します．ただし，これを広島次郎さんのG5セルにコピーすると右図のようになり，計算がうまくできません．このようなとき，以下のような絶対参照を使います．

合計の偏差	
-15.3	=E4-E15
-495.21	=E5-E16

●相対参照のコピー

```
=E4-$E$15
```

列番号Eの前の$と行番号15の前の$が絶対参照を表しています．この数式を広島次郎さんのG5セルにコピーすると「=E5-$E$15」となります．

●絶対参照のコピー

すなわち，相対参照ではセルの移動に応じてセル番地が変わりますが，$

を付けた絶対参照ではセル番地が変化しません.「各人の合計」は各人で異なるので,それを参照するセル番地には相対参照を使う一方で,「合計の平均点」は各人で共通なので,それを参照するセル番地には,常に同じE15セルを参照するように絶対参照を使っています.

また,E$15や$E15のように,行番号や列番号のみ$で固定することもできます.これを**複合参照**といいます.この場合,数式をコピーすると,それぞれ次のようになります.

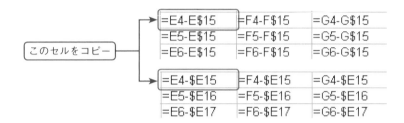

今回の場合,数式のコピーで変化するのは行番号のみなので,E15セルは複合参照で表して

=E4-E$15

とすることもできます.なお,$を入力するとき,数式中のE15内にカーソルを置き Shift + F4 キーを押すと,「**$E$15**」→「**E$15**」→「**$E15**」→「**E15**」と切り替わるので便利です.

④ 関数を用いた計算

簡単な計算であれば,算術演算子を使って数式を作成することは容易ですが,複雑な計算の場合,数式の作成が困難になります.例えば,「前期」シートで国語の点数の合計を計算する場合,今までの方法を使うと,B14セルに記述する数式は次のようになります.

=b4+b5+b6+b7+b8+b9+b10+b11+b12+b13

これでは入力するセル番地の数が多くて大変です.Calcには,このような複雑な計算をより簡単な数式で表すことができる関数が用意されています.上の数式は関数を使うと次のように簡潔に表すことができます.

=SUM(b4:b13)

SUMが関数の名前です.ほとんどの関数は,関数名の後に「**( )**」を付け,その中に引数を記述して使います.SUMは,指定された複数のセルに格納されている数値の合計を求める関数なので,引数としてセル範囲を指定します.セル範囲は,最初のセル番地と最後のセル番地を「**:**」で区切って表します.したがって,「**b4:b13**」は,B4セルからB13セルまでの計10個のセルを指定したことになります.

➡ 引数(ひきすう)とは関数へ入力する値のことで,関数はその値を受け取って処理を行い,結果を出力します.

セル範囲はマウスでも指定できます．「`=sum(`」と入力した後，次のようにマウスでドラッグしてセル範囲を指定します．

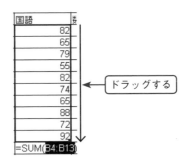

そうすると，「`=SUM(B4:B13`」とセル範囲が自動的に入力されるので，最後に，「`)`」を入力して括弧を閉じ「`=SUM(B4:B13)`」として Enter キーを押せば完了です．

なお，合計を算出する機会は多いので，数式バーに[合計]ボタン Σ が用意されています．例えば，合計を表示するセル（B14セル）をアクティブにして，[合計]ボタンをクリックすると，SUM関数が自動で挿入され，さらに関数の引数としてセル範囲が枠で表示されるので，セル範囲が正しければそのまま Enter キーを押します．もし，セル範囲が違っていた場合はマウスで選択しなおして最後に Enter キーを押します．

同様の方法で，平均，分散，標準偏差も計算してみましょう．分散はデータのばらつき具合を示す1つの指標です．通常，個々の値は平均を中心にしてばらつくので，個々の値から平均を引いた偏差を考え，それを2乗して平均したものが分散となります．また，それを元のデータの尺度と合わせるため1/2乗（ルート√）したものが標準偏差となります．標準偏差は，データのばらつき具合を示す重要な統計量としてよく用いられます．Calcでは，これらの値を計算する次の関数があらかじめ用意されています．

❏ 平均　　　`=AVERAGE(B4:B13)`
❏ 分散　　　`=VAR.P(B4:B13)`
❏ 標準偏差　`=STDEV.P(B4:B13)`

➡ ここでは，分散を求めるために関数「VAR.P」を使っていますが，分散を求める関数にはほかにも「VAR.S」があります．両者の違いは，「VAR.P」は得られたデータが全体であるとし，全体の分散を直接計算できる場合に用いるのに対し，「VAR.S」は得られたデータが全体の一部であるとし，その一部から全体の分散を推定する場合に用いるという点です．どちらもよく使われますので，場合に応じて使い分けてください．これに対応して，標準偏差にも「VAR.S」と関連のある「STDEV.S」があります．「VAR.S」と「STDEV.S」は第14章で用います．

⑤ 偏差値

偏差値とは，データの平均が50，標準偏差が10になるように，個々の値を変換したものです．Calcには直接偏差値を求める関数はありません．しかし偏差値は，データの平均と標準偏差が求められれば計算できます．山口太郎さんの合計の偏差値は，以下の式で与えられます．

　　`=10*(E4-E15)/E17+50`

広島次郎さん以下の偏差値を計算するために，この数式を複合参照を

使って表現しなおしてから，数式をコピーしてください．偏差値がわかると，データが正規分布をしている場合，その偏差値を持つ値が上位何%に位置するかを知ることができます．

6 別の表にあるセルの参照

Calcでは，同じシートにあるセルだけでなく，別のシートにあるセルも数式内で参照できます．別のシートにあるセルを参照するときは「シートの名前.セル番地」と記述します．これを使って，前後期成績表の各人の各教科について，前期成績表と後期成績表の点数を加算した点数を計算してみましょう．このとき「前後期」シートのB4セルには，「前期」シートと「後期」シートのセルを参照して，次のような数式を記述します．

＝前期.b4＋後期.b4

この数式は，キーボードから直接入力する以外に，「＝」を入力した後，❶「前期」シートのB4セルをクリックし，❷「＋」を入力し，❸「後期」シートのB4セルをクリックし，❹ Enter キーを押すという手順でも入力できます．

演習8

「前期」「後期」「前後期」の成績表を完成させましょう．前期成績表と後期成績表にそれぞれ入力した各教科の各人の点数以外は，すべて数式を使って計算してください．前後期成績表の各教科の各人の点数は，「前期」シートと「後期」シートを合計して算出してください．

◆Microsoft Officeの場合

Excelでは，別のシートにあるセルは「sheet名!セル番地」で参照します．「.」と「!」が違うので注意してください．それ以外は，本章の内容はほとんどExcelでも当てはまります．

第9章 関数を使った計算処理（1）

関数とは，ある特定の計算をするために定義された数式のことです．関数「SUM」は，指定されたセル範囲内の数値の合計を求める関数でした．このほか，Calcには，様々な関数が用意されています．関数を使用すると，絶対値，対数，三角関数といった数学的な計算や，平均，分散，標準偏差などの各種統計量の計算，あるいは，条件に応じて異なる値を出力する論理的な計算など，色々な計算処理ができます．この章では，これらの関数の中から重要なものをいくつか取り上げ，その使い方について説明します．

● 課題　　本章では，関数を使って次の成績表を処理します．

	A	B	C	D	E	F	G	H	I	J
1				成績表						
2										
3	名前	国語	数学	英語	合否(国)	合否(数)	合否(英)	順位(国)	順位(数)	順位(英)
4	山口太郎	82	52	71						
5	広島次郎	65	82	69						
6	島根三郎	79	67	70						
7	岡山四郎	55	59	51						
8	鳥取五郎	82	55	69						
9	愛媛六郎	74	92	81						
10	徳島七郎	65	78	66						
11	香川八郎	88	91	89						
12	高知九郎	72	83	80						
13	福岡十郎	92	65	79						
14	合計									
15	受験者									
16	平均									
17	最高									
18	最低									
19										
20	秀									
21	優									
22	良									
23	可									
24	不可									
25										
26	合格率									

まずは，この「課題」の表を作成してください．

9・1 関数の基本

1 関数の入力

最初に，国語の合計点を求めます．第8章でも説明したように合計を求める関数は「SUM」です．

関数を入力するには，セル内で「=」に続けて関数名を直接入力する方法以外にも，関数ウィザードを用いる方法があります．ここでは後者による入力方法を説明します．

➡ 合計は最もよく使う関数なので，[合計] ボタン Σ も用意されています．

手順

❶ 関数を入力する B14 セルをアクティブにします．

❷ メニューバーから [挿入] → [関数] を選択します．あるいは，数式バーにある [**関数ウィザード**] ボタン をクリックします．

❸「関数ウィザード」ダイアログボックスが表示されます．「SUM」の場合，[**分類項目**] の欄で「数学」を選択します．すると，[**関数**] に数学に分類される関数の一覧が表示されるので，その中から「SUM」を選択します．関数の選択が終わったら，[**次へ**] ボタンをクリックします．

➡ よく使用する関数であれば，[分類項目] で「最近使用した関数」を選択するとよいでしょう．

➡ 使用する関数の分類がわからないときは，[分類項目] で「すべて」を選択すると，[関数] に全関数が表示されます．

❹ 関数の引数を指定します．「SUM」関数の使用方法は次のとおりです．

　　　=SUM(セル範囲)

したがって，引数としてセル範囲を指定する必要がありますが，これをマウス操作で行うには，[**数値1**] 欄の横にある [**選択**] ボタン をクリックして，対象のセルをドラッグ操作で選択します．指定後は，再度 をクリックすると「関数ウィザード」ダイアログボックスに戻ります．一方，キーボードから直接セル範囲を入力する方法もあります．この場合は，[**数値1**] のテキストボックスに「始点のセル番地：終点のセル番地」（この場合は「`b4:b13`」）を入力してください．どちらかの方法で引数の指定が終わったら，最後に [**OK**] ボタンをクリックします．

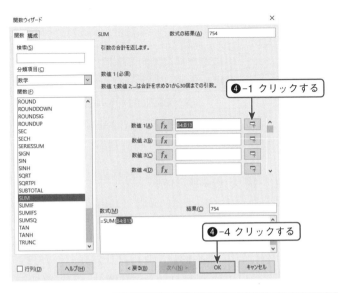

●マウス操作でセル範囲を指定する場合

9・2 よく使われる関数

次に、よく使われる関数をいくつか紹介します。課題の表を完成するには、これらの関数を使用します。

① 数値が格納されているセルの個数

数値が格納されたセルの個数を数えるには、関数「COUNT」を用います。使用方法は次のとおりです。

=COUNT (セル範囲)

「COUNT」を用いて、各教科の受験者の数をそれぞれ計算してみましょう。

② 平均

指定されたセル範囲内の数値の平均を計算するには，関数「AVERAGE」を用います．使用方法は次のとおりです．

  =AVERAGE (セル範囲)

「AVERAGE」を用いて，各教科の平均点をそれぞれ計算してみましょう．

③ 最大値・最小値

指定されたセル範囲内の数値の最大値，最小値を求めるには，関数「MAX」，関数「MIN」をそれぞれ用います．使用方法は次のとおりです．

  =MAX (セル範囲)
  =MIN (セル範囲)

「MAX」「MIN」を用いて，各教科の最高点，最低点をそれぞれ計算してみましょう．

④ 条件を満たすセルの数

条件に当てはまるセルの個数のみを数えるには，関数「COUNTIF」を用います．使用方法は次のとおりです．

  =COUNTIF (セル範囲， 条件)

例えば，指定したセル範囲内で90以上の数値のセルの個数を数える場合は，90以上という条件を「">=90"」と表現し，次のように引数を指定します．

  =COUNTIF (セル範囲 ,">=90")

➡ 数式内の記号や数値は基本的にすべて半角で入力することに注意してください．

条件を指定するときに「" "」で囲むのを忘れないでください．またセル範囲と条件の間は「,」で区切る必要がありますが，「,」は関数ウィザードを使用すると自動的に入力されます．

先ほど「90以上」という条件を表すのに「>=」という記号を使いましたが，このような記号を**比較演算子**と呼びます．Calcで使用できる比較演算子には次のものがあります．

条件	演算子	COUNTIFでの使用例	COUNTIFでの意味
左辺と右辺が等しい	=	"=90"	90と等しい
左辺が右辺より大きい	>	">90"	90より大きい
左辺が右辺以上	>=	">=90"	90以上
左辺が右辺以下	<=	"<=90"	90以下
左辺が右辺未満	<	"<90"	90未満
左辺と右辺が等しくない	<>	"<>90"	90と等しくない

ここで各教科の点数をもとに成績を「秀,優,良,可,不可」に分類して,それぞれの該当者数を数える方法を考えましょう.なおここでは,「秀:90以上,優:80以上90未満,良:70以上80未満,可:60以上70未満,不可:60未満(60点以上が合格)」とします.

まずは「COUNTIF」を用いて,成績が「秀」の人と「不可」の人の数を計算してください.

⑤ 複数の関数の組み合わせ

さらに「COUNTIF」を2個組み合わせて次のような式を作成すれば,「優」である「80以上90未満」の数値を持つセルを数えることも可能です.

　　　=80点以上の人数 － 90点以上の人数

関数ウィザードを用いて複数の関数を組み合わせた数式を作成するには,次のようにします.

▶手順

❶「関数ウィザード」を用いて,最初の関数を記述します.
❷「関数ウィザード」ダイアログボックスにおいて,[**数式**]テキストボックスにある数式を編集します.この例では,「`COUNTIF(B4:B13,">=80")`」の後ろに算術演算子「`-`」を付けています.
❸[**関数**]欄から2つ目に使用する関数を選択し,[**次へ**]ボタンをクリックします.

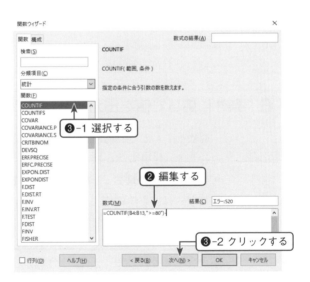

❹2つ目の関数の引数を指定し,最後に[**OK**]ボタンをクリックします.

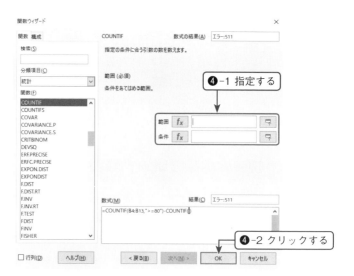

なお上記の場合は,複数の条件を扱える「COUNTIFS」関数を使うこともできます.この場合,例えば国語が「優」の人は,次の数式で算出できます.

```
=COUNTIFS(B4:B13,">=80",B4:B13,"<90")
```

このような一見複雑そうに見える式でも,「関数ウィザード」を利用すれば簡単に作成できます.同様に,「良」や「可」の人数も計算してください.

次に,合格率を計算します.合格率は,

= 合格した人の数 / 受験した人の数

で表すことができます.合格した人の数は「COUNTIF」,受験した人の数は「COUNT」で求められるので,先ほど説明した手順でこれらの関数を組み合わせれば,合格率が算出できます.

6 条件に応じて値を出力

関数「IF」は,論理式が真の場合と偽の場合に,あらかじめ設定した値を返します.使用方法は次のとおりです.

```
=IF(論理式, 真の場合, 偽の場合)
```

論理式は,条件に応じて「真」または「偽」のどちらかの値をとる式のことで,比較演算子などを用いて表します.

次に,「IF」を用いて,山口太郎さんの国語の合否を計算する例を示します.E4セルをアクティブにし,関数ウィザードを使用して以下の式を入力します.

```
=IF(B4>=60,"合","否")
```

この式は,B4の値が60点以上の場合は「合」を,60点未満の場合は「否」を返します.このように,返す値が文字列の場合は「" "」でその文字列を囲みます.論理式自体は「" "」で囲まないので注意してください.

⑦ 順位

指定された1つのセル内の数値が，そのセルを含む複数のセル範囲内の数値の中で何番目の順位になるかを求めるには，関数「RANK」を用います．使用方法は次のとおりです．

=RANK（セル番地，セル範囲）

「RANK」を用いると，各人の各教科の順位をそれぞれ計算できます．例えば，山口太郎さんの国語の順位を調べるためには，H4セルをアクティブにし，関数ウィザードを使用して以下の式を入力します．

=RANK(B4,B4:B13)

この数式では，山口太郎さんの国語の数値が格納されているB4セルと，全員の国語の数値が格納されているセル範囲「B4:B13」はともに相対参照で表記されています．したがって，この数式をそのままほかのセルにコピーすると，うまく計算できません．セルの参照を複合参照に変更してから，数式をコピーしてください．

演習9

課題の表を完成させましょう．最初に入力した各教科の各人の点数以外は，すべて関数を使って計算してください．また，数式のコピー機能を効率的に使ってください．

◆Microsoft Officeの場合

本章の内容で，Excelと異なるのは主に次の2点です．これ以外は，ほとんどの説明がExcelでも当てはまります．また，今回紹介した関数はすべてExcelにも存在しており，名称も機能も同じです．
① 「関数ウィザード」は「関数の挿入」と呼ばれていますが，細かいところを除いて機能的にはほとんど同じです．
② 「関数の挿入」では，数式を編集する欄がありません．そのため，複数の関数を使用するときは，数式バーで編集する必要があります．

第10章 関数を使った計算処理（2）

この章では，前章に引き続き関数を用いた計算処理について説明します．実際のデータを使って，さらに色々な関数の使い方を学びましょう．

●課題

本章では，関数を使って，以下のデータの統計処理を行います．

県民経済計算（平成22年度）

地域名	都道府県	第1次産業	第2次産業	第3次産業	順位(1次)	順位(2次)	順位(3次)
北海道	北海道	677	3,003	14,745			
東北	青森	172	966	3,348			
東北	岩手	140	847	3,086			
東北	宮城	118	1,496	6,383			
東北	秋田	98	674	2,761			
東北	山形	118	894	2,719			
東北	福島	148	1,988	4,958			
関東	茨城	239	3,866	7,026			
関東	栃木	131	2,950	4,771			
関東	群馬	103	2,596	4,686			
関東	埼玉	119	4,778	15,075			
関東	千葉	217	4,344	14,329			
関東	東京	48	10,953	80,114			
関東	神奈川	58	6,828	22,703			
中部	新潟	168	2,276	6,118			
中部	富山	51	1,359	2,942			
中部	石川	45	943	3,255			
中部	福井	35	833	2,418			
中部	山梨	58	992	2,088			
中部	長野	145	2,572	5,264			
中部	岐阜	73	2,096	4,886			
中部	静岡	153	5,916	9,609			
中部	愛知	160	10,574	20,756			
近畿	三重	86	2,906	4,350			
近畿	滋賀	35	2,560	3,387			
近畿	京都	40	2,131	7,150			
近畿	大阪	38	6,738	29,246			
近畿	兵庫	101	4,849	13,329			
近畿	奈良	22	646	2,856			
近畿	和歌山	66	1,132	2,286			
中国	鳥取	45	310	1,471			
中国	島根	40	531	1,740			
中国	岡山	74	2,136	4,804			
中国	広島	89	2,906	7,829			
中国	山口	51	2,088	3,585			
四国	徳島	57	873	1,874			
四国	香川	58	802	2,704			
四国	愛媛	105	1,208	3,554			
四国	高知	84	288	1,775			
九州	福岡	137	3,815	13,989			
九州	佐賀	74	803	1,974			
九州	長崎	110	871	3,367			
九州	熊本	159	1,193	4,177			
九州	大分	92	1,224	2,906			
九州	宮崎	152	708	2,620			
九州	鹿児島	182	1,044	4,195			
九州	沖縄	73	463	3,187			

追加の集計表：

	第1次産業	第2次産業	第3次産業
合計			
データ数			
平均			
最高			
最低			

度数分布表

第1次産業		第2次産業		第3次産業	

合計

	第1次産業	第2次産業	第3次産業
北海道			
東北			
関東			
中部			
近畿			
中国			
四国			
九州			
上位10位			

出典：総務省統計局「日本の統計 2014, 3-15 県民経済計算」
(http://www.stat.go.jp/data/nihon/)（データを加工して作成）

第10章 関数を使った計算処理（2）

10・1 準備

1 データの準備

「課題」の表を作成してください．このデータは，総務省統計局刊行の「日本の統計2014」の「県民経済計算」から取り出したもので，下記の総務省統計局のウェブサイトで公開されています．

http://www.stat.go.jp/

このページから「統計データ」→「分野別一覧」→「日本の統計」→「本書の内容」→「第3章　国民経済計算」→「3-15　県民経済計算」とリンクを辿ると，Excel形式のファイルをダウンロードできます．

ダウンロードしたファイルは，Excelで開いて必要な部分をコピーしてCalc上に貼り付けるか，あるいは，Calc上でメニューバーの[**ファイル**]→[**開く**]によって直接読み込んで使用します．いずれの場合も，使用するデータは「各都道府県名」とそれらの「第1次産業」「第2次産業」「第3次産業」の生産額のみなので，これらを残しつつ，一番左の地域名（北海道から九州まで）や，そのほかの列枠，右側の3つの空表を追加して，最終的に課題と同じ状態にしてください．

➡ このデータは定期的に更新されているため，ダウンロードしたファイルの数値はここに記載した「課題」の表と少し異なります．

2 基本的な関数の復習

まずは，関数「SUM」「COUNT」「AVERAGE」「MAX」「MIN」を用いて，各産業別の合計，データ数，平均，最高，最低を計算しておきましょう．また，関数「RANK」を用いて産業別の各都道府県の順位を計算してください．このとき，前回と同じように数式のコピーを効率的に利用するとよいでしょう．

また，平均は，小数点第2位まで表示するものとします．この設定は，次の手順で行います．

手順

❶ 平均が出力されているセル「K7:M7」をマウスで範囲選択します．

❷ メニューバーから[**書式**]→[**セル**]を選択します．

❸「セルの書式設定」ダイアログボックスが表示されるので，[**数値**]タブを選択し，[**カテゴリー**]で「数」を選択し，[**小数点以下の桁数**]を「2」とし，[OK]ボタンをクリックします．

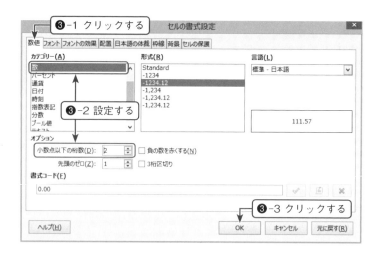

10・2　配列数式

1　度数分布表

次に，第1次産業のデータの分布を調べます．データ範囲をいくつかに分割して連続したデータ区間を設定し，各データ区間に属するサンプルの数を数えると，データ区間とそれに属するサンプル数の対応表を作成することができます．このような表のことを**度数分布表**といいます．度数分布表はデータの分布を表す最も基本的なものです．

Calcには，この度数分布表を作成するために「FREQUENCY」という関数が用意されています．使用方法は次のとおりです．

➡ 度数分布表をグラフにしたものをヒストグラムといいます．ヒストグラムを見れば，データの分布を視覚的に確認することができます．

　　　=FREQUENCY (セル範囲 ,　区間)

「FREQUENCY」を使用するときには，引数として，各データが格納されているセル範囲に加え，連続したデータ区間を指定する必要があります．

次に，このデータ区間の作成の仕方を説明します．

2　連続したデータ区間の作成

先述のように，度数分布表を作成するには，連続したデータ区間を作成する必要があります．その作り方は色々考えられますが，ここでは，第1次産業のデータ区間として，値が著しく大きい「北海道」を除いた場合の最大値が約250なので，0～250までを5等分し，さらに，250より大きい区間を追加した6つの区間を設定しました（次表の1列目）．これらのデータ区間を「FREQUENCY」で利用するときは，次表の2列目のような列を作成してそのセル範囲を引数として渡します．

データ区間	関数「FREQUENCY」の引数
50以下	50
50より大きく100以下	100
100より大きく150以下	150
150より大きく200以下	200
200より大きく250以下	250
250より大きい	

　この表の2列目は，「初期値が50で，50ずつ増加し，終了値が250」という等差数列になっています．このような規則性のある数列は，Calcを使うと簡単に作成できます．

1 連続データの作成による方法

❶初期値（ここでは50）をJ14セルへ入力します．そして，規則性のある数値を入れたいセル範囲「J14:J18」を選択します．

➡ 初期値を入れたセル自体もセル範囲に含ませます．

❷メニューバーから［シート］→［セルのフィル］→［連続データの作成］を選択して，「連続データ」ダイアログボックスを表示します．

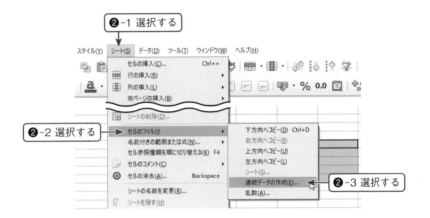

❸「連続データ」ダイアログボックスにおいて，［開始値］を「50」，［増分値］を「50」に設定します．さらに，念のため［停止値］に「250」を入力しておきます．また，［連続データの種類］で「足し算」が選択されていることを確認します．

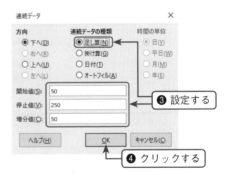

❹［OK］ボタンをクリックします．

　今回のような等差数列の作成は，上記以外にマウス操作で簡単に行う方法もあります．等差数列では，初期値と次の値がわかれば3番目以降の値は自動的に決まるので，その性質を利用します．

2 オートフィルによる方法

手順

❶ 初期値と次の値（上記の例では，「50」と「100」）を入力します．
❷ 入力した2つのセルを選択して，オートフィル操作（右下の角をポイントして，ドラッグ）を行います．

❷-1 2つのセルを選択する　　❷-2 ドラッグする

1から10までの連続番号を作成するときなどにも，この方法が利用できます．

3 FREQUENCY関数

次に，関数「FREQUENCY」を用いて度数分布表を求めます．今まで使用した関数は，常に計算結果の値が1つしかなかったので，1つのセルに結果を表示できましたが，度数分布表を出力する「FREQUENCY」は，計算結果として複数の値を持つので，1つのセルだけでは結果を表示できません．しかし，Calcでは複数の値がある場合でも，ほかの関数と同じように1つのセルをアクティブにして数式を指定すれば，それ以降の複数のセルに結果が表示されます．

➡ ただし，関数ウィザードを使わず直接関数を入力した場合は，最後に Ctrl + Shift + Enter キーを押さないと，意図したとおりに複数セルに結果が出力されないので注意してください．

手順

❶ K14セルをアクティブにします．
❷「関数ウィザード」ダイアログボックスを表示して「FREQUENCY」を選択し，関数の引数として，データ「**C4:C50**」，区間「**J14:J18**」をマウスで指定し，[OK]ボタンをクリックします．

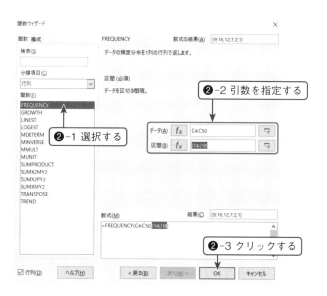

❷-1 選択する　　❷-2 引数を指定する　　❷-3 クリックする

度数分布表を出力した後，計算結果が表示されているK14セルからK19セルまでを順にアクティブにして数式バーを見ると，すべてのセルに中括弧「{ }」で囲まれた同じ数式が表示されています．この中括弧で囲まれた数式のことを**配列数式**と呼びます．配列数式は，今回のように複数の値を返す数式で利用されます．

= {=FREQUENCY(C4:C50,J14:J18)}

第2次産業，第3次産業の度数分布表も同様に求めることができます．データ区間として，第2次産業は「0〜4000」を5等分してそこに「4000以上」の区間を含めた6区間，第3次産業は「0〜10000」を5等分してそこに「10000以上」の区間を含めた6区間を使用しましょう．第1次産業の結果は次のようになります．第2次産業，第3次産業も同様の手順で求めてください．

度数分布表

第1次産業		第2次産業	第3次産業
50	9	800	2000
100	16	1600	4000
150	12	2400	6000
200	7	3200	8000
250	2	4000	10000
	1		

10・3 そのほかの関数

1 条件を満たすセルの数値の合計

条件に当てはまるセルの数値の合計を計算するには，関数「SUMIF」を用います．使用方法は次のとおりです．

=SUMIF(条件範囲, 条件, 合計範囲)

これを見るとわかるように，関数「SUMIF」には引数が3つあります．

それでは「SUMIF」を使って，第1次産業の地域別の合計として北海道地方の合計を求めてみましょう．まず，K24セルをアクティブにして，関数ウィザードで「SUMIF」を選びます．引数としては，条件範囲には地域名が格納された「**A4:A50**」，条件には「北海道」の文字列が格納された「**J24**」セル，合計範囲には「**C4:C50**」を指定します．

=SUMIF(A4:A50, J24, C4:C50)

これで北海道地方を集計する数式は完成です．後はこの数式をコピーしてほかの地方の集計を出します．ただし，この数式をそのままほかのセルにコピーしても，セル番地がずれてしまいうまくいきません．東北，関東，中部，近畿，中国，四国，九州の各地域の合計は，セルの指定を複合参照に

してから，数式を下にコピーして求めます．さらに，第2次産業，第3次産業の地域別の合計も，複合参照にした数式をそのまま右にコピーすれば算出できます．

次に，第1次産業の上位10位の合計を求めましょう．これには，関数「RANK」による順位が出力されているセル範囲「**F4:F50**」を「SUMIF」関数の条件範囲として指定します．条件は比較演算子を使い「**"<=10"**」と表現できます．合計範囲は前と同じ「**C4:C50**」です．以上により，次のような数式になります．

```
=SUMIF(F4:F50,"<=10",C4:C50)
```

➡「" "」を忘れないようにしてください．

➡ただし，この数式は重複する順位があると正しく計算できないことがあります．そのような場合に正確に計算するには，あらかじめ順位が重複したときの処理を決めておく必要があります．

演習10

1．課題の表を完成させましょう．関数を使って空白部分を計算してください．

2．各産業で上位10位が全体に占める割合を計算してください．

◆Microsoft Officeの場合

Excelでも度数分布表を計算するときは関数「FREQUENCY」を使いますが，配列数式の計算結果を出力するときは，以下のようにします．
❶計算結果を表示するセル範囲を指定しておきます．
❷関数を挿入し，その中からFREQUENCYを選び，関数の引数を指定します．
❸最後に，Ctrl+Shift+Enterキーを押します．

Column

OSとアプリケーション

コンピュータは，ハードウェアとソフトウェアに分類できます．ハードウェアは物理的実体のある装置のことであり，コンピュータの場合，CPU，メモリ，記憶装置，入出力装置といった要素から構成されています．ソフトウェアは，その装置を実際に動かすための命令やデータを記述したプログラムのことです．

さらにソフトウェアは，基本ソフトウェアと応用ソフトウェアに大きく分けられます．基本ソフトウェアはOperating System (OS)と呼ばれ，コンピュータやその周辺機器を管理，制御するためのソフトウェアであり，一般的な目的でコンピュータを利用するためには必須のソフトウェアになります．本書で説明しているOSは，Windows 10になります．

また，応用ソフトウェアはアプリケーションソフトウェア，または，略して単にアプリとも呼ばれ，文書作成，表計算，プレゼンテーションといった個別の目的に応じて利用されるソフトウェアです．通常，特定のOS上で動くように作られています．本書で取り扱うLibreOfficeは，仕事場（オフィス）でよく用いられる複数の応用ソフトウェアが統合（スイート）されたものであり，これらの用語を合わせてオフィススイートと呼ばれます．

第11章 グラフ作成（1）

　グラフは，数値データの大小関係を視覚的に表現した図のことです．グラフを利用すると，数字の羅列だけでは気付かないような，データの特徴や傾向などを知ることができます．Calcには，グラフを簡単に作成するための色々な機能が用意されており，本章ではこれらの使い方を説明します．

● 課題　　本章では，以下のデータを整理し，円グラフや棒グラフを作成します．

	A	B	C	D	E	F	G	H	I	J
1					16-4　燃料燃焼による二酸化炭素排出量					
2									（単位　100万 t）	
3	国（地域）	1980	1985	1990	1995	2000	2005	2010	2011	増減率
4	日本	880.7	878.1	1,061.6	1,141.9	1,175.8	1,213.0	1,138.0	1,186.0	
5	イスラエル	19.6	24.5	33.5	46.3	55.2	58.7	68.1	67.2	
6	インド	283.3	411.0	582.3	776.5	972.1	1,164.4	1,710.4	1,745.1	
7	韓国	124.4	153.3	229.3	358.7	437.7	469.1	564.5	587.7	
8	中国	1,425.4	1,724.5	2,244.9	3,021.6	3,310.1	5,403.1	7,252.6	7,954.5	
9	トルコ	70.9	94.6	126.9	152.7	200.6	216.4	265.9	285.7	
10	アメリカ合衆国	4,661.6	4,545.7	4,868.7	5,138.7	5,698.1	5,771.7	5,429.4	5,287.2	
11	カナダ	426.9	402.2	428.2	460.9	529.5	555.2	528.0	529.8	
12	メキシコ	212.1	251.6	265.3	297.0	349.6	385.8	417.9	432.3	
13	チリ	21.2	19.4	31.0	38.9	52.5	58.2	69.8	76.3	
14	ブラジル	177.6	164.2	192.4	235.6	303.6	322.7	388.5	408.0	
15	アイスランド	1.7	1.6	1.9	2.0	2.1	2.2	1.9	1.9	
16	アイルランド	25.9	26.4	30.5	33.0	41.1	44.0	38.9	34.9	
17	イギリス	571.1	544.5	549.3	516.6	524.3	532.9	482.2	443.0	
18	イタリア b	359.8	347.5	397.4	409.4	426.0	460.8	398.5	393.0	
19	エストニア	…	…	36.1	16.1	14.6	16.9	18.5	19.3	
20	オーストリア	55.7	54.3	56.4	59.4	61.7	74.7	70.1	68.5	
21	オランダ	166.7	154.0	155.8	170.9	172.1	182.7	187.0	174.5	
22	ギリシャ	45.3	54.6	70.1	75.8	87.4	95.0	84.2	83.6	
23	スイス	39.2	41.4	41.6	41.8	42.5	44.6	43.8	39.9	
24	スウェーデン	73.4	58.8	52.8	57.5	52.8	50.3	47.2	44.9	
25	スペイン	187.7	175.2	205.2	232.7	283.9	339.4	267.9	270.3	
26	スロバキア	55.3	54.4	56.7	40.8	37.4	38.1	35.2	33.9	
27	スロベニア	…	…	13.3	14.0	14.1	15.6	15.3	15.3	
28	チェコ	165.8	173.1	155.1	123.7	121.9	119.6	114.4	112.7	
29	デンマーク	62.5	60.5	50.6	58.1	50.8	48.4	47.0	41.7	
30	ドイツ	1,055.6	1,014.6	949.7	867.8	825.0	800.2	769.0	747.6	
31	ノルウェー	28.0	27.2	28.3	32.8	33.6	36.4	39.4	38.1	
32	ハンガリー	83.7	80.8	66.4	57.3	54.2	56.4	48.9	47.4	
33	フィンランド	55.5	48.6	54.4	56.0	55.4	55.3	63.2	55.6	
34	フランス c	461.4	360.3	352.6	354.2	378.7	388.3	356.7	328.3	
35	ベルギー	125.7	101.9	107.9	115.2	118.6	113.0	108.0	108.6	
36	ポーランド	413.1	419.5	342.1	331.1	290.9	292.3	305.6	300.0	
37	ポルトガル	23.8	24.6	39.3	48.3	59.4	62.8	48.1	48.1	
38	ルクセンブルク	11.9	9.9	10.4	8.0	8.0	11.4	10.6	10.4	
39	ロシア	…	…	2,178.8	1,558.7	1,496.7	1,511.8	1,576.6	1,653.2	
40	オーストラリア	208.0	221.0	260.0	285.4	338.8	380.2	396.0	396.8	
41	ニュージーランド	16.4	19.6	22.3	25.3	30.9	33.9	31.0	30.3	
42	その他									
43	a 国際輸送燃料（海運及び航空部門）を含む．　b サンマリノ及びバチカンを含む．　c モナコを含む．									

出典：総務省統計局「世界の統計 2014, 16-4 燃料燃焼による二酸化炭素排出量」
(http://www.stat.go.jp/data/sekai/)（データを加工して作成）

11・1 準備

1 データの準備

「課題」の表を入力してください．このデータは，総務省統計局刊行の「世界の統計 2014」の「二酸化炭素排出量」から取り出したもので，第10章のデータ同様，下記の総務省統計局のウェブサイトで公開されています．

http://www.stat.go.jp/

「統計データ」→「分野別一覧」→「世界の統計」→「本書の内容」→「第16章　環境」→「16-4　燃料燃焼による二酸化炭素排出量」とリンクを辿ると，Excel形式のファイルをダウンロードできます．第10章同様，ダウンロードしたファイルを利用して，各国のデータだけを残し，地域名などデータが記載されていない行は削除してください．また，右端に「増減率」の列を，最終行に「その他」を追加して，最終的に「課題」と同じ状態になるようにしてください．

2 データの並べ替え

入力した表の二酸化炭素排出量について，グラフを使用してデータの特徴を調べます．例えば，ある年の各国の二酸化炭素排出量の大きさを比較したり，ある国の年ごとの二酸化炭素排出量の変化を調べる場合には，グラフを利用すると効果的です．

まず，2011年の各国の二酸化炭素排出量をグラフにしますが，その準備として，2011年の二酸化炭素排出量の大きい順にデータを並べ替えておきましょう．データの並べ替えは，次の手順で行います．

手順

❶並べ替えたい値が格納されているセル範囲をマウスでドラッグして指定します．ここでは，列ラベルも含めた「A3:I41」のセル範囲を指定します．
❷メニューバーの[**データ**]→[**並べ替え**]を選択します．
❸「並べ替え」ダイアログボックスが表示されるので，[**オプション**]タブをクリックして，「対象範囲は列ラベルを含む」にチェックを入れます．

❹[並べ替え条件]タブをクリックして,[並べ替えキー1]で「2011」(データ中の最も新しい年),「降順」を選択します.

❺[OK]ボタンをクリックします.

並べ替えた後,関数「SUM」を使って上位から6位以降の国の合計を「その他」の行に挿入しましょう.また,一番右側の列に増減率を挿入します.増減率は,今回の場合,それぞれの国について次の式で算出するものとします.

(2011年の排出量 − 2010年の排出量) / 2010年の排出量

11・2 グラフの作成と編集

Calcを利用すると,多くの種類のグラフを作成することができます.最初に,最も基本的なグラフの1つである円グラフを作成します.

1 グラフの作成

それでは2011年の各国の二酸化炭素排出量を円グラフで表してみましょう．グラフの作成は，次のように行います．

手順

❶ グラフにしたい値が格納されているセル範囲を指定します．ここでは，上位5か国の国名と「その他」が格納されているセル範囲「A4:A8」と「A42」，および，それに対応する二酸化炭素排出量が格納されているセル範囲「I4:I8」と「I42」を指定します．なお，今回のように分離した複数のセル範囲を指定するには，1つ目の範囲を通常どおり指定した後，2つ目以降の範囲を Ctrl キーを押しながらマウスでドラッグ（またはクリック）します．

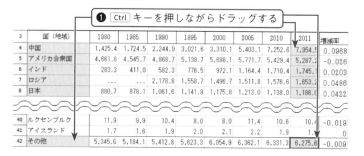

❷ メニューバーから［挿入］→［グラフ］を選択するか，ツールバーの［グラフ］ボタン●をクリックします．

❸ 「グラフウィザード」ダイアログボックスが表示されます．ステップ1の「グラフの種類」では，グラフの種類に「扇形」，オプションに「標準」を選択して，［次へ］ボタンをクリックします．

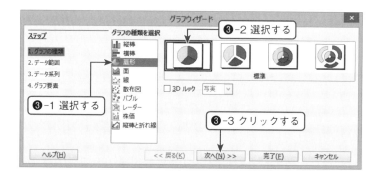

❹ ステップ2の「データ範囲」では，先ほど選択したセル範囲が入力されているので，正しい範囲が選択されているかどうかを確認します．また，「列内のデータ系列」と「最初の列を項目名に引用」にチェックが入っていることも確認してください．確認が終わったら［次へ］ボタンをクリックします．

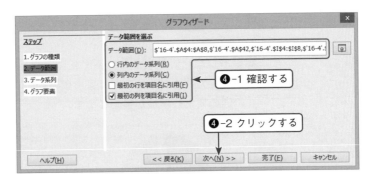

❺ ステップ3の「データ系列」では，グラフのデータ範囲に対して様々な設定ができますが，今回は特に変更しないで[**次へ**]ボタンをクリックします．

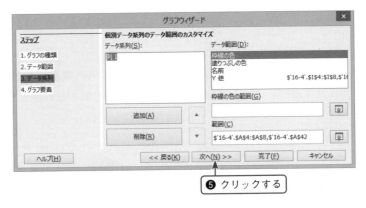

❻ ステップ4の「グラフ要素」では，グラフのタイトル（ここでは「二酸化炭素排出量(2011)」）を入力します．また，「凡例を表示」のチェックを外します．最後に[**完了**]ボタンをクリックします．

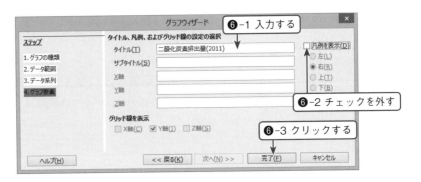

② 要素の書式設定

➡ プロットエリアという用語はLibreOfficeでは使われていませんが，混乱を避けるためExcelの用語に合わせています．

よりわかりやすく効果的なグラフにするために，グラフを編集します．グラフは，タイトル，軸，プロットエリア，グラフ領域など，様々な要素から構成されています．グラフの編集は，これらの各要素に対して行います．

手順

❶ グラフをダブルクリックすると，グラフ領域全体が太い枠線で囲まれます．

❷ 編集したい要素をクリックすると，その要素が選択状態になり，小さな四角形で囲まれます．ある要素を選択した状態で Tab キーを押すと，順に別の要素に選択が移動します．

➡ グラフを最初に挿入したとき，タイトルは上にあります．ただし，一般的にグラフのタイトルは下にあることが多いので，後述の方法を用いて元の位置から移動しています．

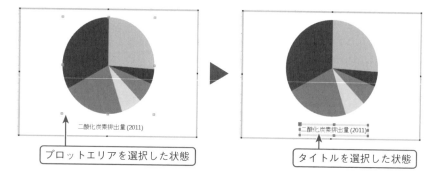

❸ メニューバーから [書式] → [選択した要素の書式] を選択するか，選択した要素上で右クリックして，その要素名の書式 (例えばタイトルならば [**タイトルの書式**]) を選択します．

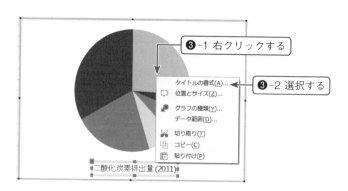

❹ 「メインタイトル」ダイアログボックスが表示されます．例えば，文字のサイズを変更したいときは，[**フォント**] タブをクリックして，[**サイズ**] を変更します．ここでは，サイズを「16」に設定して [**OK**] ボタンをクリックします．

❺グラフの編集を終了するときは，グラフ領域の外側をクリックします．グラフ領域全体を囲む太い枠線が解除されます．

また，グラフの機能を使って，円グラフにデータラベルを表示することができます．

手順

❶グラフ領域全体を選択して，メニューバーから［**挿入**］→［**データラベル**］を選択します．

❷「すべてのデータ系列にラベルを表示」ダイアログボックスが表示されるので，「値をパーセンテージとして表示」と「カテゴリーを表示」にチェックを入れ，「値を数値として表示」のチェックが外れていることを確認してから，［**配置**］を「外側」にして［**OK**］ボタンをクリックします．

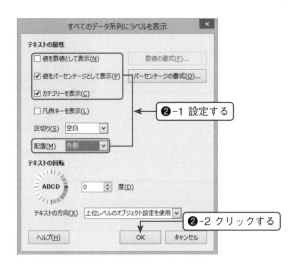

③ 要素の移動

要素を移動するときは，要素をクリックまたは Tab キーで選択し，その内部にマウスポインタを移動して，マウスポインタが ✥ に変わった状態で，ドラッグします．

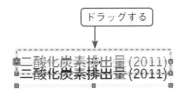

④ グラフの拡大・縮小

グラフを拡大・縮小するには，グラフ領域全体を拡大・縮小する方法とプロットエリアのみを拡大・縮小する方法の2通りがあります．

グラフ領域を拡大・縮小するときは，領域内をクリックしてグラフ領域全体を選択します．プロットエリアを拡大・縮小するときは，グラフ領域内をダブルクリックしてからプロットエリアをクリックして，プロットエリアを選択します．

両者とも拡大・縮小の方法は同じです．周囲に表示されている小さな四角形へマウスポインタを移動して，マウスポインタが に変わった後，ドラッグします．

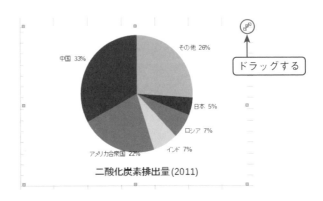

11・3 図形描画

次に，日本の年ごとの二酸化炭素排出量の棒グラフを作成しましょう．データ範囲は次のように選択します．

国（地域）	1980	1985	1990	1995	2000	2005	2010	2011
中国	1,425.4	1,724.5	2,244.9	3,021.6	3,310.1	5,403.1	7,252.6	7,954.5
アメリカ合衆国	4,661.6	4,545.7	4,868.7	5,138.7	5,698.1	5,771.7	5,429.4	5,287.2
インド	283.3	411.0	582.3	776.5	972.1	1,164.4	1,710.4	1,745.1
ロシア	...	...	2,178.8	1,558.7	1,496.7	1,511.8	1,576.6	1,653.2
日本	880.7	878.1	1,061.6	1,141.9	1,175.8	1,213.0	1,138.0	1,186.0

選択する

あるいは，次のようにA8セルの「日本」を含めてもかまいません．この場合は棒グラフの説明（系列名）として「日本」という国名が表示されます．なお，このときは，図のようにA3セル「国（地域）」もデータ範囲に含めてください．

国（地域）	1980	1985	1990	1995	2000	2005	2010	2011
中国	1,425.4	1,724.5	2,244.9	3,021.6	3,310.1	5,403.1	7,252.6	7,954.5
アメリカ合衆国	4,661.6	4,545.7	4,868.7	5,138.7	5,698.1	5,771.7	5,429.4	5,287.2
インド	283.3	411.0	582.3	776.5	972.1	1,164.4	1,710.4	1,745.1
ロシア	...	...	2,178.8	1,558.7	1,496.7	1,511.8	1,576.6	1,653.2
日本	880.7	878.1	1,061.6	1,141.9	1,175.8	1,213.0	1,138.0	1,186.0

次に，先ほどと同じ手順で「グラフウィザード」を使ってグラフを作成します．このとき，「グラフウィザード」のステップ2の「データ範囲」において，「行内のデータ系列」と「最初の行を項目名に引用」にチェックを入れてください．さらに，A8セル「日本」がデータ範囲に含まれている場合は，「最初の列を項目名に引用」にもチェックを入れてください．

① 文字列の挿入

グラフには，タイトル以外の文字列も挿入することができます．文字列の挿入は，図形描画ツールバーを利用します．図形描画ツールバーが表示されていない場合は，メニューバーから[**表示**]→[**ツールバー**]→[**図形描画**]を選択します．

手順

❶ グラフ領域をダブルクリックして編集状態にします．
❷ 図形描画ツールバーで，[**テキストボックスの挿入**]ボタン をクリックします．この状態で，文字列を挿入したい場所でマウスをドラッグすると水色の線による四角形が表示されます．これが，文字列を入力する枠になります．
❸ 枠の内部にカーソルが表示されるので文字列を入力します．ここでは，棒グラフ上に「京都会議（1997）」と入力してください．
❹ 文字の大きさを変えるときは，文字列を選択して黒く反転した後，右クリックして[**文字**]を選択します．「文字」ダイアログボックスが表示されるので，[**フォント**]タブをクリックして[**サイズ**]を変更します．

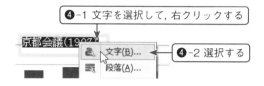

2 図形の挿入

図形描画ツールバーのボタンを用いると，グラフ上に様々な図形を描くことができます．例えば［**矢印**］ボタン→を使って矢印を引くと，読者に注目してほしいポイントなどがわかりやすくなります．

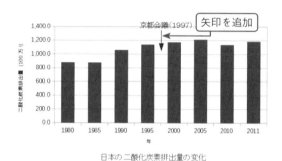

日本の二酸化炭素排出量の変化

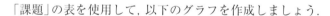

演習11

「課題」の表を使用して，以下のグラフを作成しましょう．

1．上位5か国それぞれの年ごとの二酸化炭素排出量の棒グラフを作成しましょう．

2．上位5か国それぞれの二酸化炭素排出量の増減率を表す棒グラフを作成しましょう．

◆Microsoft Officeの場合

①グラフを編集するときに，最初にグラフ領域をダブルクリックする必要はありません．
②キーボードを使って選択状態の要素を変えるときは，Tabキーではなく↑↓←→の各矢印キーを使います．

第12章 グラフ作成（2）

前章では，Calcにおけるグラフ作成機能について説明しながら，基本的なグラフを作成しました．本章では，そのほかのよく利用されるグラフについて説明します．

● 課題　　本章では，以下のデータを2種類のグラフで表現します．

	A	B	C	D	E	F	G	H	I	J	K	L	M
1		気温と降水量（平年値）　（昭和56年～平成22年）											
2													
3	東京	1月	2月	3月	4月	5月	6月	7月	8月	9月	10月	11月	12月
4	気温(℃)	6.1	6.5	9.4	14.6	18.9	22.1	25.8	27.4	23.8	18.5	13.3	8.7
5	降水量(mm)	52	56	118	125	138	168	154	168	210	198	93	51
6													
7	水戸	1月	2月	3月	4月	5月	6月	7月	8月	9月	10月	11月	12月
8	気温(℃)	3.0	3.6	6.7	12.0	16.4	19.7	23.5	25.2	21.7	16.0	10.4	5.4
9	降水量(mm)	51	59	108	120	133	143	134	132	181	168	79	46
10													
11	札幌	1月	2月	3月	4月	5月	6月	7月	8月	9月	10月	11月	12月
12	気温(℃)	-3.6	-3.1	0.6	7.1	12.4	16.7	20.5	22.3	18.1	11.8	4.9	-0.9
13	降水量(mm)	114	94	78	57	53	47	81	124	135	109	104	112

出典：総務省統計局「日本の統計 2014, 1-8 気温と降水量（平年値）」
（http://www.stat.go.jp/data/nihon/）（データを加工して作成）

12・1　準備

「課題」の表を入力してください．このデータは，総務省統計局刊行の「日本の統計 2014」の日本の各都市の「気温と降水量（平年値）」の中から，東京，水戸，札幌のデータを取り出したものです．これまでのデータ同様，下記の総務省統計局のウェブサイトで公開されています．

　　　http://www.stat.go.jp/

「統計データ」→「分野別一覧」→「日本の統計」→「本書の内容」→「第1章　国土・気象」→「1-8気温と降水量（平年値）」とリンクを辿ると，Excel形式のファイルをダウンロードできます．これまで同様，データを整理して「課題」の表と同じ状態にしてください．

12・2　様々なグラフの作成

Calcには，円グラフや棒グラフ以外にも各種のグラフ作成機能が用意されています．

1 折れ線グラフ

最初に,東京のデータについて,折れ線グラフを作成します.気温と降水量という2種類の異なったデータがありますが,これらを1つのグラフ上に表します.

手順

❶ セル範囲「A3:M5」を選択した後,ツールバーの[**グラフ**]ボタン●をクリックします.

❷「グラフウィザード」ダイアログボックスが表示されるので,ステップ1の「グラフの種類」では,グラフの種類を「線」にし,グラフの詳細な形状を「線のみ」にして,[**次へ**]ボタンをクリックします.

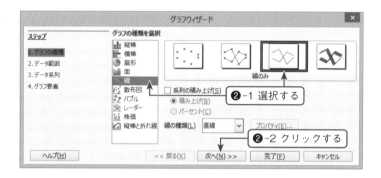

❸ ステップ2の「データ範囲」では,先ほど選択したセル範囲が入力されているので,それを確認します.また,「行内のデータ系列」を選択して,「最初の行を項目名に引用」と「最初の列を項目名に引用」にチェックが付いていることを確認します.先ほど選択したセル範囲には,最初の行に月名が格納されているので,この月名が折れ線グラフの横軸に項目名として表示されます.すべてを確認したら,[**次へ**]ボタンをクリックします.

→ Calcでは,1行(あるいは1列)に並んだ同じ種類のデータをデータ系列と呼んでいます.今回の例では,「気温」と「降水量」の2つのデータ系列を持つことになり,「最初の列を項目名に引用」オプションがチェックされていると,これらの名前がグラフに表示されます.「東京」という名前はこのグラフでは使われていませんが,グラフのデータ範囲としては含めてください.

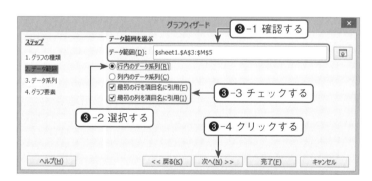

東京	1月	2月	3月	4月	5月	6月	7月	8月	9月	10月	11月	12月
気温(℃)	6.1	6.5	9.4	14.6	18.9	22.1	25.8	27.4	23.8	18.5	13.3	8.7
降水量(mm)	52	56	118	125	138	168	154	168	210	198	93	51

❹ステップ3の「データ系列」では，[**データ系列**]に「気温」と「降水量」の2つのデータ系列名が表示されていることを確認して，[**次へ**]ボタンをクリックします．

❺ステップ4の「グラフ要素」では，[**タイトル**]に「東京の気温と降水量」，[**X軸**]に「月」，[**Y軸**]に「降水量(mm)」と入力します．最後に[**完了**]ボタンをクリックします．

2 グラフの編集

グラフを編集します．ここでは，気温のデータ系列の折れ線を破線にします．

手順

➡❶において，マウスでうまく選択できないときは，Tabキーを利用してください．

❶データ系列「気温」の折れ線を選択します．

❷右クリックし，メニューから[**データ系列の書式**]を選択します．

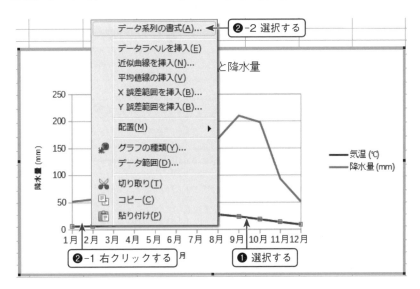

❸「データ系列」ダイアログボックスが表示されるので，[**線**]タブをクリックします．[**線の属性**]の[**スタイル**]では「極細の破線」を選択し，[**OK**]ボタンをクリックします．

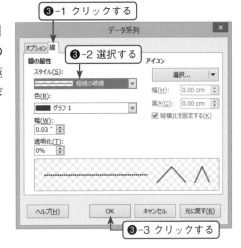

③ 第2Y軸の設定

このグラフの2種類のデータ系列の単位は，それぞれ「℃」と「mm」であり異なっています．しかし，Y軸の目盛として採用できる単位は1種類だけであり，現在は，「降水量（mm）」を使用しています．そのため，「気温（℃）」には，別の軸を設定しなくてはなりません．このような場合に使用するのが，グラフの右側にある「第2Y軸」です．第2Y軸の目盛を「℃」にするには，次のようにします．

手順

❶データ系列「気温」の折れ線を選択して右クリックし，メニューから[**データ系列の書式**]を選択します．

❷「データ系列」ダイアログボックスの[**オプション**]タブをクリックして，[**データ系列の方向**]で「第2Y軸」を選択し，[OK]ボタンをクリックします．

❸第2Y軸にタイトルを付けます．メニューバーから[**挿入**]→[**タイトル**]を選択し，表示された「タイトル」ダイアログボックスの[**第2軸**]の[Y軸]に「気温（℃）」を入力し，[OK]ボタンをクリックします．

❹第2Y軸の目盛を変更します．第2Y軸を選択して右クリックし，メニューから[**軸の書式**]を選択すると，「第2Y軸」ダイアログボックスが表示されるので，

[**目盛**]タブをクリックし，[**主間隔**]を「6」に設定して，[OK]ボタンをクリックします．

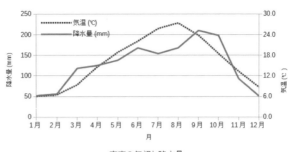

東京の気温と降水量

同様の手順で水戸と札幌のグラフも作成してください．

④ 相関係数

東京と水戸は地理的に近いので，気象に関するデータには何らかの関係があるはずです．これをCalcを使って確かめてみましょう．

2つのデータ間の関連性を調べる尺度として「相関係数」というものがあります．相関係数は「-1～1」までの値をとり，1（正の相関）または-1（負の相関）に近いほど関連性が高く，0に近い場合は関連性が低いといえます．相関係数を求めるには，関数「CORREL」を使います．

まず，次のように相関係数の結果を表示する表を作成してください．

	O	P	Q
	相関係数			
降水量	水戸	札幌
東京		

東京と水戸の降水量の相関係数を計算するには，セル「P4」に以下の式を記述します．「CORREL」関数の引数として，東京の降水量が格納されているセル範囲「B5:M5」と水戸の降水量が格納されているセル範囲「B9:M9」を指定していることに注目してください．

```
=CORREL(B5:M5,B9:M9)
```

この結果は0.99になります．1に非常に近い数値が得られたことから，東京と水戸では降水量のデータに高い関連性があることがわかります．一方，東京と札幌で相関係数を計算すると0.00となり，ほとんど関連性がないことがわかります．

⑤ 散布図

これまで説明したグラフ（例えば，棒グラフ，折れ線グラフなど）では，1つの「項目」に1つあるいは複数の「数値」を対応させてグラフを描画しま

す.すなわち,縦軸のみが数値軸として扱われ,横軸は数値軸として扱われません.

一方,時間や温度などを横軸にし,その状態で観測した量を縦軸にして,観測量の時間変化や温度変化をグラフ化したい場合があります.このような場合に使用するグラフが散布図です.散布図は,特に実験データを処理する場合などに有効です.

ここでは例として,先ほど相関係数を計算した結果,強い相関を持つことがわかっている「東京と水戸の降水量」の関係を散布図で確認します.散布図の作成方法も,今までのグラフと同様です.データ範囲には次のセルを指定します.

東京	1月	2月	3月	4月	5月	6月	7月	8月	9月	10月	11月	12月
気温(℃)	6.1	6.5	9.4	14.6	18.9	22.1	25.8	27.4	23.8	18.5	13.3	8.7
降水量(mm)	52	56	118	125	138	168	154	168	210	198	93	51

水戸	1月	2月	3月	4月	5月	6月	7月	8月	9月	10月	11月	12月
気温(℃)	3.0	3.6	6.7	12.0	16.4	19.7	23.5	25.2	21.7	16.0	10.4	5.4
降水量(mm)	51	59	108	120	133	143	134	132	181	168	79	46

選択する

➡ 相関係数とは,具体的には直線的(線形的)な関連性の強さを確かめるための指標です.そのため,相関の強い2つのデータ系列を散布図で表すと,データ点が直線的にプロットされます.ただし,2つのデータに相関があっても,その間に必ずしも因果関係があるわけではありません.

次の散布図から,東京と水戸の降水量には直線的な関係があることがわかります.

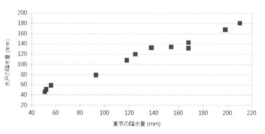

東京と水戸の降水量の関係

同じように,東京と札幌のデータも散布図で表してみましょう.先ほど確認したように,ほとんどデータ間の関連性がないことがわかります.

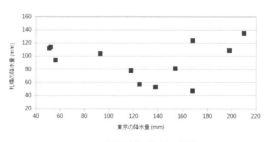

東京と札幌の降水量の関係

演習12

「課題」の表を使って，以下のグラフ作成と計算を行いましょう．

1．東京，水戸，札幌の気温と降水量の折れ線グラフを作成しましょう．

2．降水量について，相関係数の計算と散布図の作成を完成させましょう．

3．気温について，降水量と同様に「東京と水戸」，「東京と札幌」の相関係数を求めるとともに，それぞれの組み合わせによる散布図を作成しましょう．このとき，「東京と水戸」，「東京と札幌」の両方の相関係数が高い理由を考察してください．

◆Microsoft Office の場合

相関係数を求めるときはExcelでもCORREL関数を用いますが，データ系列が3つ以上ある場合には「分析ツール」を使用すると便利です．「分析ツール」を用いると，2つの系列間ごとに計算できるすべての相関係数が，表形式で一括して出力されます．なお，「分析ツール」は初期状態では有効になっていないため，以下の手順に従って，［データ］タブのリボンに［データ分析］ボタンを表示してください．

❶［ファイル］タブを選択して，［オプション］をクリックします．
❷「Excelのオプション」ダイアログボックスが表示されるので，「アドイン」をクリックします．
❸画面下部にある「管理」項目にて，「Excelアドイン」が選択されていることを確認して［設定］ボタンをクリックします．
❹「アドイン」ダイアログボックスが表示されるので，「分析ツール」にチェックを入れて，［OK］ボタンをクリックします．

第13章 統計データの活用(1)

各種の観測データを統計的手法で分析すると,未知のデータの予測に役立てることができます.今回はその手法の1つである回帰分析を取り上げ,Calcを用いて実際に計算をしてみます.

課題　本章では,Calcを用いて回帰分析の方法を学習します.

	A	B	C	D	E
1	月	東京の降水量(x)	水戸の降水量(y)	予測値($\hat{y}$)	誤差(e)
2	1月	52	51		
3	2月	56	59		
4	3月	118	108		
5	4月	125	120		
6	5月	138	133		
7	6月	168	143		
8	7月	154	134		
9	8月	168	132		
10	9月	210	181		
11	10月	198	168		
12	11月	93	79		
13	12月	51	46		
14	平均				
15	分散				
16					
17		xとyの共分散			
18		回帰直線傾き(a)			
19		回帰直線切片(b)			
20		R^2			
21		R			
22		関数CORRELの結果			

出典:総務省統計局「日本の統計 2014, 1-8 気温と降水量(平年値)」
(http://www.stat.go.jp/data/nihon/)(データを加工して作成)

13・1 準備

「課題」の表を作成してください.このデータは,前章の降水量のデータを一部編集しなおしたものです.

13・2 回帰分析

1 回帰分析の概要

それでは「課題」の降水量データを用いて回帰分析の方法について説明

します．今，東京の降水量を変数x，水戸の降水量を変数yで表すものとします．回帰分析とは，得られたN個のサンプル

$$\{(x_1, y_1), (x_2, y_2), \ldots, (x_i, y_i), \ldots, (x_N, y_N)\}$$

から2変数間の関係式を推定し，xからyを予測する手法です．ここで，iはサンプルの番号を表しています．今回の例では，得られた月ごとの12個のサンプルから東京の降水量xと水戸の降水量yの関係を調べて，「東京の降水量がわかれば，水戸の降水量も予測できるかどうか」を確かめてみます．

まず，次のような直線を表す一次式で，xからyの予測値$\hat{y}$（ワイハット）が求められると仮定します．

$$\hat{y} = ax + b \tag{1}$$

もし，この式によって完全な予測が行えるならば，観測されたサンプル(x_i, y_i)と(1)式より計算した$(x_i, \hat{y}_i = ax_i + b)$が完全に一致するはずですが，実際には図のように誤差e_iが生じます．よって観測値はこの誤差を考慮して，

$$y_i = \hat{y}_i + e_i = ax_i + b + e_i \tag{2}$$

で表せます．e_iはi番目のサンプルの予測値からの誤差です．

$$e_i = y_i - \hat{y}_i \tag{3}$$

→ なお，国土交通省気象庁のウェブサイト（http://www.data.jma.go.jp/）では，降水量，気温，日照時間などの気象データに関して，各都市の日単位のデータがダウンロードできるので（トップページから「各種データ・資料」→「過去の気象データ・ダウンロード」），このデータを使用するとさらに詳細な分析が可能です．

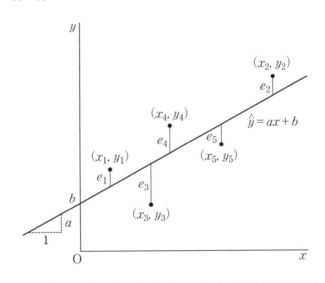

回帰分析の目的は，(1)式における適切なaとbを決定することです．そのためには，誤差の分散

$$s_e = \frac{1}{N}\sum_{i=1}^{N}(y_i - \hat{y}_i)^2 = \frac{1}{N}\sum_{i=1}^{N}e_i^2 \tag{4}$$

が最小になるaとbを決めればよいわけです．このとき，aとbは次の式で求められることが知られています．

$$a = s_{xy}/s_x \tag{5}$$

→ 分散については「8.2 ④ 関数を用いた計算」を参照してください．

$$b = \bar{y} - a\bar{x} \tag{6}$$

ここで，$\bar{x}$（エックスバー）はxの平均値，$\bar{y}$（ワイバー）はyの平均値を表します．また，s_xはxの分散，s_{xy}はxとyの共分散で，それぞれ以下の式で求められます．

$$s_x = \frac{1}{N}\sum_{i=1}^{N}(x_i - \bar{x})^2 \tag{7}$$

$$s_{xy} = \frac{1}{N}\sum_{i=1}^{N}(x_i - \bar{x})(y_i - \bar{y}) \tag{8}$$

以上より，(5)，(6) 式から求められるaとbを (1) 式に代入すれば，誤差の分散が最小になる直線式を得ることができます．

また，このようにして得られた (1) 式の「当てはまりのよさ」を示す寄与率R^2は

$$R^2 = 1 - s_e/s_y \tag{9}$$

で計算できます．ここでs_yはyの分散です．寄与率は決定係数とも呼ばれます．

$$s_y = \frac{1}{N}\sum_{i=1}^{N}(y_i - \bar{y})^2 \tag{10}$$

前章でも登場した相関係数Rは，この寄与率R^2の平方根と等しくなります．

② 回帰分析の計算手順

前節の内容をもとに，以下に回帰分析の計算手順を示しますので，実際にCalc上で算術演算や関数を用いて，計算を行ってください．

手順 ➡

❶ 平均$\bar{x}$，$\bar{y}$を求めます．
❷ 分散s_x，s_yと共分散s_{xy}を求めます．
❸ (5)，(6) 式を使って，a（傾き），b（切片）を求めます．
❹ (1) 式を使って，すべてのサンプルの予測値$\hat{y}_i$を求めます．
❺ (3) 式を使って，すべてのサンプルの誤差e_iを求めます．
❻ eの分散を求めます．
❼ (9) 式を使って，寄与率R^2を求めます．
❽ 相関係数Rを求め，CORREL関数の結果と比較します．

上記手順に登場する，平均，分散，共分散，相関係数は，Calcではそれぞれ関数「AVERAGE」「VAR.P」「COVAR」「CORREL」で求められます．

13・3 グラフの近似曲線

回帰分析により得られる直線は，Calcのグラフ機能の1つである「近似曲線」により表示することができます．データを散布図としてグラフ化した後，そのグラフ上に以下の手順で近似曲線を挿入してください．

第13章 統計データの活用（1）

手順

❶ グラフのデータ系列を選択した状態で，メニューバーから[挿入]→[近似曲線]を選択します．

❷「近似曲線」ダイアログボックスが表示されるので，[タイプ]タブを選択して，[回帰の種類]が「線形」となっていることを確認し，[オプション]の「等式を表示」と「決定係数（R^2）を表示」にチェックを付けて，[OK]ボタンをクリックします．

なお，線形近似の場合，その直線の傾きaと切片bは，関数「SLOPE」と「INTERCEPT」でそれぞれ求めることができます．

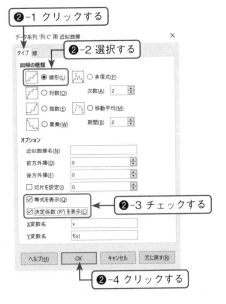

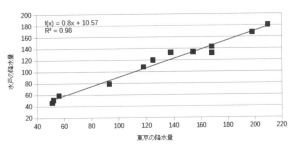

東京と水戸の降水量の関係

演習13

1. 「課題」の表を完成させましょう．

2. 東京と札幌の降水量についても回帰分析を行いましょう．また，散布図を描いて近似曲線を挿入し，計算結果と一致することを確認しましょう．

◆Microsoft Officeの場合

　Excelで回帰分析を行うときは，「分析ツール」上で「回帰分析」を選択します．この機能では，単に近似曲線を求めるだけでなく，予測値や誤差，さらにグラフの作成など多様な結果を表示することができます．

第14章 統計データの活用（2）

実験やアンケート調査などの結果を分析するとき，実験では試料や方法，アンケートでは年齢や性別などによって観測値や得点をグループ分けして，それらのグループ間を比較して平均値などの統計量に差があることを示したい場合があります．そのための手段の1つが統計的検定です．本章では，Calcを用いて統計的検定の1つである分散分析と多重比較を行います．

●課題

本章では，統計的検定の概要を理解して，Calcを用いた分散分析と多重比較の計算手順を学習します．

	A	B	C	D	E	F	G	H	I	J	K
1		1組	2組	3組							
2		41	62	27			分散分析表				
3		39	53	70			偏差平方和	自由度	分散	F値	境界値
4		86	34	71		グループ間		2			
5		65	39	53		グループ内		27			
6		56	15	48		全体		29			
7		63	37	55							
8		87	47	22							
9		63	35	50		多重比較(Tukey HSD)					
10		59	55	39		1組と2組		境界値	3.5064	(Rにより計算)	
11		50	17	62		1組と3組					
12	平均値					2組と3組					
13	偏差平方和										
14	分散										
15	標準偏差										
16	標準誤差										
17											
18											
19		F値	累積分布関数	確率密度関数							
20											
21											

14・1 準備

「課題」の表を入力してください．これは「ある学校の1組，2組，3組で同じテストを行った後，それぞれのクラスからランダムに10人を決定し，その10人の得点を取得したもの」を想定したデータです．

データを入力したら，最初に関数を用いて各クラスの平均，偏差平方和，分散，標準偏差を求めてください．使用する関数は，偏差平方和は「DEVSQ」，分散は「VAR.S」，標準偏差は「STDEV.S」です．

一般的に実験やアンケート調査においては，測定した試料や回答者だけに興味があるわけではなく，それらが含まれる全体の集団（母集団）の性質を知りたいことがほとんどです．このような場合，分散を求めるには不偏分散と呼ばれる値を計算する「VAR.S」，標準偏差を求めるにはそれに対応

する「STDEV.S」を用います.

14・2 誤差バー付きグラフの作成

　平均値の棒グラフを作成し,そのグラフにデータのばらつき具合を示す誤差バーを表示します.ばらつきの指標としては標準偏差,標準誤差のどちらかがよく使われます.**標準偏差**は,母集団における個々のデータのばらつき具合を表す指標です.それに対して**標準誤差**は,「母集団から特定の数のデータをランダムに取り出してその平均値を計算する」という処理を何度も繰り返したときに生じる平均値のばらつき具合を示す指標です.今回は誤差バーとして標準誤差を用います.

　標準誤差は「標準偏差/$\sqrt{データ数}$」で与えられるので,2つの関数を組み合わせた次の式で求められます.

　　　　　`=STDEV.S(セル範囲)/SQRT(COUNT(セル範囲))`

　「SQRT」はルートを求める関数です.この式を見ると,標準誤差は標準偏差より必ず小さくなることがわかります.

　誤差バー付きのグラフは,次の手順で作成します.

❶それぞれのクラスの平均値を棒グラフにします.

❷グラフを編集状態にしてから棒グラフをクリックして選択し,メニューバーから[**挿入**]→[**Y誤差範囲**]を選択します.

❸「Y誤差範囲」ダイアログボックスが表示されるので,[**Y誤差範囲**]タブをクリックして[**誤差の種類**]で「セル範囲」を選択し,[**パラメーター**]の[**正(+)**]で標準誤差の出力されているセル範囲「B16:D16」を指定します.また,「両方に同じ値」をチェックして,最後に[**OK**]ボタンをクリックします.

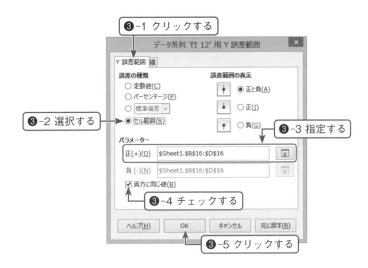

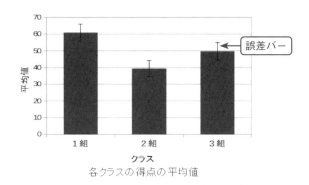
各クラスの得点の平均値

14・3 検定

1 一元配置の分散分析

作成したグラフを見ると，ほかのクラスに比べて2組の値が小さいことを確認できますが，これを統計的にきちんと確認するには**統計的検定**を行う必要があります．今回は，統計的検定の中でも「分散分析」と呼ばれる手法を使います．

➡ 比較する対象が2個しかないときは，t検定などの手法を用います．

分散分析における検定では，まずF値と呼ばれる検定統計量を算出します．そして次に，「平均値に差がない」という仮説（帰無仮説）を立てます．この例の場合は

帰無仮説：3クラスの得点の平均値に差はない

となります．

この仮説が成り立つとき，F値はF分布と呼ばれる確率分布をとることが知られています．もし，計算で得られたF値がF分布中のめったに起こらない場所に存在する場合，この仮説は棄却され，

対立仮説：3クラスの得点の平均値に差がある

が採用されるため，「3クラスの平均得点には，誤差などによるものではない有意な差が存在する」ことになります．

2 分散分析表の作成

分散分析では，データ全体のばらつきが，グループの性質に依存する「グループ間のばらつき」と，測定誤差などによる「グループ内のばらつき」とに分解できることを利用します．

今，次のように各得点データを変数xで表したとき，x全体の集合をω，平均値をm，全データ数をNとします．また，この集合ωはM個（この例で

は3個)のグループに分かれており，そのうちi番目のグループに属する集合をω_i，この集合のデータ数をn_i，平均値をm_iとします．なお，全体の個数Nは$\sum_{i=1}^{M} n_i$となっています．

→ 図は1次元のデータを2次元で表現しているため，概念的なものと考えてください．

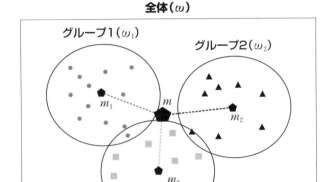

このとき，データ全体のばらつきは，次式で与えられる全体の偏差平方和で表すことができます．

$$S_a = \sum_{x \in \omega} (x - m)^2 \tag{1}$$

この式では，集合ωに属するすべてのxについて，$(x-m)^2$を計算して合計しています．

グループ内のばらつきは，次式のグループ内偏差平方和で与えられます．

$$S_e = \sum_{i=1}^{M} \sum_{x \in \omega_i} (x - m_i)^2 \tag{2}$$

この式では，グループiの集合ω_iに属するxについて，$(x-m_i)^2$を計算して合計し，さらにそれをすべてのグループに対して行い，グループごとの結果を足し合わせています．

グループ間のばらつきは，次式のグループ間偏差平方和で与えられます．

$$S_g = \sum_{i=1}^{M} n_i (m_i - m)^2 \tag{3}$$

この式は，グループiに属するすべての得点には，共通の偏りm_iが生じることを意味します．

S_aは，$\sum_{x \in \omega_i}(x - m_i) = 0$を利用すると

$$S_a = S_g + S_e \tag{4}$$

と分解できます．

　分散分析では，上記の S_g からグループ間分散，S_e からグループ内分散を算出し，これらの比（F値）を求めることで，全体のばらつき S_a が，グループに大きく依存するかどうかを判断します．

　分散は，一般に偏差平方和を自由度で割ったものとして定義されます．自由度とは独立な変数の個数を表します．例えば全体の分散を計算するとき，m として標本平均 $\frac{1}{N}\sum_{x\in\omega}x$ を用いる場合，$N-1$ 個の得点が決まると最後の N 個目の得点は標本平均と $N-1$ 個の得点により決定されてしまうため，このときの自由度はデータ数から1引いた $N-1$ となります．また，グループ間の自由度は，ここでは3クラスから1引いた2，グループ内の自由度は，データ数30から3クラスの3だけ引いた27になります．これらの自由度を「課題」の表に入力しておいてください．

　先述のようにF値は次の式で算出することができます．

$$\text{F値} = \text{グループ間の分散} / \text{グループ内の分散}$$
$$= (S_g/(M-1))/(S_e/(N-M)) \tag{5}$$

　F値が大きな値になるとき，すなわち，グループ間の分散が大きく，グループ内の分散が小さい場合，先ほどの図における円の中心がグループ同士で離れ，また円の半径が小さくなるので，グループの区別が明確になり帰無仮説が棄却されやすくなることがわかります．実際に，帰無仮説は，計算されたF値がF境界値と呼ばれる値より大きくなる場合に棄却されます．

　CalcでF境界値を求めるときは，関数「FINV」を利用します．使用方法は次のとおりです．

=FINV(有意水準, グループ間の自由度, グループ内の自由度)

　有意水準は，帰無仮説を棄却するときの危険率を表し，0.01（1%）や0.05（5%）がよく使われます．ここでは，0.05としてください．

　以上をもとに，分散分析表の作成手順を示します．

➡ 有意水準とは，帰無仮説を棄却するか否かを決める際の判断基準となる指標であり，具体的には，検定方法ごとに設定される検定統計量（分散分析ではF値）の確率分布において，帰無仮説を棄却する領域とそうでない領域に二分したときの棄却する側の確率のことです．0.05（5%）より0.01（1%）のほうが帰無仮説を棄却した場合の危険率が低くなり，逆にいえば，対立仮説を採用する信頼度が高くなります．

手順 ➡

❶ (2)式に従ってグループ内偏差平方和 S_e を求めるために，「14.1 準備」で計算した各グループの偏差平方和を合算します．

❷ (1)式によって与えられる全体の偏差平方和 S_a を，「`=DEVSQ(B2:D11)`」で求めます．

❸ (4)式に従って，$S_a - S_e$ によってグループ間偏差平方和 S_g を求めます．

❹ S_g と S_e を自由度で割って，それぞれの分散を求めます．

❺ (5)式によって，F値を求めます．

❻ F境界値を「`=FINV(0.05,H4,H5)`」により求めます（H4にはグループ間自由度，H5にはグループ内自由度が格納されているものとします．また，有意水準を1%にしたい場合は，0.05を0.01に置き換えてください）．

❼F値がF境界値よりも大きければ，有意差が存在することになります．

14・4　F分布のグラフ

1　F.DIST関数

次に，先の分散分析で利用したF分布のグラフを描いてみましょう．変数がある値x以下となる確率は累積分布関数$C(x)$で表されますが，CalcでF値についてこのような累積分布を求めるときは「F.DIST」関数を使用します．使い方は次のとおりです．

=F.DIST(F値,グループ間自由度,グループ内自由度,関数形式)

ここでは，今回のデータに合わせグループ間の自由度を2，グループ内の自由度を27としてください．また，累積分布の場合，関数形式には1を指定します．

累積分布関数の変化の割合を表したものを確率密度関数と呼びます．これは，第10章で取り上げたヒストグラムと対応付けることができます．確率密度を計算するときは，「F.DIST」関数で関数形式に0を指定します．

それでは，F.DIST関数から得られたF分布の累積分布関数と確率密度関数を描画してみます．

手順 ➡

❶セル範囲「B20:B65」に等差0.1，範囲0～4.5の等差数列を入力します（B20セルに0，B65セルに4.5が入ります）．この値がF値となります．

❷C20セルに「**=F.DIST(B20,H4,H5,1)**」を入力して，これをC65までオートフィルによりコピーして，累積分布関数による確率値を求めます．

❸D20セルに「**=F.DIST(B20,H4,H5,0)**」を入力して，これをD65までオートフィルによりコピーして，確率密度関数による確率値を求めます．

❹B19:D65セルを選択し，「グラフウィザード」を使って散布図を作成します（ステップ1「グラフの種類」でオプションとして「点および線」を選択します）．これによって上記の2つの関数がグラフ化されます．

➡ 具体的な手順は，「12.2 ③第2Y軸の設定」を参照してください．

❺累積分布関数の[データ系列の方向]を第2Y軸に設定します．

❻確率密度関数の目盛であるY軸の書式設定にて，目盛を「最小値0，最大値1.25，主間隔0.25」に設定します．

❼累積分布関数の目盛である第2Y軸の書式設定にて，目盛を「最小値0，最大値1，主間隔0.2」に設定します．

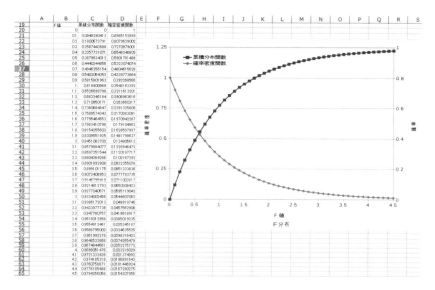

➡ 一般に，確率分布は確率密度関数で表現されることが多く，特定の値がある区間に出現する確率は，対応する確率密度関数のグラフとX軸で挟まれた部分の面積によって計算されます．よってこの例では，F値が4.4835より大きくなる確率は，確率密度関数のグラフの「F値=4.4835」の地点より右側の面積となります．ここから，この確率が非常に小さいことがわかります．

このグラフを見ると，前節で計算したF値4.4835のとき，累積分布関数は，ほぼ1の値をとることがわかります．すなわち，このF分布ではほとんどのF値が4.4835より小さい値をとり，それより大きくなることはめったにありません．

14・5 多重比較

1 Tukey HSD法

「課題」データでは，一元配置の分散分析により，3クラスの平均値に差があることがわかりました．次に，どのクラス同士で差があるのかを調べます．これには，多重比較という手法を使います．

多重比較には様々な方法がありますが，ここではTukey HSD法を使用します．Tukey HSD法は分散分析と一緒に使われることが多い統計検定であり，グループiとグループjにおける検定統計量は以下の式で与えられます．

➡ ||は絶対値を表します．

$$q_{ij} = \frac{|m_i - m_j|}{\sqrt{\frac{1}{2}\frac{S_e}{(N-M)}\left(\frac{1}{n_i}+\frac{1}{n_j}\right)}} \tag{6}$$

➡ 実際には，多重比較など複雑な統計処理を効率的に表計算ソフトで行うことは困難なため，統計処理専用のソフトウェアを使ったほうが便利です．よく使われるものとして，フリーソフトのRや市販のSPSSといったものがあります．

この式は，グループのデータ数がすべて同じ場合，それをnとして次のように書き換えられます．

$$q_{ij} = \frac{|m_i - m_j|}{\sqrt{\frac{S_e}{(N-M)n}}} \tag{7}$$

この値が「スチューデント化された範囲分布」と呼ばれる確率分布のど

の位置にあるかを調べると，有意差の有無を確認できます．

今回はすべてのグループのデータ数が同じなので，(7)式を使って1組と2組を比較します．B12に1組の平均値，C12に2組の平均値，I5にグループ内分散 $S_e/(N-M)$ が格納されているとすると，検定統計量を求める式は「**=ABS(B12-C12)/SQRT(I5/10)**」となります．同様に，1組と3組，2組と3組についても計算してください．

これらの計算結果と「スチューデント化された範囲分布」の有意水準5%の境界値3.5064と比較してみましょう．結果が境界値より大きければ，比較に使用したクラス間に有意差があることになります．

➡ 10はそれぞれのグループ内のデータ数です．また，「ABS」は絶対値を計算する関数です．

➡ なおこの境界値は，Rの関数を用いて，qtukey (0.95,3,27) より計算しました．

演習14

「課題」を完成させましょう．

◆**Microsoft Officeの場合**

Excelで本章と同様の分散分析を行うときは，「分析ツール」の「分散分析：一元配置」を使って得られる分散分析表（今回作成したものと同じ）を使用します．

Column

LibreOffice Math

実験レポートなどを作成するときに，ドキュメント内に

$$m\frac{d^2x}{dt^2} = F \quad \text{や} \quad \begin{pmatrix} a_{11} & a_{12} \\ a_{21} & a_{22} \end{pmatrix} \begin{pmatrix} s_1 \\ s_2 \end{pmatrix} = \begin{pmatrix} x_1 \\ x_2 \end{pmatrix}$$

のような数式を記述するときがあります．LibreOfficeには，Mathと呼ばれる数式エディタソフトがあります．このMathを使うと，数式をドキュメント内に挿入することができます．Mathには，独自の文法があるので，それに従って数式を作成します．例えば，上の

$$m\frac{d^2x}{dt^2} = F$$

をMathで表現すると，「m{d^{2}x} over dt^2 = F」となります．Mathの詳しい使い方は，ヘルプを参照してください．また，Microsoft Officeにも数式を記述するための機能が用意されています．

第15章 表集計（1）

　Calcには表を集計するための機能がいくつかあります．一口に集計といっても，単に全体の合計を求めるだけでなく，グループごとに集計したり，論理演算に基づき複数の条件を満たした場合にのみ集計したりと，色々な集計処理を行うことができます．

●課題

　本章では，Calcで利用できるデータベース関数や簡単な集計機能を使って，次の家計簿をまとめます．

	A	B	C
1	11月の支出		
2	日付	費目	金額
3	1	食費	3000
4	3	交通費	1000
5	4	食費	1000
6	5	被服費	2000
7	7	教養・娯楽費	2000
8	8	食費	3500
9	10	交通費	1000
10	14	食費	1400
11	14	教養・娯楽費	3000
12	15	食費	3800
13	17	交通費	1000
14	18	食費	1200
15	19	被服費	5000
16	21	教養・娯楽費	2000
17	22	食費	2900
18	24	交通費	1000
19	25	食費	1500
20	27	通信費	8000
21	28	教養・娯楽費	5000
22	28	水・光熱費	9500
23	29	食費	3300
24	30	住居費	40000

15・1 準備

　「課題」のデータを入力してください．これは，ある世帯の11月の家計の支出状況を表にしたものです．列見出しは，「日付」「費目」「金額」となっています．

　なお今回は，データをCalcの表に直接入力するのではなく，メモ帳などのテキストエディタを使用して，次のように値と値の間をコンマ「,」で区切って入力してください．コンマや数字は，半角文字で入力する必要があります．

```
ファイル(F) 編集(E) 書式(O) 表示(V) ヘルプ(H)
11月の支出
日付,費目,金額
1,食費,3000
3,交通費,1000
4,食費,1000
5,被服費,2000
7,教養・娯楽費,2000
8,食費,3500
```

　このような値をコンマで区切ったファイル形式のことを，CSV（Comma Separated Value）形式と呼びます．CSV形式は，使用するソフトに依存しない汎用性の高い形式なので，よく使用されます．データをメモ帳で作成した場合は，次のようにして保存してください．

手順

❶メニューバーから［**ファイル**］→［**名前を付けて保存**］を選択します．
❷［名前を付けて保存］ダイアログボックスが表示されるので，［**ファイルの種類**］を「テキスト文書」から「すべてのファイル」に変更し，［**ファイル名**］を「data.csv」とします．拡張子「.csv」は必ず付けてください．
❸［**保存**］ボタンをクリックします．

15・2 テキストファイルのインポート

1 CSV形式のファイルの取り込み

　Calcでは，CSV形式のファイルを読み込んで，コンマで区切られた値をそれぞれ別のセルへ格納することができます．CSV形式のファイルを読み込むには，次のようにします．

手順

❶メニューバーから［**ファイル**］→［**開く**］を選択します．
❷［開く］ダイアログボックスが表示されるので，先ほど作成したCSV形式のファイルを選択して，［**開く**］ボタンをクリックします．
❸［テキストのインポート］ダイアログボックスが表示されるので，［**フィールド**］の欄で値が正しくセルに格納されているのを確認した後，［**OK**］ボタンをクリックします．

➡CSVファイルを取り込む際には，メニューバーから［挿入］→［シート］を選択し，「シートの挿入」ダイアログボックスで「ファイルから作成」を選択し，［検索］ボタンをクリックしてCSVファイルを指定するという方法もあります．

2 表計算ドキュメントでの保存

　Calc上に読み込んだファイルはCSV形式なので，Calcで何らかの処理をした後に，そのままの形式で保存してしまうとテキスト以外の情報が保存されず，Calcで行った処理結果の多くが失われてしまいます．そのため，CSV形式で読み込んだファイルをCalcのファイル形式である表計算ドキュメント（拡張子「.ods」）の形式に保存しなおす必要があります．その手順は，次のとおりです．

手順

❶メニューバーから［**ファイル**］→［**名前を付けて保存**］を選択します．

❷「名前を付けて保存」ダイアログボックスが表示されるので，［**ファイルの種類**］で「ODF表計算ドキュメント(.ods)」を選択します．そして，［**ファイル名**］を入力して［**保存**］ボタンをクリックします．

15・3 データベース関数

データベースについては，第29章と第30章のデータベース専用ソフトBaseの箇所で詳しく説明しますが，ここではCalcのシートに規則正しく入力された表が「データベース」であると考えてください．データベースでは，列のことを**フィールド**，行のことを**レコード**といいます．レコードは「4, 食費, 1000」といった値の集合であり，また，同じフィールドには，日付，文字，数値といった同じ属性を持った値が入ります．フィールドの先頭の「日付」「費目」「金額」といった名前は，フィールド名と呼ばれます．

	A	B	C
1	1月の支出		
2	日付	費目	金額
3	1	食費	3000
4	3	交通費	1000
5	4	食費	1000
6	5	被服費	2000
7	7	教養・娯楽費	2000
8	8	食費	3500

（フィールド名：A2:C2，フィールド：B列，レコード：5行目）

1 基本的な使い方

Calcの関数を使用して，「課題」の表から食費の合計を計算します．Calcの関数には，データベース関数として分類されるものがあり，それらの関数名は「D」から始まるという特徴があります．このようなデータベース関数を使用するには，次のようにします．

手順

❶ セル範囲「A28:C29」に，検索条件を設定します．検索条件は，最初の行に「フィールド名」，その次の行以降に「フィールドに対する条件」という形で入力します．ここでは，「『費目』が『食費』のものだけを抽出する」という検索条件を次のように入力します．

28	日付	費目	金額
29		食費	

❷ 計算結果を表示するセル「B30」をアクティブにし，[**関数ウィザード**]ボタン をクリックします．

❸「関数ウィザード」ダイアログボックスで[**分類項目**]から「データベース」を選択して，合計を求めるデータベース関数「DSUM」を選択し，[**次へ**]ボタンをクリックします．

❹関数「DSUM」の引数を次のように設定します．[**データベース**]のセル範囲には「A2:C24」，[**データベースフィールド**]には合計する値が入っているフィールドを番号で指定します．今回の例では，3つのフィールドの3番目なので「3」と入力します．[**検索条件**]には，手順❶で入力したセル範囲「A28:C29」を指定します．

❺[OK] ボタンをクリックします．計算結果が表示されるので，「A30」セルに「食費の合計」という説明を追加しておきます．

| 30 | 食費の合計 | 21600 |

❷ 論理演算

データベース関数では，集合に対して行われる演算である論理演算が利用できます．集合とは，何らかの方法で分類された，もの（要素）の集まりと考えてください．データベース関数では，検索条件により，集合および論理演算を表現します．まず，データベース中の1つのレコードを集合の1つの要素として考えます．このとき，例えば，食費を含むレコードの集合は図のようになります．これを表現したのが先ほどの手順❶の検索条件です．

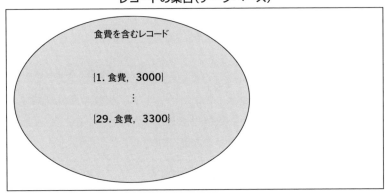

この集合に対して，その集合の要素である「食費を含むレコード」の金額成分を「DSUM」関数で足し合わせることにより，食費の合計金額を得ることができます．このように検索条件においてフィールド名の下に個々の条件を記述することで，その条件に一致する集合が得られるわけです．複数の条件を記述するとそれぞれの条件に対応する複数の集合が得られますが，これらの集合に対しては論理演算を行うことができます．論理演算の代表的なものには，論理積と論理和の2つがあります．この2つは検索条件において以下のように表現されます．

1 論理積

検索条件として論理積を表現するには，同じ行に条件を複数記述します．例えば，「15日までに使った食費」を調べるときは，次のように記述します．

	日付	費目	金額
32			
33	<=15	食費	

図では次のように表すことができます．

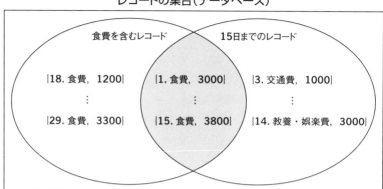

レコードの集合(データベース)

DSUM関数の結果は，次のようになります．

| 34 | 食費の合計(15日まで) | 12700 |

また，あるフィールドに複数の条件を設定したいときは，そのフィールドを複数個用意します．例えば，10日から15日までの食費を調べる検索条件は次のとおりです．

36	日付	日付	費目	金額
37	>=10	<=15	食費	

DSUM関数の結果は次のようになります．

| 38 | 食費の合計(10〜15日) | 5200 |

2 論理和

検索条件として論理和を表現するには，別の行に条件を記述します．例えば，「『15日までに使ったすべてのもの』または『食費として使ったもの』」という条件は，次のように記述します．

40	日付	費目	金額
41		食費	
42	<=15		

図では次のように表すことができます．

レコードの集合（データベース）

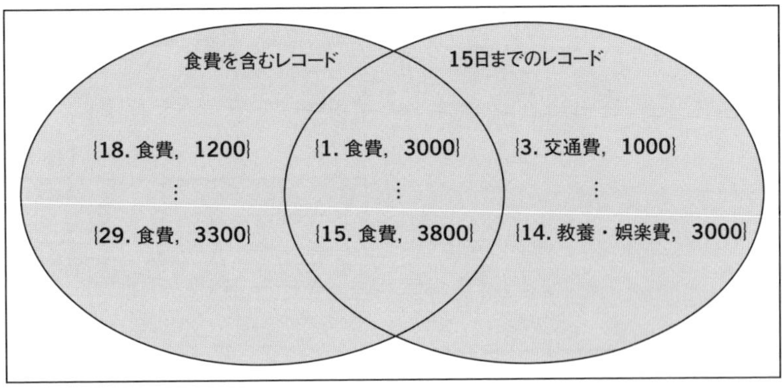

食費を含むレコード　　15日までのレコード

{18. 食費, 1200}　　{1. 食費, 3000}　　{3. 交通費, 1000}
⋮　　⋮　　⋮
{29. 食費, 3300}　　{15. 食費, 3800}　　{14. 教養・娯楽費, 3000}

DSUM関数の結果は次のようになります．

| 43 | 15日までまたは食費 | 30600 |

なお，論理演算や集合の図の作図方法などについては，第23章の描画ソフトDrawの箇所で詳しく説明します．

15・4　小計

　Calcには，簡易にデータを集計するために小計という機能が用意されています．ここではこの機能を利用して，すべての費目ごとの合計を計算します．小計の計算結果は，今までのシートとは別のシートに出力するので，メニューバーから[**挿入**]→[**シート**]で新たなシートを挿入して，このシート「Sheet2」に「課題」の表を貼り付けてください．

　それでは，作成した「Sheet2」で小計機能を使用してみましょう．

手順
❶小計を計算したいセル範囲「A2:C24」を指定します．
❷メニューバーから[**データ**]→[**小計**]を選択します．
❸「小計」ダイアログボックスが表示されます．費目ごとの金額の合計を計算するので，[**グループの基準**]を「費目」にし，[**小計を計算する列**]で「金額」にチェックを付け，[**使用する関数**]として「合計」を選びます．最後に[**OK**]ボタンをクリックします．

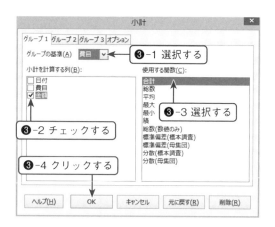

❹ 次のように，費目ごとの結果が表示されます．ただし，ここでは，費目の合計額とともに費目の個々の金額も表示されているため，少し見づらくなっています．費目の合計額だけを表示したい場合には，左上に表示される数字 1 2 3 で，[2]をクリックします．

	A	B	C
1	11月の支出		
2	日付	費目	金額
3	7	教養・娯楽費	2000
4	14	教養・娯楽費	3000
5	21	教養・娯楽費	2000
6	28	教養・娯楽費	5000
7		教養・娯楽費	*12000*
8	10	交通費	1000
9	17	交通費	1000
10	24	交通費	1000
11	3	交通費	1000
12		交通費 合計	*4000*
13	30	住居費	40000
14		住居費 合計	*40000*
15	1	食費	3000
16	25	食費	1500
17	22	食費	2900
18	29	食費	3300
19	4	食費	1000
20	18	食費	1200
21	15	食費	3800
22	14	食費	1400
23	8	食費	3500
24		食費 合計	*21600*
25	28	水・光熱費	9500
26		水・光熱費 合計	*9500*
27	27	通信費	8000
28		通信費 合計	*8000*
29	5	被服費	2000
30	19	被服費	5000
31		被服費 合計	*7000*
32		総計	*102100*
33			

❺ 次のように，費目の金額の合計だけが表示されます．また，1 2 3 で[1]をクリックすると，すべての合計だけが表示されます．1 2 3 で[3]をクリックすると，最初の状態に戻ります．

1 2 3|	A	B	C
	1	11月の支出		
	2	日付	費目	金額
	7		教養・娯楽費	12000
	12		交通費 合計	4000
	14		住居費 合計	40000
	24		食費 合計	21600
	26		水・光熱費 合計	9500
	28		通信費 合計	8000
	31		被服費 合計	7000
	32		総計	102100

なお，小計をやめて元の状態に戻るには，小計内のどれか1つのセルをアクティブにして，先ほどと同じようにメニューバーから[**データ**]→[**小計**]を選択し，表示された「小計」ダイアログボックスで[**削除**]ボタンをクリックします．

演習15

「課題」の表から，次のような集計を行いましょう．

1. データベース関数「DSUM」を使って，「食費」「教養・娯楽費」「交通費」「被服費」の合計金額を計算してください．

2. データベース関数「DCOUNT」を使って，金額が5000円以上10000円以下のレコードの数を計算してください．なお，関数の引数の1つであるデータベースフィールドには，データベース全体を意味する数字の「0」を入力します．検索条件の書き方は，DSUMの場合を参考にしてください．5000円以上は「**>=5000**」，10000円以下は「**<=10000**」と表します．

3. 新たなシートを挿入して，そのシートに「課題」のデータを貼り付けた後，小計機能を使って，すべての費目の合計金額を出力してください．

4. 同様にして，日付ごとの合計金額を出力してください．

◆Microsoft Officeの場合

①CSV形式などのテキストファイルは，「テキストファイルウィザード」を使用して読み込みます．使用方法は，Calcと同じく[ファイル]→[開く]からファイルを指定するか，または，メニューバーから[データ]→[外部データの取り込み]→[テキストファイル]を選択し，ファイルを指定します．その後は，「テキストファイルウィザード」に従って，ファイルを読み込みます．

②Excelで小計を用いるときは，グループの基準となる列で，あらかじめ並べ替えを行っておく必要があります．Calcでは，この並べ替え作業が小計の機能に含まれています．

第16章 表集計（2）

　Calcでは，表でまとめられたデータを集計するための機能として，ピボットテーブルが用意されています．このピボットテーブルを使って，アンケート調査の結果，成績データ，商店の売り上げなどを集計すると，効果的にデータを分析できます．本章では，主にピボットテーブルの使い方について演習します．

● 課題　　　　　　　本章では，ピボットテーブルを使用して，次の成績データを集計します．

	A	B	C	D	E	F	G	H
1	名前	科目名	単位数	得点	合否	取得単位数	グレードポイント	グレードポイント×単位数
2	山口太郎	英語	4	82				
3	山口太郎	文学	2	52				
4	山口太郎	哲学	2	71				
5	山口太郎	統計学	2	60				
6	山口太郎	情報処理論	2	78				
7	山田次郎	英語	4	65				
8	山田次郎	哲学	2	69				
9	山田次郎	統計学	2	85				
10	山田次郎	情報処理論	2	54				
11	鈴木三郎	英語	4	79				
12	鈴木三郎	文学	2	67				
13	鈴木三郎	哲学	2	70				
14	鈴木三郎	統計学	2	71				
15	鈴木三郎	情報処理論	2	65				
16	佐藤四郎	英語	4	82				
17	佐藤四郎	文学	2	55				
18	佐藤四郎	哲学	2	69				
19	佐藤四郎	統計学	2	50				
20	佐藤四郎	情報処理論	2	75				
21	田中五郎	英語	4	74				
22	田中五郎	文学	2	92				
23	田中五郎	哲学	2	81				
24	田中五郎	統計学	2	87				

16・1　準備

1　データの準備

　「課題」のデータを入力してください．これは，ある大学の各人の各科目の得点を表にしたものです．

2　関数を用いた計算処理

　各人の各科目について，合否を判定します．ここでは，次のように得点が

60点未満の場合を不合格，60点以上の場合を合格とします．

得点	合否	グレードポイント
90点以上	合格	4
80点以上90点未満	合格	3
70点以上80点未満	合格	2
60点以上70点未満	合格	1
60点未満	不合格	0

合格の場合に1，不合格の場合に0を出力する場合，この計算は，関数「IF」を使用して実行できます．例えば山口太郎さんの英語の合否は，次の式で表すことができます．

```
=IF(D2>=60,1,0)
```

取得単位数は，この合否判定の結果と科目の単位数との積で計算できます．山口太郎さんの英語の取得単位数は，次のようになります．

```
=C2*E2
```

16・2 関数のネスト

1) IF関数による条件分岐

グレードポイントは，先ほどの表のとおり5種類の条件によってそれぞれ値が異なっています．このような場合も関数「IF」で計算することができますが，条件が多いので複雑になります．グレードポイントの決定方法を図で表すと次のようになります．

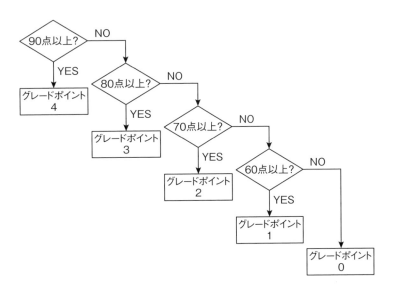

これを「IF」で表現すると次のようになります．
```
=IF(D2>=90,4,IF(D2>=80,3,IF(D2>=70,2,
IF(D2>=60,1,0))))
```
この数式では，得点が90点以上の場合は4，それ以外の場合は「IF」でさらに条件分岐するために，関数の引数として関数が使われています．これを**関数のネスト**（入れ子）と呼びます．

最後に，「グレードポイント×単位数」を計算します．山口太郎さんの英語の「グレードポイント×単位数」は，次のようになります．
```
=C2*G2
```

16・3　ピボットテーブル

ピボットテーブルは，データ集計に役立つ大変便利な機能です．ピボットテーブルでは，各人の得点の合計といった単純な集計だけでなく，各人の各年度ごとの合計点といったクロス集計を行うこともできます．

1　ピボットテーブルの作成

「課題」の表の成績データを集計します．まず，各人の各科目ごとの得点の状況をピボットテーブルを使って集計します．ピボットテーブルを使った集計は，次のように行います．

手順 ➡

➡ なお，ここでは明示的に範囲を選択しましたが，「A1:H24」に存在するどれか1つのセルをアクティブにしておけば，Calcが自動的にセル範囲を認識してくれます．

❶ 集計したいデータが格納されているセル範囲を指定します．ここでは，列ラベルも含めた「A1:H24」までのセル範囲を指定します．
❷ メニューバーから［**データ**］→［**ピボットテーブル**］→［**作成**］を選択します．
❸ 「ソースの選択」ダイアログボックスが表示されるので，［**OK**］ボタンをクリックします．

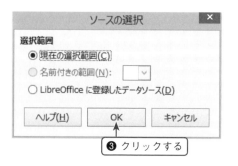
❸ クリックする

❹ 「ピボットテーブルのレイアウト」ダイアログボックスが表示されるので，集計する対象を指定します．右側に表示されている「名前」「科目名」「単位数」などの列ラベルを，［**行フィールド**］［**列フィールド**］［**データ**

フィールド]の各フィールドへマウスでドラッグすることで集計対象が指定できます．今回のように各人の各科目ごとの得点を調べる場合は，「名前」を[**行フィールド**]，「科目名」を[**列フィールド**]，「得点」を[**データフィールド**]へ移動します．

❺[**ソースと結果貼り付け先**]の[+]ボタンをクリックすると[**結果貼り付け先**]が表示されるので，ピボットテーブルを同じシートに出力するときは[**選択範囲**]で出力するセル（ここでは「A26」セル）を指定します．最後に[**OK**]ボタンをクリックします．

➡「ピボットテーブルのレイアウト」ダイアログボックスの[列フィールド]に最初からある「データ」は，[データフィールド]に複数の項目がある場合，これを列方向に展開して表示することを意味します．「データ」は[行フィールド]へも移動でき，この場合は行方向に展開して表示されます．

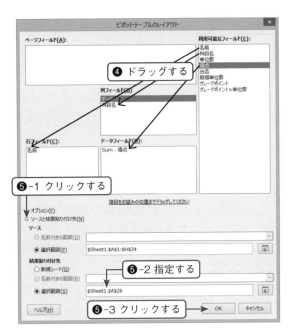

2 ピボットテーブルの編集

ピボットテーブルを編集する手順は，次のとおりです．

手順 ➡

❶出力されたピボットテーブルの内部で右クリックします．

❷次のようにメニューが表示されるので，その中から[**レイアウトの編集**]を選択します．

❸再度「ピボットテーブルのレイアウト」ダイアログボックスが表示され

るので，ここで編集を行います．
ここでは，合計得点の大きい順にデータを並べ替えます．

手順

❶「ピボットテーブルのレイアウト」ダイアログボックスにおいて，[**行フィールド**]にある「名前」をダブルクリックします．

❷「データフィールド」ダイアログボックスが表示されるので[**オプション**]ボタンをクリックします．

❸「データフィールドのオプション」ダイアログボックスが表示されるので，[**並べ替え基準**]で「Sum - 得点」，「降順」を選択します．その後，[OK]ボタンをクリックします．

❹「データフィールド」，「ピボットテーブルのレイアウト」と順にダイアログボックスが戻るので，ともに[OK]ボタンをクリックします．

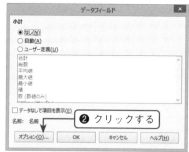

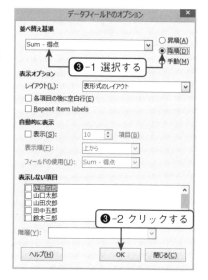

演習16

「課題」の表から，ピボットテーブルを用いて次のような集計を行いましょう．

1. 各人の取得単位数を単純集計しましょう．また，取得単位数の合計の多い順にデータを並べ替えてください．このとき，本章で作成した表と重ならないよう出力場所を変更してください．

2. 各人の各科目ごとに，履修した単位数（単位数）と「グレードポイント×単位数」を集計して，その結果を使ってグレードポイントアベレージ（GPA）を求めてください．集計時は，「ピボットテーブルのレイアウト」ダイアログボックスで，「名前」を行フィールド，「科目名」を列フィールドに移動します．このとき列フィールドに最初からある「データ」は行フィールドに移動してください．そして，「グレードポイント×単位数」と「単位数」をデータフィールドに移動してください．こうして作成したピボットテーブルの横に，次のようにGPAの値を出力するための列（列ラベル「GPA」）を作成します．

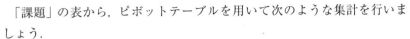

GPAは以下の計算式で求めてください．

$$GPA = \frac{(グレードポイント×単位数)の合計}{(履修した単位数)の合計}$$

「グレードポイント×単位数」の合計と履修した「単位数」の合計は，ともにピボットテーブルに出力されているので，そのセル番地を参照してください．なお，GPAの値は，関数「ROUNDDOWN」を使用して小数点第3位以下を切り捨てます．「ROUNDDOWN」関数の使い方は，関数ウィザードにおいて「ヘルプ」を参照してください．

◆Microsoft Officeの場合

Excelでは，出力されたピボットテーブルにおいて，フィールド名が表示されたセルの右側のボタンをクリックするとメニューが表示されるので，ここから並べ替えなど様々な編集ができます．

第17章 表集計（3）

Calcには便利な関数が色々と用意されていますが，その中の1つに，表の中から指定された値を探し対応する値を出力する「VLOOKUP」と呼ばれる関数があります．本章ではVLOOKUP関数の使い方を中心に，アンケート調査の結果などを集計するためのいくつかの方法を演習します．

◎課題

本章では，「VLOOKUP」関数やピボットテーブルを使用して，アンケート調査結果の集計をします．

	A	B	C	D	E	F	G	H	I	J	K	L	M	N	O	P
1	番号	性別	年齢	年齢区分	出身県	地域名1	地域名2	q1	q2		記号	性別		都道府県	地域名1	地域名2
2	f001		21		岡山			1	3		f	女性		北海道	北海道	東日本
3	f002		35		秋田			3	2		m	男性		青森	東北	東日本
4	f003		42		滋賀			1	3					岩手	東北	東日本
5	f004		54		埼玉			2	3					宮城	東北	東日本
6	f005		32		鳥取			3	3					秋田	東北	東日本
7	f006		38		沖縄			2	1		年齢	年齢区分		山形	東北	東日本
8	f007		45		千葉			2	3		20	20歳以上30歳未満		福島	東北	東日本
9	f008		65		北海道			1	1		30	30歳以上40歳未満		茨城	関東	東日本
10	f009		56		富山			2	2		40	40歳以上50歳未満		栃木	関東	東日本
11	f010		27		広島			3	3		50	50歳以上60歳未満		群馬	関東	東日本
12	f011		63		岩手			2	3		60	60歳以上		埼玉	関東	東日本
13	f012		48		福井			2	3					千葉	関東	東日本
14	f013		25		愛媛			1	2					東京	関東	東日本
15	f014		59		群馬			2	2					神奈川	関東	東日本
16	f015		66		福岡			1	3					新潟	中部	東日本
17	m001		68		大阪			2	3					富山	中部	東日本
18	m002		41		長野			2	2					石川	中部	東日本
19	m003		47		福島			1	2					福井	中部	東日本
20	m004		65		宮崎			2	1					山梨	中部	東日本
21	m005		28		新潟			3	3					長野	中部	東日本
22	m006		33		愛媛			2	2					岐阜	中部	東日本
23	m007		51		三重			2	2					静岡	中部	東日本
24	m008		22		兵庫			2	3					愛知	中部	東日本
25	m009		31		東京			2	2					三重	近畿	西日本
26	m010		46		山形			1	2					滋賀	近畿	西日本
27	m011		35		愛知			3	2					京都	近畿	西日本
28	m012		67		岐阜			3	2					大阪	近畿	西日本
29	m013		32		高知			2	3					兵庫	近畿	西日本
30	m014		51					1	2					奈良	近畿	西日本
31	m015		24		山口			3	3					和歌山	近畿	西日本
32														鳥取	中国	西日本
33														島根	中国	西日本
34					好き	どちらでもない	嫌い							岡山	中国	西日本
35	q1	商品A	3		2		1							広島	中国	西日本
36	q2	商品B	3		2		1							山口	中国	西日本
37														徳島	四国	西日本
38														香川	四国	西日本
39														愛媛	四国	西日本
40														高知	四国	西日本
41														福岡	九州	西日本
42														佐賀	九州	西日本
43														長崎	九州	西日本
44														熊本	九州	西日本
45														大分	九州	西日本
46														宮崎	九州	西日本
47														鹿児島	九州	西日本
48														沖縄	九州	西日本

17・1 準備

「課題」の表を入力してください．都道府県名や地域名については，第10章で使ったものを利用できます．なお，このデータは，ある商品Aと商品Bの好みについて，アンケート調査を行った結果を想定したものです．

17・2 文字列の操作

Calcには，文字列を操作するための関数がいくつか用意されています．

セルに格納された文字列について，最初の文字から指定した数の文字を取り出したいときは，関数「LEFT」を使用して次のように記述します．

```
=LEFT ( セル番地 , 文字数 )
```

「課題」の表では，「番号」の最初に「f」または「m」の文字がありますが，これは性別を表しています．そのため，例えば，2行目のデータが男性のものか女性のものかを調べる場合は，次のように記述して，「A2」セルに格納されている番号から最初の1文字を取り出します．

```
=LEFT(A2,1)
```

文字列を取り出す関数にはほかにも，任意の位置から取り出す「MID」関数や，末尾から取り出す「RIGHT」関数などもあります．これらの文字列関数と次に説明する「VLOOKUP」関数を一緒に使用すると，効果的な処理を行うことが可能になります．

17・3 VLOOKUP関数

基本的な使い方

「VLOOKUP」関数は，検索する値に応じて参照する表の中から必要とする情報を取り出す関数で，表計算ソフトの中でよく使われる関数の1つです．使用方法は次のとおりです．

```
=VLOOKUP ( 検索値 , 範囲 , 列番号 , 検索方法 )
```

➡ LibreOfficeでは「VLOOKUP」関数の引数として，それぞれ「検索基準」「配列」「インデックス」「データ順序」という語が使用されていますが，ここではわかりづらいのでExcelでの用語を使用しています．

「検索値」（検索基準）には検索したい値，「範囲」（配列）には参照する表，「列番号」（インデックス）には参照する表の何番目の列から値を取り出すかを指定します．

例えば，参照する表（範囲）が次のとおりに与えられており，検索値が「f」のときは「女性」，「m」のときは「男性」という文字列を取得したいとします．「VLOOKUP」関数は，参照する表の1列目（検索列）に格納されている値と検索値を比較して，検索列で一致したセルと同じ行に存在する，列番号で指定された列の値を取得します．この例では，列番号を「2」とすると，検索値が「f」の場合「女性」が，「m」の場合「男性」が出力されます．

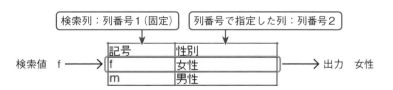

最後の引数「検索方法」(データ順序)については，次の2種類のいずれかを設定できます．

1 一致する値だけ検索

上の例で，検索値が「f」や「m」と完全に一致する場合だけ値を取り出したいときは，検索方法に「0」を指定します．このときは，「f001」などの文字列が入力されても「女性」は出力されません．通常は「0」を指定したほうが，間違った検索をする可能性が低くなり安全です．

課題の表で，「番号」の最初の文字によって，「女性」または「男性」の文字列を出力するには以下のようにします．

手順 ➡

❶「B2」セルをアクティブにします．
❷関数ウィザードを用いて「VLOOKUP」関数を選択し，引数を次のように設定します．

```
=VLOOKUP(LEFT(A2,1),$K$2:$L$3,2,0)
```

「検索値」(検索基準)として，「LEFT」関数で「A2」セルに格納されている番号の最初の文字を切り出したものを指定しています．また，「範囲」(行列)に入力されているセル範囲は，数式をコピーしたときに参照先がずれないように，絶対参照にしていることに注目してください．「列番号」(インデックス)には2,「検索方法」(並べ替え)は0が指定されています．

❸「B2」セルの数式を，オートフィルを使って「B3:B31」セルにコピーします．

同様に「VLOOKUP」関数を用いて，「出身県」に応じた「地域名1」と「地域名2」が表示されるように，数式をセル範囲「F2:G31」に入力してください．

2 一致しない場合近い値を検索

前章で行ったように，あるデータ区間にラベル(例えば80点以上90点未

満に3（優），70点以上80点未満に2（良）など）を付けるには，関数「IF」を利用することができました．「IF」は，条件が真か偽かに応じて2種類の出力を行う関数ですが，「IF」関数の引数の中に「IF」関数を使うこと（関数のネスト）で，条件を複数設定することが可能です．

「VLOOKUP」関数では，これとほぼ同じ処理がより簡単に行えます．例えば，年齢を検索値として，それに応じた年齢区分を取得したい場合を考えます．このとき，あらかじ

年齢	年齢区分
20	20歳以上30歳未満
30	30歳以上40歳未満
40	40歳以上50歳未満
50	50歳以上60歳未満
60	60歳以上

め右のような表を作成しておけば，これを参照して対象となる年齢がどの区分に属するかを調べられます．

この場合は，「VLOOKUP」の検索方法に「1」を指定します．すると，検索値と1列目の値が一致しないとき，検索値未満で最大のものが選ばれるようになります．

例えば，上の例で「35」が入力されたとき，これに一致する値は1列目にありませんが，その値未満で最大である30が検索結果とみなされます．したがって，列番号に「2」を指定しておけば，対応する「30歳以上40歳未満」の文字列が出力されます．ただし検索の型を1にする場合は，参照する表の最初の列の値が昇順になるように並べ替えを行っておく必要があります．

それでは以上を踏まえて，「課題」の表に「VLOOKUP」関数を用いて年齢区分の結果を出力しましょう．

② セルが空白の場合の処理

「課題」では，番号「m014」の出身県が空白になっています．そのため，「地域名1」と「地域名2」を出力したときに，この行ではエラーが表示されます．

高知	四国	西日本
	#N/A	#N/A
山口	中国	西日本

このような場合，「IF」関数を利用すると，セルが空白の場合でも，エラー表示ではなく任意の値を出力できます．例えば「F2」セルにおいて，検索値「E2」が空白のときに「999」と表示するには，次の式を指定します．

```
=IF(ISBLANK(E2),999,VLOOKUP(E2,
$N$2:$P$48,2,0))
```

「ISBLANK」関数は，セルが空白のとき真，それ以外は偽となる関数です．よって，この式はセル「E2」が空白のとき「999」を出力し，それ以外のときは「VLOOKUP」関数を実行します．

高知	四国	西日本
	999	999
山口	中国	西日本

17・4 クロス集計

　ここで前章の復習として，クロス集計の手順も確認しておきましょう．表計算ソフトで大量のデータを扱う場合は，「課題」のように1行目に列見出しを付け，その列のデータの中身を明示しておくのが一般的です．この場合，1つの列のデータは，列見出しに従って，文字列，数値，日付といった同じ属性を持ちます．

　このようなデータにおいて，1つの列に対する集計（単純集計）ではなく，2つ以上の列データを関連させながら同時に集計したものをクロス集計といいます．例えば，「女性」または「男性」という2つの値のいずれかが入る「性別」という列と，「1」「2」「3」のいずれかの数値が入る「q1」という列がある場合．これをクロスさせると，（女性，3），（女性，2），（女性，1），（男性，3），（男性，2），（男性，1）と6つの組み合わせができます．クロス集計では，これらの組み合わせについて，それぞれ集計を行います．この集計は，ピボットテーブルを用いて以下のように行います．

手順

❶ セル範囲「A1:I31」を指定します．

❷ 前章と同じ手順で，「ピボットテーブルのレイアウト」ダイアログボックスを表示させます．「性別」を[**行フィールド**]，「q1」を[**列フィールド**]，「q1」を[**データフィールド**]へ移動します．また，データフィールドの集計方法を，値の合計ではなく登場した個数にしたいので，「Sum-q1」をダブルクリックします．

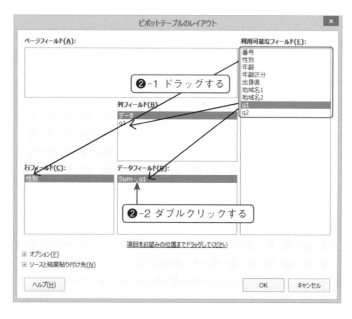

❸「データフィールド」ダイアログボックスが表示されるので，[**計算方法**]

を「総数」に変更して［OK］ボタンをクリックします．

❹「ピボットテーブルのレイアウト」ダイアログボックスにおいて,「Sum-q1」が「Count-q1」に変更されたのを確認して,最後に［OK］ボタンをクリックします．前章とは違い出力先を指定しなかったので,新規のワークシートが挿入され,集計結果のピボットテーブルが表示されます．

総数 - q1	データ			
性別	1	2	3	合計 結果
女性	5	7	3	15
男性	3	8	4	15
合計 結果	8	15	7	30

演習17

1. q2の集計を本文と同様の方法で行ってください．

2. q1の集計を,地域名2の「東日本」「西日本」について行ってください．同様にq2についても集計してください．

3. q1の集計を,年齢区分,性別の組み合わせで行ってください（次のようなピボットテーブルを作成します）．同様にq2についても集計してください．

総数 - q1		データ			
年齢区分	性別	1	2	3	合計 結果
20歳以上30歳未満	女性	2		1	3
	男性		1	2	3
30歳以上40歳未満	女性		1	2	3
	男性		3	1	4
40歳以上50歳未満	女性	1	2		3
	男性	2	1		3
50歳以上60歳未満	女性		3		3
	男性	1	1		2
60歳以上	女性	2	1		3
	男性		2	1	3
合計 結果		8	15	7	30

◆Microsoft Officeの場合

今回の内容は,ほとんどExcelでも当てはまります．

第18章 表計算ソフトによるプログラミング（1）

　Calcでは，LibreOffice Basicと呼ばれるプログラミング言語が利用できます．第18章から第22章では，プログラムを通じてアルゴリズムという考え方を身に付けます．「プログラムを書く」というと何かコンピュータを使った複雑な作業と考えがちですが，そこで行っていることは「アルゴリズムの理解と記述」です．アルゴリズムは「条件分岐」「繰り返し」「処理」という3つの操作を用いて，課題を解くための手続きを記述するものです．

　これは人間が普段行っていることとあまり違いがありません．例えば，「明日，大学に行くこと」について検討するときは，「雨が降っている」「寒い」「予習をしている」などの条件を組み合わせて考えているはずです．「もし雨が降ったら電車で通学する」とか，「予習をしていないのに当てられたら嫌だから大学に行かない」など，我々は条件分岐をもとにして「日本語で」考えています．このような過程で使用する言語が「コンピュータ用の言語」になると，それがプログラミングと呼ばれます．

● 課題　　　　本章では，LibreOffice Basicの学習を通じて，プログラムの基礎的な文法や決まりごとを習得していきます．

18・1　プログラムの作成

1 プログラムの編集

　LibreOffice Basicでプログラムを作成するときは，専用のエディタを使用します．まずは，このエディタを起動してみましょう．

手順 ➡　❶メニューバーから［ツール］→［マクロ］→［マクロの管理］→［LibreOffice Basic］を選択します．

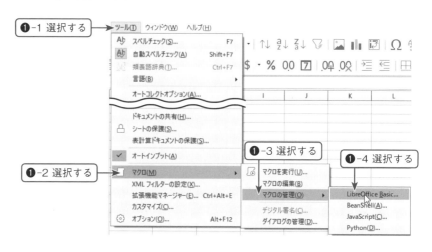

❷「LibreOffice Basic マクロ」ダイアログボックスで，[**マクロの記録先**]から「マイマクロ」→「Standard」→「Module1」を開き，「Main」を選択して[**編集**]ボタンをクリックします．

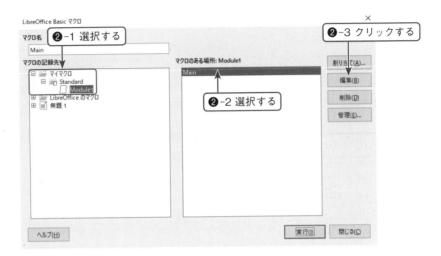

❸マクロ用のエディタが起動するので，Module1にプログラムを入力していきます．プログラムを入力するときは，特に日本語の入力が必要なとき以外，常に日本語入力システムをオフにして半角英数モードにしておいてください．

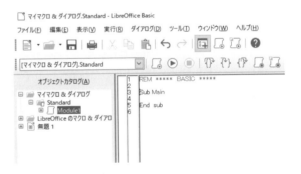

最初に，画面に文字列を表示するプログラムを入力します．**Main**はプログラムの名前を意味しているので，これを**no18_1**と変更して，次のように入力します．

```
sub no18_1
    msgbox "Hello World"
end sub
```

LibreOffice Basicでは，**Sub**や**End**，**Msgbox**など，プログラムの命令は基本的に大文字でも小文字でも大丈夫です．本書では入力を簡単にするため，すべて小文字で表します．

ツールバーの [実行] ボタン ▶ をクリックしてこのプログラムを実行すると，画面上に「Hello World」という文字列が表示された小さなウィンドウ（メッセージボックス）が現れます．[OK] ボタンをクリックするとプログラムは終了します．

　msgbox がウィンドウを表示する命令で，この中に表示する文字列は，プログラム上の命令と区別するために「"　"」で囲まれます．また，**msgbox** の前に空白がありますが，これはプログラムの構造を理解しやすくする目的で入れるものです．通常，空白を入れるときは [スペース] キーを使用しますが，このようにプログラムの行頭に空白を入れるときはすべて [Tab] キーを利用しましょう．

② プログラムの実行

　先ほど説明したように，プログラムを実行するときは，ツールバーの [実行] ボタン ▶ をクリックします．このとき，カーソルを実行したいプログラムの「**Sub ～ End Sub**」内部に置いてください．カーソルがある箇所のプログラムが実行されます．

　プログラムを実行途中で終了するときは，ツールバーの [停止] ボタン ■ をクリックします．

③ プログラムの修正

　例えば，「**msgbox**」を「**magbox**」と間違えた状態で先ほどのプログラムを実行すると，メッセージが表示され，間違えた部分を知らせてくれます．この場合は，[OK] ボタンを押して，青く反転されている箇所を修正してください．

④ プログラムの保存

　プログラムをファイルに保存するときは，ツールバーの [BASICの保存] ボタン 💾 をクリックします．「名前を付けて保存」ダイアログボックスが表示されるので，保存場所を指定してファイル名を付けて保存します．ファイルの拡張子は「.bas」となります．

5 プログラムの読み込み

保存したLibreOffice Basicのプログラムを読み込むときは，先の「①プログラムの編集」で説明した方法でエディタを開いて，ツールバーの［BASICソーステキストの挿入］ボタン 📂 をクリックします．「開く」ダイアログボックスが表示されるので，ここでプログラムのファイルを指定して読み込みます．

18・2 変数

プログラムでは数値や文字などのデータを扱うので，コンピュータ側にデータを格納するための記憶領域が必要となります．これを**変数**と呼びます．つまり，変数は数値や文字を格納する箱のようなもので，その意味ではCalcで取り扱うセルと似ています．

→ 変数宣言が必須ではないプログラミング言語もあります．LibreOffice Basicもその1つです．

多くのプログラム言語では，変数を使うにはあらかじめ変数を宣言しておく必要があり，そのときに変数の型（格納できるデータの種類）も指定するのが一般的です．

1 変数の宣言

→ 浮動小数点は数の表現方法の1つで，コンピュータで実数を扱うとき用いられます．実数を符号部，小数部，指数部の3つで表す方式であり．例えば367.5という数は，$(-1)^0 \times 0.3675 \times 10^3$の3つのパートで表します（指数部分は10ではなく2が用いられることもあります）．指数部を調節することで，非常に大きな数から小さな数まで表現可能で，扱える実数の範囲が大きいというメリットがあります．

変数の型には，基本的なものとして，整数型，浮動小数点型，文字型の3つがあります．例えば整数型の変数は次のように宣言します．

```
dim   x   as   integer
```

`dim`は変数や後述する配列を宣言するための命令で，ここでは，変数`x`を整数型として宣言しています．浮動小数点型は

```
dim   x   as   double
```

文字型は

```
dim   x   as   string
```

となります．`x`は変数名です．変数名は一定の条件のもとで自由に付けることができるので，`y`でも`z`でも`xy`でもかまいません．変数名の長さは255文字以内で，変数名には英数字と_（アンダースコア）が使用できます．ただし，変数名の先頭はアルファベットから始めてください．

2 変数を用いたプログラム

次のプログラムは文字型変数を使った例です．このプログラムは，先ほどの「`sub no18_1 ～ end sub`」で，`end sub`の右側で Enter キーを押して改行して，その下側に入力してください．

```
sub no18_2
    dim x as string
    x = "Hello World"
    msgbox x
end sub
```

1 代入演算子「=」

「=」は代入演算子と呼ばれ，右辺の値を左辺に代入する役割を持ちます．ここでは，右辺の「**Hello World**」という文字列を左辺の変数**x**に代入しています．**msgbox**にはこの変数**x**が指定されており，これは**msgbox "Hello World"**と指定するのと同じ意味になるため，実行結果は先ほどとまったく同じになります．

変数は，以下のように1つのプログラムで複数利用できます．

```
sub no18_3
    dim x as string
    dim y as string
    x = "My name is "
    y = "Taro Yamaguchi"
    msgbox x & y
end sub
```

実行結果は右のようになります．

複数の変数を宣言する場合は，上記のように改行して**dim**を複数用いてもよいですが，次のように1つの**dim**内に複数の変数を「**,**」で区切って記述してもかまいません．ただし，変数名は重複しないようにしてください．

```
dim x as string, y as string
```

2 文字列演算子「&」

「**&**」は文字列を結合する文字列演算子で，前後にスペースを入れて使用します．このように演算子とは演算の種類を表す記号で，代入演算子，文字列演算子以外にも，算術演算子，比較演算子などがあります．

18・3 算術演算

プログラムでは，変数に格納された値に対して算術演算ができます．次は，整数型変数に格納された値に対して四則演算を行うプログラムです．

```
sub no18_4
    dim x as integer, y as integer
    x = 20
    y = 10
    msgbox x & "+" & y & "=" & x + y
    msgbox x & "-" & y & "=" & x - y
    msgbox x & "*" & y & "=" & x * y
    msgbox x & "/" & y & "=" & x / y
end sub
```

このコードを実行すると，次のメッセージボックスが1つずつ順番に表示されます．

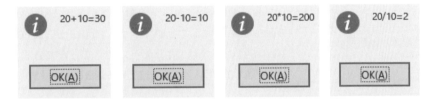

「+」などは算術演算子です．LibreOffice Basicにおける算術演算子には次のようなものがあります．なお，第8章と同様に，プログラム内の演算子にも計算のときの優先順位があるので注意してください．

演算子	例	意味	優先順位
+	x + y	xとyを加算する	5
-	x - y	xをyで減算する	5
*	x * y	xとyを乗算する	2
/	x / y	xをyで除算する	2
¥	x ¥ y	xをyで除算して商を求める	3
mod	x mod y	xをyで除算して余りを求める	4
^	x ^ y	xをy乗する	1

18・4 配列

配列は，同じデータ型（整数型，浮動小数点型，文字型など）を持つ変数をまとめて扱う場合に使用します．変数がデータを格納する1つの箱だと

すれば，配列は複数の箱をひとまとめにした変数です．100人のデータを取り扱うときに100個の変数を宣言するのは苦労しますが，配列を使えば1つの変数名と箱の数（要素数）を宣言するだけですみます．

配列を用いたプログラムを以下に示します．

```
sub no18_5
    dim x(2) as integer, goukei as integer
    x(0) = 40
    x(1) = 30
    x(2) = 70
    goukei = x(0) + x(1) + x(2)
    msgbox "合計点= " & goukei
end sub
```

実行結果は右のようになります．

合計点= 140

OK(A)

最初の宣言の部分にある`x(2)`は，`x`が整数型のデータを3個格納する配列であることを示しており，この配列の要素はそれぞれ，`x(0)`, `x(1)`, `x(2)`で参照できます．

なお，通常1行には1つの命令しか書けませんが，「`:`」で区切ると，複数の命令を記述することができます．no18_5の`x(0) = 40`から`x(2) = 70`の3行の部分は，次のように書くことができます．

```
x(0) = 40: x(1) = 30: x(2) = 70
```

→ プログラミング言語によっては，例えばx(2)と宣言した場合，宣言の数の部分が要素の数を表すことがあります．この場合は，x(0), x(1)（言語によってはx(1), x(2)）の2つの要素が参照されます．

演習18

次のプログラムを作成してみましょう．

1. no18_5のプログラムを利用して，各得点の2乗を合計（2乗和）するプログラムを作成してみましょう．

2. no18_5のプログラムを利用して，平均値を計算するプログラムを作成してみましょう．
   ヒント：平均値を格納する変数を新たに用意しましょう．
   ```
   dim heikin as double
   ```
   今回はデータ数が3なので，平均値を計算するときは合計を3で割ります．平均値は小数になる場合がほとんどなので，それを格納する変数は浮動小数点型にします．平均値を計算する命令は
   ```
   heikin = (x(0) + x(1) + x(2)) / 3
   ```
   となります．

3．第13章では分散の定義式を

$$s_x = \frac{1}{N}\sum_{i=1}^{N}(x_i-\overline{x})^2$$

すなわち，偏差の2乗の平均値で表しましたが，この式を変形すると，

$$s_x = \frac{1}{N}\sum_{i=1}^{N}(x_i-\overline{x})^2 = \frac{1}{N}\sum_{i=1}^{N}x_i^2 - \frac{2\overline{x}}{N}\sum_{i=1}^{N}x_i + \overline{x}^2 = \frac{1}{N}\sum_{i=1}^{N}x_i^2 - \overline{x}^2$$

となるので，得点の2乗の平均値から得点の平均値の2乗を減算すると分散を算出できることがわかります．これと1，2で作成したプログラムを利用して，分散を計算するプログラムを作成してみましょう．

ヒント：得点の2乗の平均値を格納する変数を新たに用意しましょう．

```
dim z as double
```

2乗の和を求めるプログラムは1で作成しているので，それを3で割ったものを2乗の平均値としてzに代入します．最後に

```
msgbox "分散= " & z - heikin ^ 2
```

として分散の値を表示します．

◆Microsoft Officeの場合

Microsoft Officeでは，VBA（Visual Basic for Application）というプログラミング言語が利用できます．今回の内容においては命令や文法はほとんど同じで，今回作成したプログラムは，ほぼそのままVBAでも動作します．なおExcelでVBAを使うためには，以下の手順で「開発」タブを有効にしてください．

❶［ファイル］タブ→［オプション］をクリックします．
❷「Excelのオプション」ダイアログボックスが表示されるので，左側にある「リボンのユーザー設定」をクリックします．
❸［リボンのユーザー設定］で「メインタブ」を選択し，その下のリストにある「開発」にチェックを入れます．

第19章 表計算ソフトによるプログラミング(2)

　この章では，アルゴリズムで使用される「繰り返し処理」について理解を深めます．繰り返し処理を用いることで，多くの処理を簡潔に表現することが可能になります．

●課題　　本章では，プログラムにおける繰り返し処理の使用方法を演習します．

19・1　繰り返し処理

　前章のプログラムでは，命令が1行ずつ上から下へと処理されました．しかし，実行する命令を上から順番にすべて記入する方法では，プログラムを簡潔に表現することは困難です．そのため，通常，プログラミング言語には処理の流れを変える命令がいくつか用意されています．これを制御命令といい，その中の1つが繰り返し処理です．

➡このような繰り返しのことを「ループ」と呼ぶことがあります．

　繰り返し処理とは，ある条件が満たされるまで指定された処理を反復しつづけることを指します．LibreOffice Basicでは，この繰り返し処理の命令として，for文やdo while文などを使うことができます．

1　for文

　for文は，指定された回数だけ処理を繰り返す命令で，以下のように記述します．

```
for i = m to n step q
    処理
next i
```

　このように記述すると，変数**i**は**処理**が終わるたびに**m**から**q**ずつ変化し，最終的に**m**が**n**になるまで**処理**が繰り返されます．なお，**m**を1ずつ変化させる場合は，**step q**は省略できます．また，**next**の次にある変数名も省略できます．ただしその場合は，それぞれの**next**がどの**for**と対応付けられているかをきちんと把握しておいてください．

　次に，このfor〜next文を使って，簡単なプログラムを作成してみます．プログラムの入力時は，日本語の「**合計点**」以外の箇所はすべて日本語入力システムをオフにして半角英数で入力してください（文字列を囲む「"」が全角文字にならないよう注意してください）．

➡ プログラム中の1行の長さが大きくなり、横に長すぎて読みづらいときは、このように「_」（アンダースコア）を行末に入れると、命令の途中で改行することができます。

```
sub no19_1
    dim x(2) as integer, goukei as integer,_
    i as integer
    x(0) = 40: x(1) = 30: x(2) = 70
    goukei = 0
    for i = 0 to 2
        goukei = goukei + x(i)
    next i
    msgbox "合計点= " & goukei
end sub
```

このプログラムでは、for文を使用して3回繰り返し処理を行っていますが、まず、for文に入る前に、`goukei = 0`により`goukei`に0を代入して初期化しています。これを行う理由は、変数宣言しただけで値を入れられていない変数の値は不定だからです。このため、`goukei`が初期化されていない場合、for文の中にある`goukei = goukei + x(i)`の右辺の`goukei`の値は不定であり、プログラム中でこの不定の値を参照してしまいます。

それではfor文の中を見てみましょう。1回目の処理に入ったときは`i = 0`であり、`goukei = goukei + x(0)`が実行されます。このとき、変数`goukei`には0が代入されているので、右辺の値は`0+x(0)`となり、これが左辺の`goukei`に代入されます。

2回目の処理では、`i`の値が1つ増えているので`i = 1`となり、`goukei = goukei + x(1)`が実行されます。このとき`goukei`には1回目の処理で`x(0)`が代入されているので、右辺の値は`x(0)+x(1)`となり、これが左辺の`goukei`に代入されます。3回目の処理が終わったときには、`goukei`は`x(0)+x(1)+x(2)`となるので、最後にこれを`msgbox`で表示しています。

2 do while文

do while文は、ある条件式が満たされるまで処理を繰り返す命令で、次のように記述します。

```
do while 条件式
    処理
loop
```

do while文では、条件式が真である間、処理を繰り返します。do while文を使って、先ほどのプログラムを書きなおすと次のようになります。

```
sub no19_2
    dim x(2) as integer, goukei as integer,_
    i as integer
    x(0) = 40: x(1) = 30: x(2) = 70
    goukei = 0
    i = 0  ……①
    do while i <= 2  ……③
        goukei = goukei + x(i)
        i = i + 1  ……②
    loop
    msgbox "合計点= " & goukei
end sub
```

先ほどのfor文を使ったプログラムとは,次の点が違います.

①繰り返し処理とは独立に`i = 0`として`i`の初期値を設定している点

②繰り返し処理中,`i = i + 1`によって自分で`i`を1ずつ増加させている点

③繰り返しの実行条件を条件式によって決める点

このような違いがあるのは,do while文では,for文のように指定された回数繰り返しを行うわけではなく,条件式の真偽に従って繰り返しの実行／終了を決定するためです.そのため,do while文の条件式が不適切な場合,処理が無限に繰り返されてプログラムが終了しなくなる場合があるので,条件式を記述するときは注意が必要です.ここでは,0で初期化された変数`i`が,繰り返しごとに1ずつ増加していきますが,条件式として`i <= 2`が与えられているため,`i`が2を超えた場合に繰り返しが終了します.

この条件式の中で使われている「<=」は**比較演算子**といい,左辺が右辺以下の場合に真を返す演算子です.比較演算子には,ほかにも次のようなものがあります.

演算子	例	意味
=	i = 2	iは2と等しい
<>	i <> 2	iは2と等しくない
<	i < 2	iは2より小さい
>	i > 2	iは2より大きい
<=	i <= 2	iは2以下
>=	i >= 2	iは2以上

19・2 2次元配列

2次元配列は,2つの要素番号でデータを指定する配列です.「複数の教

科の複数の学生による得点」といったデータをプログラムで利用するときなどに，2次元配列を使うと便利です．例えば，次のような3教科の得点データが存在するとします．

学籍番号	1	2	3
国語	40	50	30
数学	30	60	65
英語	70	55	90

このようなときは，次の2次元配列を宣言します．

```
dim x(2,2) as integer
```

この配列の各要素に値を代入するときは，次のように記述します．

```
x(0,0) = 40: x(1,0) = 50: x(2,0) = 30
x(0,1) = 30: x(1,1) = 60: x(2,1) = 65
x(0,2) = 70: x(1,2) = 55: x(2,2) = 90
```

この配列の要素を`x(i, j)`と表現した場合，`i`が学生の番号，`j`が教科の種類を表すことになります．

19・3 2重ループ

それでは，上記のデータを使って，各学籍番号の学生ごとの合計点を求めるプログラムを作成してみましょう．

```
sub no19_3
    dim x(2,2) as integer, j as integer
    dim goukei1 as integer, goukei2 as integer,_
    goukei3 as integer
    x(0,0) = 40: x(1,0) = 50: x(2,0) = 30
    x(0,1) = 30: x(1,1) = 60: x(2,1) = 65
    x(0,2) = 70: x(1,2) = 55: x(2,2) = 90
    goukei1 = 0: goukei2 = 0: goukei3 = 0
    for j = 0 to 2
        goukei1 = goukei1 + x(0, j)
        goukei2 = goukei2 + x(1, j)
        goukei3 = goukei3 + x(2, j)
    next j
    msgbox "1番の合計点=" & goukei1
    msgbox "2番の合計点=" & goukei2
    msgbox "3番の合計点=" & goukei3
end sub
```

`goukei1`に1番の合計点を格納するようにし，for文を利用して

$$\text{goukei1} = \text{x}(0, 0) + \text{x}(0, 1) + \text{x}(0, 2)$$

を計算しています．2番，3番も同様の方法で計算しています．最後に`msgbox`で結果を表示します．

ただし，大量の学籍番号を扱わなければいけない場合，このプログラムは冗長になります．このようなときは，繰り返し処理を次のように入れ子構造にすることで，プログラムを簡潔に表現することができます．

```
sub no19_4
    dim x(2,2) as integer, goukei(2) _
    as integer, i as integer, j as integer
    x(0,0) = 40: x(1,0) = 50: x(2,0) = 30
    x(0,1) = 30: x(1,1) = 60: x(2,1) = 65
    x(0,2) = 70: x(1,2) = 55: x(2,2) = 90
    for i = 0 to 2 ………①
        goukei(i) = 0
        for j = 0 to 2 ………②
            goukei(i) = goukei(i) + x(i, j) ………③
        next j
        msgbox i+1 & "番の合計点=" & goukei(i)
    next i
end sub
```

➡ 入れ子の数によって，2重ループから一般の多重ループを考えることができます．

上記のプログラムにはfor文が2つあり，それが入れ子になっているので**2重ループ**と呼ばれます．この2重ループは「①iを変数とする外側のループ」と「②jを変数とする内側のループ」に分けることができます．

最初，外側のループの`i`，内側のループの`j`はともに0なので，1回目に③の命令を実行するときの`x(i, j)`は`x(0, 0)`となります．その後，内側のループにより`j`の値が1ずつ増えるので，`x(i, j)`の値は2回目の③では`x(0, 1)`，3回目の③では`x(0, 2)`となります．その結果，内側のループ3回の実行によってこの箇所では次の計算がなされることになり，「学籍番号1番」のデータ合計が`goukei(0)`に代入されます．

$$\text{goukei(0)} = \text{x}(0, 0) + \text{x}(0, 1) + \text{x}(0, 2)$$

その後内側の`j`のループが終わると，`goukei(0)`が`msgbox`で表示されます．ここまでが外側のループ1回分の処理です．

次に`i`が1増えるので，2回目の外側のループでは，「学籍番号2番」のデータが参照されます．後は先ほどと同様に，「2番」，「3番」の学生のデータ合計を求めて`msgbox`で表示します．

演習19

次のプログラムを作成してみましょう.

1. 前章のno18_5のプログラムを, for文を利用する形にしてから平均値を計算するプログラムに変更してください.

   ヒント:no19_1のプログラムの次の部分を活用してください.

   ```
   goukei=0
   for i = 0 to 2
       goukei = goukei + x(i)
   next i
   ```

   これにより合計が計算できるので, for文終了後に, それをデータ数で割ります. データ数にはfor文で利用した**i**を用います(for文が終了したとき**i**はデータ数と同じ3になっているため).

2. 1のプログラムを利用して, 分散を計算するプログラムを作成してみましょう.

   ヒント:分散は偏差の2乗の平均値として定義されます. そのため, 偏差の2乗 **(x(i) - y) * (x(i) - y)** の和を計算し, それをデータの個数で割るプログラムを考えてください. まずは, 偏差2乗和を格納する変数**goukei2**と分散を格納する変数**z**を浮動小数点型で宣言します.

   ```
   dim goukei as double, z as double
   ```

   変数**y**に平均値が入っている場合, 偏差2乗和は次のように計算できます.

   ```
   gouke2=0
   for i = 0 to 2
       goukei2 = goukei2 + (x(i) - y) ^ 2
   next i
   ```

   後は, **goukei2**を**i**で割って**z**に代入し, **msgbox**で表示してください.

3. no19_4のプログラムを利用して, 各教科の合計点を計算するプログラムを作成してみましょう.

   ヒント:no19_4のプログラムを, ほぼそのまま利用できます. 結果を表示する**msgbox**は, 2重ループ終了後に記述します.

   ```
   msgbox "国語の合計点=" & goukei(0)
   msgbox "数学の合計点=" & goukei(1)
   msgbox "英語の合計点=" & goukei(2)
   ```

   ◆Microsoft Officeの場合

   今回作成したプログラムは, ほぼそのままExcel VBAでも動作します.

第20章 表計算ソフトによるプログラミング(3)

前章に引き続きプログラミングの演習を行います．本章では，条件分岐について説明した後，前章で学習した繰り返し処理と併用してアルゴリズムを記述する方法について理解を深めます．

●課題 本章では，いくつかの制御命令（繰り返し，条件分岐）を組み合わせたプログラムを作成していきます．

20・1 条件分岐

プログラムの処理の流れを変える制御命令には，for文やdo while文などの繰り返し処理のほか，条件によって行う命令を選択する**条件分岐**があります．LibreOffice Basicでは，条件分岐を行う命令として，if文やselect文が用意されています．

1 if文

if文は条件式によって処理を分岐させるための命令で，以下のように記述します．

```
if 条件式 then
    処理
end if
```

この命令は，条件式が真の場合に処理を実行します．これを使って，20以上の値が入力されたときに成人と表示するプログラムを作成してみましょう．

```
sub no20_1
    dim x as integer
    x = inputbox("年齢を入力して下さい")
    if x >= 20 then
        msgbox "成年"
    end if
end sub
```

`inputbox`は，値を入力するためのダイアログボックスを表示する命令です．ここにキーボードから値を入力すると，その値をプログラムの中に取り込むことができます．

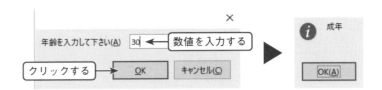

もし，条件式が成り立たない場合（偽の場合）にも何らかの処理を実行したい場合は，次のような構造にします．

```
if 条件式 then
    処理1
else
    処理2
end if
```

このように記述すると，条件式が真の場合に**処理1**を，偽の場合に**処理2**を実行します．先ほどのプログラムに`else`を追加して，20以上の値が入力されたときに「成人」，20未満のときは「未成年」と表示するプログラムを作成してみましょう．

```
sub no20_1
    dim x as integer
    x = inputbox("年齢を入力して下さい")
    if x >= 20 then
        msgbox "成年"
    else
        msgbox "未成年"
    end if
end sub
```

このプログラムのif文の条件を図で表すと次のようになります．黒丸は20を含む，白丸は20を含まないことを意味しています．

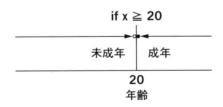

20未満の数値が入力された場合の結果は，以下のようになります．

条件式を複数にして分岐を増やすこともできます．

```
if 条件式1 then
    処理1
elseif   条件式2 then
    処理2
else
    処理3
end if
```

先ほどのプログラムに`elseif`を追加して，20以上の値が入力されたときは「成人」，20未満で0以上のときは「未成年」，0未満のときはエラーメッセージを表示するプログラムを作成してみましょう．

```
sub no20_1
    dim x as integer
    x = inputbox("年齢を入力して下さい")
    if x >= 20 then
        msgbox "成年"
    elseif x >= 0 then
        msgbox "未成年"
    else
        msgbox "年齢の範囲が正しくありません"
    end if
end sub
```

`elseif x >= 0 then`の部分は，「前の条件`x >= 20`を満たしていない」かつ「`x >= 0`」という意味になるので，0以上20未満という条件になります．これを図で表すと次のようになります．

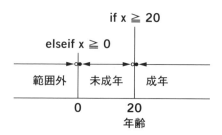

条件をもっと増やしたい場合は，`else`の前にさらに`elseif`を追加します．

2 select文

select文は，変数の値によって条件を分岐させるときに用います．

```
select case 変数
    case 値1
        処理1
    case 値2
        処理2
    case else
        処理3
end select
```

このように記述すると，変数の値が，**値1**に一致する場合は**処理1**を，それ以外で**値2**に一致する場合は**処理2**を，それ以外の場合は**処理3**を実行します．次にselect～case文を使って，簡単なプログラムを作成してみます．

```
sub no20_2
    dim x as integer, y as integer
    x = inputbox("整数を入力して下さい")
    y = x mod 2
    select case y
        case 0
            msgbox "偶数です"
        case else
            msgbox "奇数です"
    end select
end sub
```

このプログラムは，入力された整数を2で割ったときの余りに応じて「偶数」か「奇数」かを判別します．`x mod y`は`x`を`y`で割ったときの余りを計算する算術演算です．なお，`case`のところで複数の値や値の範囲を指定したいときは，次のように書くこともできます．

書式	意味
case 値1, 値2	値1または値2の場合
case 値1 to 値2	値1から値2までの場合
case is < 値1	値1未満の場合
case is <= 値1	値1以下の場合
case is >= 値1	値1以上の場合
case is > 値1	値1より大きい場合

次のプログラムは，入力された値に応じて，論語の内容に従った言葉を表示します．

```
sub no20_3
    dim x as integer
    x = inputbox("年齢を入力して下さい")
```

```
        select case x
            case is < 0
                msgbox "年齢の範囲が正しくありません"
            case 0 to 14
                msgbox "まだ若すぎます"
            case 15 to 29
                msgbox "志学"
            case 30 to 39
                msgbox "而立"
            case 40 to 49
                msgbox "不惑"
            case 50 to 59
                msgbox "知命"
            case 60 to 69
                msgbox "耳順"
            case  is >= 70
                msgbox "従心"
        end select
end sub
```

20・2 繰り返し処理と条件分岐

　繰り返し処理と条件分岐を組み合わせると，より複雑なプログラムを作成することができます．

```
sub no20_4
    dim x as integer, y as integer, z as _
    integer, a as string
    x = inputbox("自然数を入力して下さい")
    z = x
    a=""
    do while z > 0
        y = z mod 2
        select case y
            case 1
                a = 1 & a
            case 0
                a = 0 & a
        end select
        z = z ¥ 2
    loop
```

```
    msgbox x & "の2進数は" & a
end sub
```

このプログラムでは，自然数の範囲で入力された値を10進数から2進数に変換して表示します．このプログラムのdo while文では，入力された10進数の値を商が0になるまで2で割りつづけていますが，このとき，途中で発生した余りが文字列変数`a`に順番に並ぶよう文字列として連結していき（`a = 1 & a`または`a = 0 & a`），元の10進数を2進数に変換した表現を作っています（この変換のしくみについて，詳しくはコラムを参照してください）．変数`y`には2で割った余り，変数`z`には商を代入しています．また，前章でも説明したように変数を宣言するだけでは`a`の値が不定なので，while文の前に`a=""`として`a`に空の文字列を代入して初期化していることにも注目してください．

Column

10進数から2進数への変換

与えられた数を2で割って商と余りを求め，さらに，その商を2で割って商と余りを求めるといった操作を商が0になるまで繰り返すと，最終的に，その余りを並べたものが元の数の2進数表現となります．例えば11を2進数に変換するときは，次のように4回2で割ると商が0になりますが，このとき途中で発生した余りを下から並べた「1011」が11の2進数表現です．

$$11 = 5 \times 2 + 1 \times 2^0$$
$$= (2 \times 2 + 1) \times 2^1 + 1 \times 2^0$$
$$= (1 \times 2 + 0) \times 2^2 + 1 \times 2^1 + 1 \times 2^0$$
$$= (0 \times 2 + 1) \times 2^3 + 0 \times 2^2 + 1 \times 2^1 + 1 \times 2^0$$
$$= 1 \times 2^3 + 0 \times 2^2 + 1 \times 2^1 + 1 \times 2^0$$

	計算	商	余り
1回目	11÷2	5	1
2回目	5÷2	2	1
3回目	2÷2	1	0
4回目	1÷2	0	1

演習20

次のプログラムを作成してみましょう．

1. no20_1のプログラムを参考にして，インプットボックスから得点を受け取って，その値が0以上60未満のときは「不可」，60以上70未満のときは「可」，70以上80未満のときは「良」，80以上90未満のときは「優」，90以上100以下のときは「秀」，0未満あるいは100より大きいときは「得点の範囲が正しくありません」と表示するプログラムを作成してください．

2．no20_2のプログラムをif文を使って書きなおしてみましょう．

3．no20_4のプログラムを参考にして，10進数を8進数表示するプログラムを作成してください．

ヒント：2進数の場合は与えられた数を2で割っていきましたが，8進数の場合は8で割っていきます．このとき取り得るすべての余りに応じて，場合分けを行ってください．

◆Microsoft Officeの場合

今回作成したプログラムは，ほぼそのままExcel VBAでも動作します．

Column

デファクトスタンダードとサステナビリティ

デファクトスタンダードとは「事実上の標準」を意味する言葉です．多くの人が使っているから私も使うという選択を皆が行うことで，ある製品があたかも標準のもののようになっていることを意味します．パソコンを動かすOSといえばMicrosoft Windowsを，スマートフォンといえばiPhoneを，ワープロソフトといえばWordを思い浮かべるのではないでしょうか．それが事実上の標準です．

この標準は市場によって決められます．多くの人が購入すればそれが標準になり，購入しなければ標準にはなりません．今までに幾度となく標準になるための競争が行われてきました．古くはベータ対VHSの競争があり，最近ではHD DVDとBlue-Ray Discの規格争いがそうでしょう．一度，デファクトスタンダードとなると，そこに多くの企業が参入し，よりよいものがより安価に提供される傾向があります．

しかし，市場によって決められることによる問題もあります．多くの人から見向きもされなくなってしまった製品は世界からなくなってしまうという問題です．もはやフロッピーディスクを持っていても，それを読み取る機械の入手が難しいですし，ワープロ専用機で作成した文書を開くことも難しくなっています．ソフトウェアの場合にも同じことが起こります．市場から消え去ってしまったソフトウェアで作成したデータを再利用することは非常に困難です．

つまり，市場で標準となったソフトウェアを使用して作成したデータのサステナビリティは，それが市場に依存するがゆえに脆いものとなってしまいます．

本書で取り上げたLibreOfficeはオープンソースのソフトウェアなので，時代が変わろうともそのデータを取り出すことができるようになっています．サステナビリティに関してはオープンソースに利があるといえるでしょう．

第21章 表計算ソフトにおけるプログラムの利用（1）

　表計算ソフトに組み込まれたプログラムからは，表計算ソフト上の様々なオブジェクトを利用できます．例えば，セルに格納された値を読み込んで，別のセルに出力することなどが可能です．本章では，プログラムにおいてこのような表計算ソフトのオブジェクトを取り扱う方法を学習した後，これを利用して数値を並べ替えてセルに出力するプログラムを作成します．

● 課題

　本章では，LibreOffice BasicからCalcのオブジェクトを操作する方法を演習した後，数値をソートする（並べ替える）アルゴリズムを学習し，実際にソートを行うプログラムを作成します．

21・1　オブジェクトの操作

➡ ブックは表計算のファイルを指すExcelの用語です．LibreOfficeでは使われていませんが，ここでは混乱を避けるためこの用語を使用しています．

　Calcは，ブック，シート，セルなどのオブジェクトから構成されています．これを図で表すと，次のようになります．

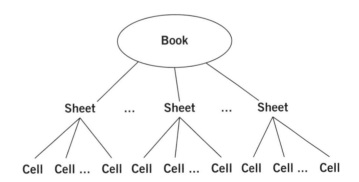

　LibreOffice Basicにも，これらのオブジェクトを操作するための命令が用意されています．例えば，1枚目のシートにあるセルB3に100の値を出力する命令は，以下のように記述します．

```
sub no21_1
    dim book as object
    dim sheet as object
    dim cell as object
    book = thiscomponent
    sheet = book.sheets(0)
    cell = sheet.getcellbyposition(1, 2)
```

```
        cell.value = 100
end sub
```

変数**book**, **sheet**, **cell**は, それぞれ, ブック（ドキュメント）, シート, セルを表し, これらはオブジェクト型変数として定義されています.

変数**book**には次のように**thiscomponent**を代入しています. これによって, 変数**book**が現在のアクティブなブックを表すようになります.

```
book = thiscomponent
```

変数**sheet**には, 上記の**book**から取得したシートを代入しています.

```
sheet = book.sheets(0)
```

これにより変数**sheet**は, 現在アクティブなブックの1枚目のシートを参照するようになります. シートを表す数字が, 0から始まることに注意してください. 例えば次のようにすると, 2枚目のシートが参照されます.

```
sheet = book.sheets(1)
```

変数**cell**には, 上記の**sheet**を使用して取得したセルを代入しています.

```
cell = sheet.getcellbyposition(1, 2)
```

これにより変数**cell**は, 1枚目のシートのB3セルを参照するようになります.

getcellbypositionは, 列番号と行番号を指定してセルを参照する命令で, 次の形式で使用します.

```
getcellbyposition(列番号 - 1, 行番号 - 1)
```

列番号および行番号には, セル番地から1引いた数値を用いることに注意してください. そのため, A1セルは**getcellbyposition(0, 0)**となります.

このようにして取得したセルに値を指定すると, Calc上に反映されます. このプログラムでは, 最後の行で**cell.value = 100**と記述して, B3セルの値を100にしています.

➡ オブジェクト型変数とは, LibreOffice Basicから操作可能な対象であるワークシートやセルなどを参照するための情報を格納する変数です. また, ワークシートやセルなどのオブジェクトは前ページの図のような階層構造をしており, これらの階層は「.」で区切って表現されます.

21・2 並べ替えのアルゴリズム

1 乱数の利用

ここでは, 乱数を利用して数値を発生させて, それを指定したセルに出力するプログラムを作成します.

```
sub no21_2
    dim i as integer
```

➡ 乱数とは, サイコロを振って出る数のように, それ以前の数字から次に出る数字が予測できない数のことです. 確率的にしかわからない現象をコンピュータ上でシミュレーションするときなどによく用いられます.

```
    dim book as object, sheet as object,_
    cell as object
    book = thiscomponent
    sheet = book.sheets(0)
    for i = 0 to 4
        cell = sheet.getcellbyposition(0, i)
        cell.value = int(rnd*100)
    next i
end sub
```

`rnd`関数は0以上1未満の実数の乱数を出力する関数です．よって，`rnd*100`は，0以上100未満の実数の乱数になります．ここではさらに，実数の整数部分を取り出す`int`関数を適用して，0から99までの整数の乱数を得ています．

このプログラムでは，こうして得た乱数をfor文と`getcellbyposition`を用いてA1セルからA5セルに出力しています．

② 最大値検索

次に，先ほどのプログラムと同様の手順で，A1セルからA5セルに0から99までの整数の乱数を発生させた後，その数値の最大値を同じシートのB1セルに出力するプログラムを作成します．

```
sub no21_3
    dim i as integer, j as integer,_
    tmp as integer, x(4) as integer
    dim book as object, sheet as object,_
    cell as object
    book = thiscomponent
    sheet = book.sheets(0)
    for i = 0 to 4
        cell = sheet.getcellbyposition(0, i)
        cell.value = int(rnd*100)
        x(i) = cell.value
    next i
    for j = 1 to 4
        if x(0) < x(j) then
            tmp = x(0)
            x(0) = x(j)              ← 最大値検索
            x(j) = tmp
        end if
    next j
```

```
        cell = sheet.getcellbyposition(1, 0)
        cell.value = x(0)
end sub
```

このプログラムの後半について，簡単に説明します．5個の要素を持つ配列**x**には，プログラムの前半で0～99までのいずれかの値が入れられています．ここで，例えば次のような整数が格納されていたとします．

x(0)	x(1)	x(2)	x(3)	x(4)
76	53	79	32	82

2個目のfor文では，**x(0)**の値と**x(j)**（jの範囲は1～4）の値を比較して，**x(0)**の値が**x(j)**の値より小さいときのみ，**x(0)**と**x(j)**の値を入れ替えています．入れ替え作業をしているのはプログラムの次の3つの命令です．

```
tmp  = x(0)
x(0) = x(j)
x(j) = tmp
```

先ほどの数値で考えてみましょう．**x(0)**と**x(2)**を比較したとき，**x(0)**が76，**x(2)**が79で**x(2)**のほうが大きいため，この2つが入れ替えられます．このとき，もし，いきなり**x(0) = x(2)**としてしまうと，**x(0)**は**x(2)**の値76に置き換わりますが，**x(2)**の値も76のまま残ってしまいます．そのため，一度**x(0)**の値を別の変数**tmp**に格納した後，**x(0) = x(2)**を実行し，最後に**x(2)**に**tmp**の値を代入して，**x(0)**と**x(2)**の値を入れ替えているのです．

	x[0]	x[1]	x[2]	x[3]	x[4]	
j=1 の比較	76	53	79	32	82	←入れ替えなし
	76	53	79	32	82	
j=2 の比較	76	53	79	32	82	←入れ替えあり
	79	53	76	32	82	
j=3 の比較	79	53	76	32	82	←入れ替えなし
	79	53	76	32	82	
j=4 の比較	79	53	76	32	82	←入れ替えあり
	82	53	76	32	79	

ここでfor文を使って，このような比較を**j = 4**になるまで繰り返しています．これによって，**x(0)**に最大値が格納されます．先ほどの数値で実際の動作を確認してみましょう．

③ 並べ替え（ソート）

上のプログラムを利用して，A1セルからA5セルに格納されている数値を大きい順（降順）に並べ替えたものを，同じシートのB1セルからB5セルに出力するプログラムを作成してみます．

```
sub no21_4
    dim i as integer, j as integer,_
    tmp as integer, x(4) as integer
    dim book as object, sheet as object,_
    cell as object
    book = thiscomponent
    sheet = book.sheets(0)
    for i = 0 to 4
        cell = sheet.getcellbyposition(0, i)
        cell.value = int(rnd*100)
        x(i) = cell.value
    next i
    for i = 0 to 4
        for j = i + 1 to 4
            if x(i) < x(j) then
                tmp = x(i)
                x(i) = x(j)
                x(j) = tmp
            end if
        next j
    next i
    for i = 0 to 4
        cell = sheet.getcellbyposition(1, i)
        cell.value = x(i)
    next i
end sub
```

並べ替え

プログラム後半に2重ループがありますが，ここが実際に並べ替えの処理を行っているところです．最初にこの2重ループに入ったとき，まず外側のループで**i=0**に固定されるので，**x(i)**が**x(0)**になります．内側のループでは，この**x(0)**の値と**x(j)**（jの範囲は1～4）の値を比較していきます．ここまでの処理は，先ほどの最大値検索のプログラムとまったく

同じなので，この操作で，**x(0)** に最大値が格納されます．

内側のループが終了すると，外側のループの1回目の処理が終わり，**i=1**になります．これによって**x(i)**は**x(1)**となるため，今度は**x(1)**と**x(j)**（jの範囲は2〜4）が比較されます．これによって，2番目に大きい値が**x(1)**に格納されます．

A1セルからA5セルに最大値検索プログラムのときと同じ整数値が格納されていると仮定すると，**i=1**のときの内側のループでは，最大値検索のときに説明した図の最後の部分から，次のような値の入れ替えが行われます．

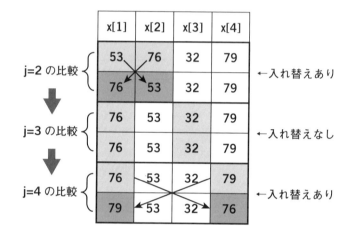

演習21

次のプログラムを作成してみましょう．

1. no21_4のプログラムでは，並べ替えられた数値のみを出力するようにしていました．これを，下記のように最初の並びの順番も同時に出力するように，プログラムを変更してみてください．

76	5	82
53	3	79
79	1	76
32	2	53
82	4	32

ヒント：まず，番号を格納する配列**y(4)**を新たに宣言します．

```
dim y(4) as integer
```

次に，**y(0)** から**y(4)**に1から5までの番号を格納します．

```
for i = 0 to 4
    y(i) = i + 1
next i
```

この **y** に対して，**x** と同じ並べ替え処理を行います．

2．1のプログラムは，データを降順に並べ替えるものでした．これを次のように小さい順（昇順）に並べ替えるよう変更してください．

76	4	32
53	2	53
79	1	76
32	3	79
82	5	82

◆Microsoft Officeの場合

オブジェクトを操作する命令は，LibreOffice BasicとVBAでは異なる場合があります．VBAで1枚目のシートにあるセルB3に100の値を入力するための命令は

```
worksheets(1).cells(3, 2).value = 100
```

などとします．LibreOffice Basicの`getcellbyposition`に相当する命令が`cells`で，`cells(行番号, 列番号)`という形式でセル番地を指定します．`cells`には，`getcellbyposition`と行番号と列番号の場所が逆で，さらに1から始まる番号を使用するという違いがあります．そのため，A1セルは`cells(1, 1)`，B1セルは`cells(1, 2)`で指定します．

Column

LibreOfficeとODF

LibreOfficeで採用している文書の形式であるODF (Open Document Format) は，2006年に国際標準規格として認定されています．ODFの形式はオープンにされており，ODF形式でデータを作成すれば，異なったアプリケーションでも，異なったOSのコンピュータであっても文書を取り扱えるというメリットがあります．まさにオープンであるために，ODF形式のファイルが取り扱えるアプリケーションも徐々に増えています．

特にEUではデータのサステナビリティや相互運用性が重視されるため，公文書をODF形式のファイルで作成する動きが広まっています．これは特定のメーカーのソフトウェアで文書を作成する習慣が成立してしまうと，実質的にそのメーカーの製品が標準となってしまい市場を支配してしまうという構造を避ける狙いもあります．

もともとODFはXMLという言語がベースとなっています．XMLはデータを構造化することに長けており，本書で取り扱っている文書の構造化とも親和性が高いフォーマットになっています．

第22章 表計算ソフトにおけるプログラムの利用（2）

本章ではプログラム学習のまとめとして，条件分岐と関数を使用したプログラムを作成します．条件分岐を考えるときに，フローチャートや集合の図などを利用すると，プログラムの作成が容易になることも学習します．

●課題　本章では，うるう年を判別するプログラムを作成します．

22・1　フローチャートを利用したプログラム作成

1　うるう年判別（ユリウス暦）

うるう年は1年が366日になる年です．これは，1年の長さが正確に365日ではなく 365 + x 日であるため，それを補正するために設けられました．x = 0.25として，4年に1度うるう年を設定するのがユリウス暦です．そのため，ユリウス暦では年を4で割って，余りが0ならうるう年，そうでなければ平年とします．この条件は，以下の図で表すことができます．

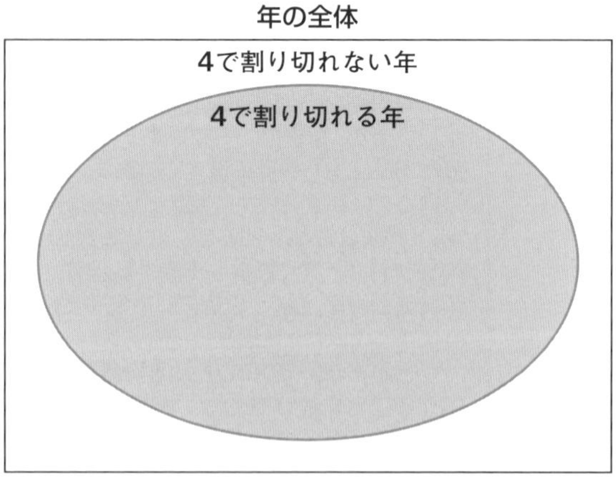

年の全体

4で割り切れない年

4で割り切れる年

➡ 偶奇判定のフローチャートは，第24章に掲載されています．

このアルゴリズムのフローチャートは，偶奇判定とほぼ同じです．また，これをプログラムで書くと次のようになります．

```
sub no22_1
    dim book as object, sheet as object
    dim cellone as object, celltwo as object
```

```
    dim year as integer
    book = thiscomponent
    sheet = book.sheets(0)
    cellone = sheet.getcellbyposition(1, 2)
    celltwo = sheet.getcellbyposition(2, 2)
    year = cellone.value
    if year mod 4 = 0 then
        celltwo.string = "うるう年"
    else
        celltwo.string = "平年"
    end if
end sub
```

（うるう年の判別）

`celltwo.string`は，`celltwo`で指定されたセルに文字列を代入するときに用います．うるう年と平年の判別は，4で割ったときの余りに応じて`if`文で行っています．

プログラムを実行する前に，Sheet1に次の表を作成しておきます．

	A	B	C	D
1				
2		年	判別	
3				

プログラムの入力が終わったら，判別したい年をB3セルに入力してプログラムを実行します．すると，入力された年に応じて，判別結果がC3セルに表示されます．

	A	B	C	D
1				
2		年	判別	
3		2012	うるう年	

2　うるう年判別（グレゴリオ暦）

ユリウス暦では，1年を365.25日としていました．しかしながら，実際の1年は約365.2422日とされており，ユリウス暦では，1000年経過すると$1000 \times (0.25 - 0.2422)$より，約7.8日進んでしまいます．そのため16世紀以降，この誤差を考慮したグレゴリオ暦が普及していきました．グレゴリオ暦では，ユリウス暦で4年に1度設定されていたうるう年の中から，100年に1個程度平年に戻すことにより，この誤差を小さくすることを試みています．平年に戻す年は，100で割り切れる年で，かつ，400で割り切れない年とされています．そのため，グレゴリオ暦のうるう年の条件をまとめると，次のようになります．

❏ うるう年の条件
　①4で割り切れ，かつ，100で割り切れない年
　②400で割り切れる年
　また，次の条件を満たす場合は平年です．
❏ 平年の条件
　③4で割り切れない年
　④100で割り切れ，かつ，400で割り切れない年

これは次のように図示できます．100で割り切れる年は4で割り切れる年に含まれ，400で割り切れる年は100で割り切れる年に含まれることがわかります．

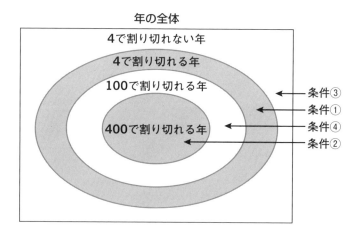

この図では，灰色部分がうるう年，白い部分が平年を表しています．①の条件は外側の灰色の部分，②の条件は内側の灰色の部分，③の条件は外側の白い部分，④の条件は内側の白い部分になります．①の条件だけでは，1000年に10回うるう年が平年に戻ることになり，これではうるう年が足りなくなるため，②の条件があります．このアルゴリズムのフローチャートは，第24章「24.1 ⑤うるう年を判定するフローチャートの作成」に掲載されていますが，これを見ると，まず，4で割り切れない年を平年とし，そうでなければ，100で割り切れない年をうるう年とし，そうでなければ，400で割り切れない年を平年とし，それ以外，すなわち400で割り切れる年をうるう年としています．これをプログラムで書くと次のようになります．

```
sub no22_2
    dim book as object, sheet as object
    dim cellone as object, celltwo as object
    dim year as integer
    book = thiscomponent
    sheet = book.sheets(0)
```

```
        cellone = sheet.getcellbyposition(1, 2)
        celltwo = sheet.getcellbyposition(2, 2)
        year = cellone.value
        if year mod 4 <> 0 then
            celltwo.string = "平年"
        elseif year mod 100 <> 0 then
            celltwo.string = "うるう年"
        elseif year mod 400 <> 0 then
            celltwo.string = "平年"
        else
            celltwo.string = "うるう年"
        end if
end sub
```

（うるう年の判別）

　左辺と右辺を比較するとき，等しくないことを判別する場合は，第19章の比較演算子の表に登場した`<>`を用います．`if`文の最初の条件式では「4で割り切れない場合」を平年としており，それ以外，すなわち「4で割り切れる場合」は，次の`elseif`の条件式が評価されます．この`elseif`では「100で割り切れない場合」をうるう年としているので，それ以外，すなわち「100で割り切れる場合」は，2つ目の`elseif`の条件式が評価されます．2つ目の`elseif`では「400で割り切れない場合」を平年としているので，最後の`else`ではそれ以外，すなわち「400で割り切れる場合」をうるう年としています．

22・2　関数の利用

　no.22_1とno22_2のユリウス暦とグレゴリオ暦のうるう年判別プログラムにおいて，実際にうるう年の判別を行っていたのはプログラム後半の`if`文以下です．この部分を1つの独立した特定の処理とみると，これをひとまとめにして関数として定義できます．関数の定義は，LibreOffice Basicにおいては，次のように記述します．

```
function 関数名 (変数名1 as 変数1の型，変数名2 as 変数2の型 …) as 戻り値の型
    処理
    関数名 = 出力値
end function
```

　関数の考え方自体は，今まで演習してきたCalcシート上の関数と一緒で，「最初に入力を受け取り，次にそれを加工して，最後に出力する」というものです．

　上記のLibreOffice Basicの関数定義では，それぞれ次の部分で入力，加

➡ 関数を利用すると，特定の処理のまとまりが1つの命令で記述できるため，プログラムが簡潔に表現できるようになり，その構造を理解しやすくなります．また，関数は別のプログラムでも利用することができるため，色々な関数を作っておけば，それらを組み合わせて，複雑なプログラムが簡単に作成できるようになります．

工，出力を行っています．

❏ **入力：(変数名1 as 変数1の型, 変数名2 as 変数2の型 ...)**

この記述によって，**変数1の型**の値を持つ**変数名1**，**変数2の型**の値を持つ**変数名2**を受け取れるようになります．受け取った変数は次の**加工**で使用できます．

❏ **加工：処理**

入力で受け取った変数の値をこの部分で加工したり，そのほかの処理を行ったりします．

❏ **出力：関数名 = 出力値**

関数の出力値はこのように指定します．1行目の**as 戻り値の型**には，この出力値のデータ型を指定します．

それでは実際に関数を定義して使用する例を見てみましょう．関数を利用してno.22_1とno22_2のプログラムを統合すると，次のようになります．

```
sub no22_3
    dim book as object, sheet as object
    dim cellone as object, celltwo as object
    dim cellthree as object
    dim year as integer
    book = thiscomponent
    sheet = book.sheets(0)
    cellone = sheet.getcellbyposition(1, 2)
    celltwo = sheet.getcellbyposition(2, 2)
    cellthree = sheet.getcellbyposition(3, 2)
    year = cellone.value
    celltwo.string = leapyearj(year) ………③
    cellthree.string = leapyearg(year) ………④
end sub

function leapyearj(year as integer) as string ┈┐
    if year mod 4 = 0 then                     │①
        leapyearj = "うるう年"
    else
        leapyearj = "平年"
    end if
end function

function leapyearg(year as integer) as string ┈┐
    if year mod 4 <> 0 then                    │②
        leapyearg = "平年"
    elseif year mod 100 <> 0 then
```

```
            leapyearg = "うるう年"
    elseif year mod 400 <> 0 then
            leapyearg = "平年"
    else
            leapyearg = "うるう年"
    end if
end function
```

　`leapyearj`, `leapyearg`が，それぞれユリウス暦とグレゴリオ暦でのうるう年を判別する関数です．どちらの関数も受け取る値は「年」なので，関数定義の入力の部分では，整数型の変数`year`を指定しています．また，関数の出力は「うるう年」または「平年」という文字列なので，そのデータ型として文字列である`string`を指定しています（①，②）．

　これらの関数を呼び出す側（③，④）では，celltwo.string = leapyearj(year)とcellthree.string = leapyearg(year)という形で，それぞれの関数を使用しています．これによって，`year`の値が入力として関数に渡されます．また，関数から出力された値は，`celltwo.string`と`cellthree.string`によって，それぞれ指定されたセルに代入されます．

	A	B	C	D
1		うるう年判別プログラム		
2		年	ユリウス暦	グレゴリオ暦
3		1900	うるう年	平年

演習22

　no22_2のプログラムでは，最初に「4で割り切れるかどうか」で場合分けをした後，順に「100で割り切れるかどうか」「400で割り切れるかどうか」と場合分けをして，うるう年の判別を行いました（先ほどの図の外側→内側の方向）．しかし，うるう年の判別を「400で割り切れるかどうか」という場合分けから始めることも可能です（先ほどの図の内側→外側の方向）．この場合のプログラムを作成してみましょう．

◆Microsoft Officeの場合

　VBAでも関数の作成方法は同様です．上記と同じように，自分で関数を定義してプログラム中で利用できます．

Draw

Drawは線，図形，文字などを使って簡単に図形を描画できるソフトウェアです．イラストやポスターなど様々な図版作成に使えます．WriterやCalc, Impressなどにも同様の機能がありますが，それらもDrawと同じ方法で操作できます．文書の中に図を挿入したり，発表内容のまとめとなるイラストをプレゼンテーションのスライドに描いたりするなど，Drawの使い方を理解することで説得力のある資料を作成できます．

第23章 図形描画ソフトの基礎と論理表現

本章ではDrawの基本的な使い方を学びます．

●課題　　本章の課題は，Drawを用いて次のようなベン図を描くことにより，正しい論証の考え方を示すことです．

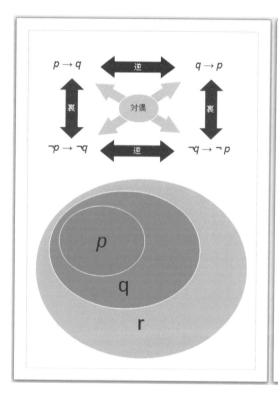
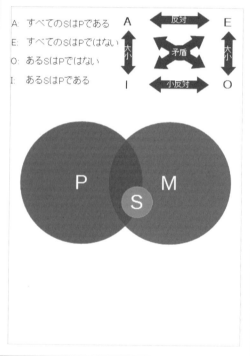

23・1　Drawの画面構成

LibreOfficeを起動して，[**Draw図形描画**]をクリックしましょう．Drawのウィンドウが開きます．

第23章　図形描画ソフトの基礎と論理表現　207

➡「図形描画」ツールバーが表示されていない場合は，メニューバーの［表示］→［ツールバー］→［図形描画］をクリックしてください．

画面に「図形描画」ツールバーおよび［**プロパティ**］が表示されていることを確認してください．Drawで最もよく用いるのが「図形描画」ツールバーです．ここからオブジェクトを選択し，描画します．また，［**プロパティ**］を通じ，オブジェクトに対して様々な属性を付与できます．

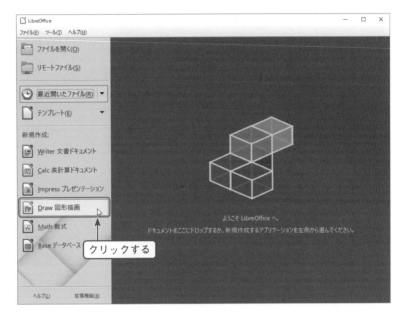

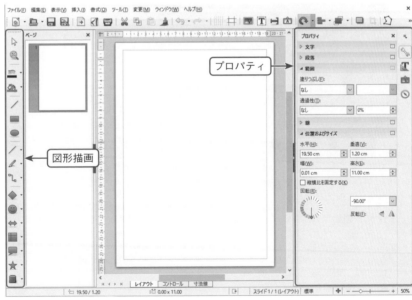

23・2 オブジェクトの基本的な取扱い

Drawでは，白紙のページ上に様々なオブジェクトを配置することで描画していきます．オブジェクトには線，図形，テキスト，画像など様々な種類が用意されています．

1 オブジェクトの挿入

オブジェクトを挿入する手順は次のとおりです．

手順
❶「図形描画」ツールバーの［ブロック矢印］から［左右矢印］ボタン⇔を選択します．
❷ページの上でマウスをドラッグし，配置する矢印の大きさと場所を決めてください．

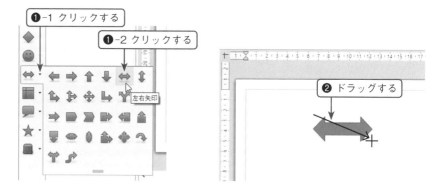

2 オブジェクトの移動

オブジェクトを移動させる手順を説明します．

手順
❶オブジェクトをクリックするとオブジェクトを選択できます．先ほど作成したオブジェクトをクリックしてください．
❷選択した状態のままマウスをドラッグするとオブジェクトを移動できます．また，←↑↓→キーで移動させることもできます．

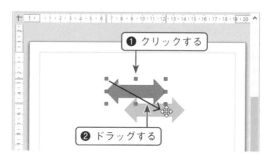

③ オブジェクトのサイズ変更

オブジェクトのサイズを変更する手順を説明します．

手順 ➡
❶オブジェクトをクリックするとオブジェクトの周囲に四角い点が表示されます．
❷オブジェクトの周囲に表示された四角い点の1つをクリックしたままマウスでドラッグするとサイズ変更ができます．

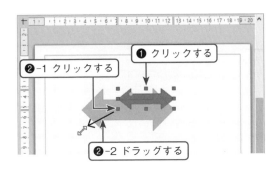

④ オブジェクトへの文字の入力

オブジェクトへ文字を入力する手順を説明します．

手順 ➡
❶オブジェクトをダブルクリックします．
❷オブジェクトに文字を入力できるようになるので，ここでは「逆」と入力してください．

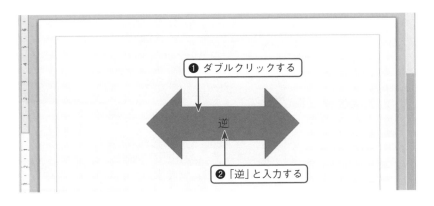

⑤ オブジェクトのコピーと貼り付け

オブジェクトもほかのドキュメントと同じようにコピーアンドペーストが可能です．

手順 ➡
❶図のように右クリックメニューから［**コピー**］→［**貼り付け**］を選択します．

❷複製されたオブジェクトは重なって表示されるので，ドラッグで好きな場所に移動させます．

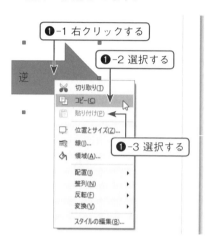
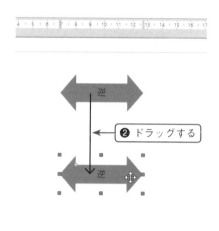

23・3 オブジェクトのプロパティ

色，線の太さ，文字の大きさを変えるなど，オブジェクトの属性を追加・変更する場合には [**プロパティ**] から操作を行います．

1 表面の色や線の色の変更

表面の色は [**塗りつぶし**] から，線の色は [**線**] から色を選択することで変更できます．

●オブジェクトの塗りつぶし

●オブジェクトの線の色

② 位置およびサイズの変更

厳密にオブジェクトの位置やサイズを決めたい場合には［**プロパティ**］の［**位置およびサイズ**］からオブジェクトを操作します．［**水平**］［**垂直**］［**幅**］［**高さ**］などに値を入力して，適切なオブジェクトにしましょう．

オブジェクトに角度を付けるには［**回転**］を使います．マウスを使って［**回転**］のつまみを回すことで角度を付けることができます．

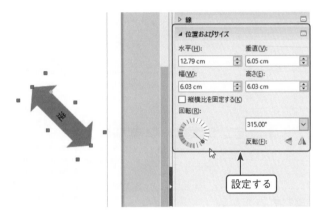

ここまでの内容を踏まえて次の図を作成してください．文字はテキストボックスを使用して入力し，文字サイズなどはプロパティから変更してください．

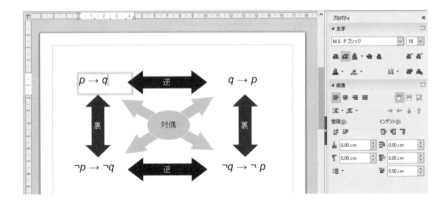

23・4　ベン図の作成

ここでは「p→q」という式が意味している内容を，ベン図を描くことで理解します．

まず図形描画ツールバーから「楕円」を選択し，「p」を表す楕円を作成します．次に「p」よりも大きい楕円「q」を「p」の上に作成してください．「p」

と「q」はそれぞれ区別できるように別の色にしておきます．

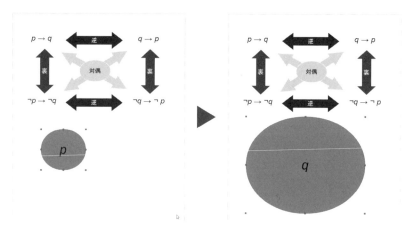

1 オブジェクトの重なり

現在「p」と「q」は重なっていて「p」が見えなくなっていますので，「p」を「q」の上に表示させます．

手順 ❶オブジェクトの重なりはツールバーの[**整列**]ボタン もしくは右クリックのメニュー内の[**整列**]から変更することができます．

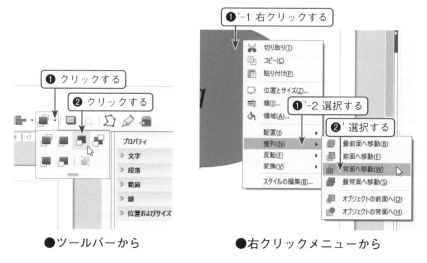

●ツールバーから　　　●右クリックメニューから

❷「q」を選択した状態で[**背面へ移動**]をクリックし，「p」が前面に出るようにしましょう．

2 ベン図から読み取れること

次の図からわかるように，「p」は「q」の中に入っています．これは「p」のときには必ず「q」であることを意味しています．すべてのpは必ずqになる

ということを表すのが「→」の記号です．

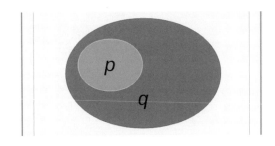

では「q→p」という逆の場合を考えてみましょう．図が示しているようにqであってもpでない場所があります．つまり「p→q」の逆は必ずしも正しくないことになります．

また「¬p→¬q」という裏の場合も考えてみます．図を見ると，pでないときにqでない場所もある一方，pでないときにqである場所もあり，必ずしも正しくはありません．

「¬q→¬p」という対偶の場合には必ず正しいことがわかります．

➡「¬」はnotを意味する記号です．

③ 三段論法の正しさ

大前提「ネコは木に登ることができる」，小前提「タマはネコである」，結論「タマは木に登ることができる」という三段論法をベン図を用いて考えてみましょう．タマをp，ネコをq，木に登ることができるをrとして3つの円を描きましょう．

この場合のベン図は次のようになります．

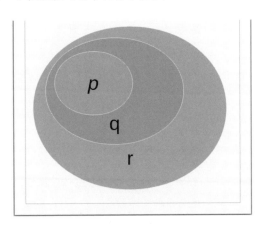

タマを表すpはすべて木に登ることができるrの中に入っています．つまり三段論法の結論は正しいということがわかります．

また，木に登ることができなければそれはタマではないということが正しいこともわかります．

23・5 「すべて」と「ある」

先ほどの三段論法だけでは表現しきれないことがあります．

pをタマだとした場合，集合「p」は「すべてのタマ」を意味します．しかし，世界には「タマ」という名前を持ったイヌや人もいるかもしれません．そのときに「すべてのタマはネコである」という表現には違和感があるでしょう．

そこで「ある」と「すべて」という考え方を用います．これによって「あるタマはネコである」という表現が可能になります．

「ある」と「すべて」を使った文の関係は次の図のようになります．

次節に移る前に，この図を新規ページに作成しておきましょう．

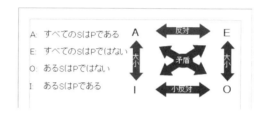

1 矛盾，反対，大小

1 矛盾

矛盾とは，どちらかが正しければ必ずもう一方が正しくなくなるという関係です．

例えば，「すべてのタマはネコである」ということと「あるタマはネコではない」ということが同時に成立することはありません．これが矛盾の関係です．

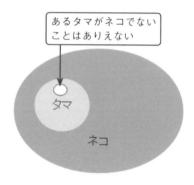

2 大小

「すべて」について述べられていることが正しいときに「ある」について述べられていることも正しいという関係です．ただし，「ある」について述べられていることが正しいとしても「すべて」について必ずしも正しいとは言えません．

例えば，図のように「ある映画は悲劇だった」ことが正しかったとしても，そのことから「すべての映画は悲劇である」ことの正しさは導けません．

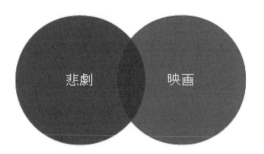

●ある映画が悲劇だったことを示す図

また,「ある映画は悲劇である」ことが間違っていたならば「すべての映画は悲劇である」ことも正しくありません.

すべての映画が悲劇だった場合に,ある映画も悲劇であることをベン図を使って確認しましょう.

3 反対

両方とも正しいことはありませんが,両方とも間違っていることはあるというのが反対の関係です.

例えば,「すべての映画は喜劇だ」という主張と「すべての映画は喜劇ではない」という主張は,両方とも正しいということがありえません. また, 映画には喜劇もあれば悲劇もあるというような場合には,両方とも主張が間違っていることになります. これが反対の関係です.

4 小反対

両方とも正しいことはありますが,両方とも間違っているということがないのが小反対という関係です.

「ある映画は悲劇である」ということと「ある映画は悲劇ではない」ということは同時に成立しますが,両方とも間違っているということはありえません.

反対と小反対についてベン図を書いて確かめてみましょう.

② 三段論法

「ある」と「すべて」を含めた三段論法を考えてみましょう.

「ある毒は役に立つ」という文と「すべての薬は役に立つ」という文から「すべての薬は毒である」という主張が正しいかを確認してみましょう.

「ある毒は役に立つ」を「あるPはMである」とします. これを図で表すと右のようになります.

また,「すべての薬は役に立つ」を「すべてのSはMである」とした図は右のとおりです.

最後に「すべての薬は毒である」を「すべてのSはPである」とし図を描きます.

このとき,「S」がどこにあるかについては何も述べられていないことがわかります. Sのある場所によっては「すべての薬は毒である」は正しいとも言えますし, 間違っているとも言えます. この条件だけでは正しさが1つに定まりません. よってこの三段論法は間違っています. このことをベン図を用いて示すことができました.

23・6 and, or, not

ベン図を用いてand, or, notについても図を描いてみましょう.

以後, and, or, notという表現は「∧」「∨」「¬」と置き換えて書きます. また図の中のA, Bはそれぞれが「映画」と「喜劇」を意味するものとします.

1 and

andは2つの領域が重なっている部分を表します. 図のように2つの内容が重なっている場所を示したいときにはandを使って「A∧B」と式を書きます. このとき「A∧B」が意味するのは「映画であって内容が喜劇のもの」です.

第23章　図形描画ソフトの基礎と論理表現　217

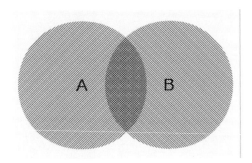

　Drawを使って図のように網掛けをしたい場合には，オブジェクトをクリックして選択した後に[**プロパティ**]の[**範囲**]にある[**塗りつぶし**]から「ハッチング」を選びます．

② or

　orは2つの領域を合わせた領域を意味します．図のように2つの領域の両方ともを言いたいときにはorを使い「$A \vee B$」と式を書きます．

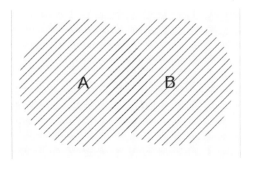

　このとき「映画もしくは喜劇」に相当するものはすべてこの図の中に入ります．「喜劇を描いたコミック」や「悲劇の映画」も図の中に入ることになります．

③ not

　notは「それ以外」を意味します．式では「$\neg A$」と書き，図に示されているようにA以外の場所を表します．ここには小説や演劇，コミックなど様々なものがある可能性があります．

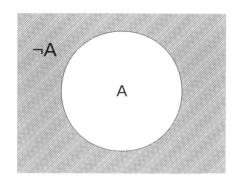

④ うるう年のベン図

ここでうるう年を式で表すためにベン図を使ってみましょう．

まずは西暦年の集合を描いてください．次に西暦年の集合の中にうるう年の条件を描いてゆきます．

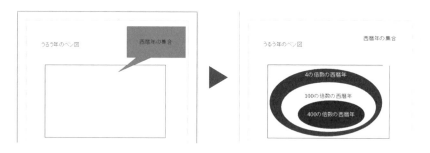

この図からうるう年にあたる年が明確にわかります．「400の倍数の西暦年」の範囲は必ずうるう年になりますし，「4の倍数の西暦年」だけれど「100の倍数の西暦年」でない範囲もうるう年になります．

ここで「4の倍数の西暦年」をP，「100の倍数の西暦年」をQ，「400の倍数の西暦年」をRとしましょう．Rは必ずうるう年になりますし，「PでありQでない部分」すなわち「P∧¬Q」もうるう年になります．この2つのいずれの場合もうるう年になりますから，最終的に「R∨(P∧¬Q)」がうるう年を表すことになります．

この式をLibreOffice Basicの形式で表現すると，

```
if X mod 400 = 0 or _
   ( X mod 4 = 0 and X mod 100 <> 0) then
   msgbox "うるう年"
else
   msgbox "平年"
endif
```

となります．ベン図を用いることで論理式を簡単に理解できることを実感できたでしょうか．

演習23

1. 「すべてのイヌは木に登れない」「ポピーはイヌである」という2つの文から「ポピーは木に登れない」という結論を導き出すことが正しいかどうかをベン図を描いて確認してください.

2. 「あるネコは木に登れる」「タマはネコである」という2つの文から「ゆえにタマは木に登れる」という結論を導き出すことが正しいかどうかをベン図を描いて確認してください.

3. AnneはBobbをデートに誘いたいと思っています. Bobbは映画なら楽しくなければならないと思っているようですが, 悲劇の小説も好んでいるようです. あるときBobbの好きな小説が映画化されるとわかりました. Anneは一緒にその映画を観ようとBobbを誘いました. 果たしてBobbは喜んでくれるでしょうか. ベン図を使って考えてみましょう.

4. 「すべてのおとぎ話は喜劇である」「すべてのSFは喜劇ではない」という2つの文から「ゆえにおとぎ話はSFではない」という結論を導き出すのが正しいかどうかをベン図を描いて確認してください.

第24章 フローチャートの作成

本章ではDrawを使ってフローチャートを作成する練習をします．フローチャートとは「順次」「繰り返し」「条件分岐」の記号を用いてアルゴリズムを表現した図です．

フローチャートで表現することで，複雑な処理であってもその過程を視覚化することができ，何が起こっているのか，何を行っているのかを理解する手助けとなります．

● 課題　　本章では，Drawを用いて次のようなフローチャートを作成します．

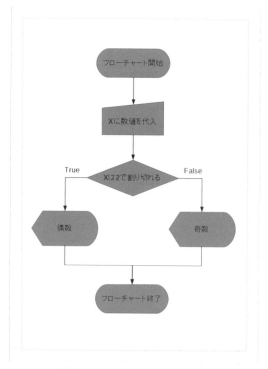

●偶数を判定するフローチャート

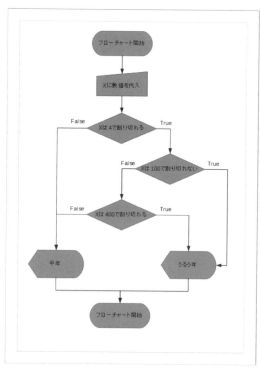

●うるう年を判定するフローチャート

24・1 Drawを利用したフローチャートの書き方

フローチャートは，手続きの開始と終了を描き，その間に「処理」を記入するように描いていきます．

開始と終了，それぞれの処理の間は矢印で結び，矢印をたどることで手続きが終了できるようになっています．フローチャートを描くときには，必ず「開始」から「終了」までが矢印で結ばれるようにしてください．

最もシンプルなフローチャートは次の図になります．

1 フローチャートで使用する記号

Drawではフローチャートを描くための記号が用意されています．「図形描画」ツールバーの［**フローチャート**］ボタン■の横の・をクリックしてください．ここに表示される記号を組み合わせてフローチャートを作成します．

本章で作成するフローチャートに用いる記号は次の5つです．

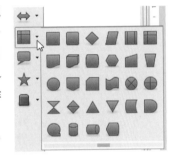

➡ フローチャートは日本工業規格によって書式が定められており，規格番号はJISX0121，規格名称は「情報処理用流れ図・プログラム網図・システム資源図記号」です．

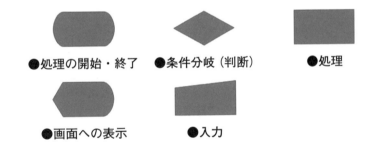

●処理の開始・終了　●条件分岐（判断）　●処理

●画面への表示　●入力

2 コネクターの取扱い

フローチャートでは記号同士を矢印で結んでいきます．フローチャートを描いていく過程では記号の配置を変更することもありますが，そのたびに矢印を引きなおすのは手間がかかります．本章では矢印の代わりにコネクターを用いることで，効率よくフローチャートを作成します．

コネクターを用いて記号同士を結合させる手順は次のとおりです．

手 順 ➡ ❶まず図のように「フローチャート開始」と「処理」と「フローチャート終了」の3つの記号を描いてください．

❷次に図形描画ツールバーから[**コネクター**]ボタンの横の・をクリックし,[**矢印終点コネクター**]を選択します.コネクターを選択すると,結合できる記号の周囲に接合点が表示されます.

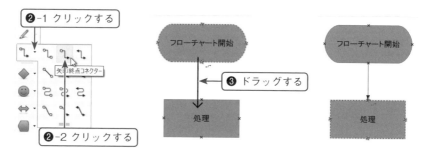

❸矢印の根元側になる「フローチャート開始」に合わせてクリックし,そのまま矢印側になる「処理」までドラッグします.これで2つの記号がコネクターで結び付けられました.試しにどちらかの記号を動かしてみても,コネクターの矢印が離れないことが確認できます.

③ オブジェクトの配置

上記手順で接続した2つのオブジェクトの位置が少しでも左右にずれていると,コネクターは直線になりません.これを直線にするには,オブジェクトの配置機能を使ってオブジェクトの位置を整えます.

2つのオブジェクトの左右位置を整える手順は,次のとおりです.

手順

❶ Shift キーを押しながら位置を整えるオブジェクトを順にクリックして,2つのオブジェクトを選択します.

❷オブジェクトを選択したままの状態で右クリックし,[**配置**]→[**中央揃え**](上から2つ目の❦)を選択します.

❸2つのオブジェクトの中心位置が整えられて,コネクターが直線になります.

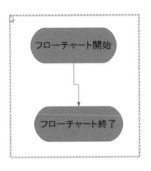

24・2 条件分岐を用いたフローチャート

1 偶数判定を行うフローチャートの作成

それでは偶数を判定するためのフローチャートを考えてみましょう．

第20章のプログラムを思い出してください．偶数は「2で割ったときの余りが0」という性質を持つ数であり，与えられた数字がこの性質を「持っているか」「持っていないか」という条件分岐を通じて偶数を判定することができました．ここでもその性質を用いて，偶数を判定するためのフローチャートを作成します．

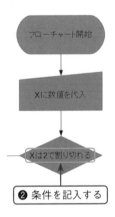

手順 ➡

❶ フローチャートの中に「入力」の記号を配置します．

❷ 入力された数値をもとに条件分岐を行うときには，フローチャートの記号の「判断」を使います．「判断」の記号の中には条件を記入します．今回は「入力されたデータが2で割り切れるかどうか」を条件として書き込みます．

❸ 「判断」は，条件が正しい場合（True）と正しくない場合（False）にそれぞれ行う処理へコネクターで接続します．「判断」から出るコネクターにはそれぞれテキストボックスを使って「True」，「False」と記入してください．

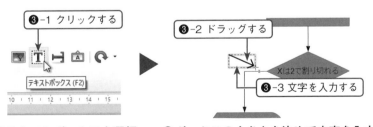

● テキストボックスを選択　　●ボックスの大きさを決めて文字を入力

❹次に，条件が正しい場合，正しくない場合に行う処理の内容を図の中に書き込みます．今回は「偶数」や「奇数」という結果の「表示」を意味する記号を使います．

❺表示の処理が終わったら，それぞれの処理から「終了」へとコネクターをつなげることで偶数を判定するフローチャートは完成です．

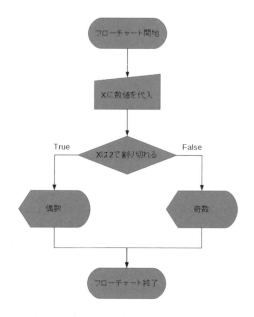

このように，ある処理を行いたい場合に，その内容を図式化してより把握しやすくするための道具としてフローチャートを使うことができます．

2 判断を組み合わせたフローチャートの作成

1 成人かどうかを判定するフローチャート

次に年齢から成人かどうかを判定するフローチャートを作成してみましょう．第20章のプログラムをフローチャート化していきます．

まずは偶数を判定するフローチャートのように「成人」か「未成年」かを判断するフローチャートを作成します．前節で作成したフローチャートと構造は同じです．

このままだとフローチャートは「20歳以上」かどうかのみで判断していますので，負の数が来た場合にも「未成年」と判定してしまいます．しかし実際には「−3歳」というような

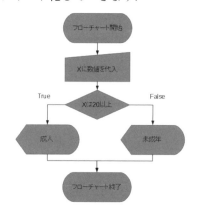

負の年齢の人は存在しませんから，「未成年」と判定するときには「Xは0以上」というさらなる「判断」を入れる必要があります．このようにすることで「20歳以上ではないが0歳より小さくない」という判定ができるようになります．

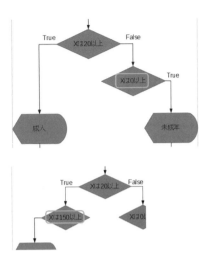

同様にして「20歳以上」の判断についても条件を追加します．このままでは「1000歳」と入力しても「成人」と表示されてしまいますから，これを避けるために150以上の数値が入ったときにはエラーを表示するようにフローチャートを変更します．

2 フローチャートのプログラム化

前節で作成したフローチャートをプログラムとして表します．図からも判断できるように，このフローチャートは条件分岐の中に条件分岐が入る入れ子の構造になっています．これをプログラムとして記述すると次のようになります．

```
if x >= 20 then
    if x >= 150 then
        msgbox "エラー"
    else
        msgbox "成人"
    end if
else
    if x >= 0 then
        msgbox "未成年"
    else
        msgbox "エラー"
    end if
end if
```

このプログラムは第20章で作成したプログラムとは異なっていますが，行っている処理は同じです．

3 うるう年を判定するフローチャートの作成

次にうるう年を判定するフローチャートを考えてみましょう．
うるう年は，次の3つの条件を満たします．

- **条件1**　「4で割り切れる年」
- **条件2**　「4で割り切れるが100で割り切れない年」
- **条件3**　「4で割り切れかつ100で割り切れかつ400でも割り切れる年」

条件は3つですから「判断」を3つ用いればうるう年を判定する手続きが図式化できると考えられます.

まずは条件1を図にしてみましょう. 4で割り切れない年はうるう年ではありませんから, その場合には「平年」へと進みます. もし4で割り切れたとしても, 条件2がありますから, 次の条件分岐を挿入します.

条件2を図にします. 条件2は「4で割り切れるが, 100で割り切れない年」ですから, 条件2が正しいなら「うるう年」ということになります. 一方, 条件2が正しくないときは, 条件3に移動することになります.

条件3は「400で割り切れるならうるう年」という内容ですから, 条件2の「False」の矢印は条件3へと移動し, 400で割り切れるという条件分岐を挿入します.

400で割り切れるならば「うるう年」ですから, 条件分岐の「True」と「うるう年」を矢印で結びます.

400で割り切れないならば「平年」ですから, 条件分岐の「False」と「平年」を矢印で結びます.

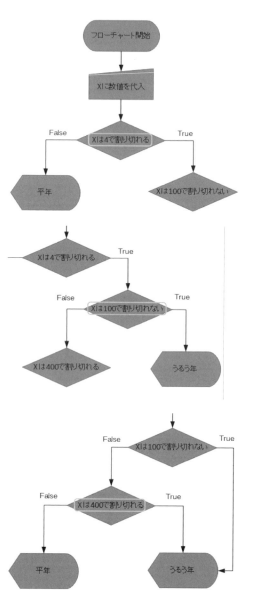

最後に,「平年」と「うるう年」から「フローチャート終了」に矢印を伸ばせば, うるう年を判定するフローチャートが完成します.

試しににこのフローチャートを使って, ランダムな数字がうるう年かどうか正しく判定されることを確認してみてください.

演習24

1. 年齢から成人かどうかを判断するフローチャートを完成させましょう．

2. 本章で作成したフローチャートとは別のうるう年のフローチャートを作成してみましょう．先ほどのフローチャートは条件1「4で割り切れる」を最初の条件分岐にして図式化していました．今度は，条件3「400で割り切れる」を最初の条件分岐にしたフローチャートを考えてみましょう．

3. 入力した点数に応じて「優（80点以上）」「良（70点〜79点）」「可（60点〜69点）」「不可（60点未満）」を判断するフローチャートを作成しましょう．点数は0点から100点までの間とし，それ以外の数字が入力された場合にはエラーとなるようにしてください．

Column

暗号化とプライバシー

　ファイルを暗号化することで，誰かに情報を見られてしまう状況を避けることができます．暗号を解除する鍵を知らない人は，暗号化された情報を見ることができません．自分が情報を届けたい人にだけ情報を届けるしくみを提供してくれるのが暗号です．

　プライバシーの考え方の1つに，自己の情報をコントロールできるということがあります．これは，自分の情報を伝えたい人にだけ伝えることを意味します．恋人宛のメッセージをその恋人にだけ届けることや，知られたくないことを秘密にしておくことなど，自分の情報がコントロールできてこそプライバシーが保護されていると考えられる場面が多々あります．つまり，プライバシー保護のためには情報を暗号化できることが重要なのです．

　誰かに情報を盗み見られないようにするためには，自分のコンピュータ内のファイルだけでなく，スマートフォンやUSBメモリなど，多くの情報端末やメディアでも暗号を使うようにしましょう．インターネットで通信を行うときも暗号化しておくことが望ましいです．

　もちろん，暗号には強弱があり，例えば文字を3つずらす処理（aをdにスライドさせる）のみをしているような弱い暗号を使っていたらすぐに解読されてしまいます．より強い暗号を目指して，暗号技術は改良され日々進歩しています．

　プライバシーが心配になったらすぐに情報を暗号化するようにしましょう．

第25章 繰り返し処理を組み込んだフローチャートの作成

本章では繰り返し処理をフローチャートで表現する方法を学習します。前章で学習した条件分岐と繰り返しを組み合わせることで複雑な処理であってもフローチャートで表現できるようになります。

○課題　本章では繰り返し処理を含んだフローチャートを作成します。

25・1 単純な繰り返し処理の表現方法

10人の点数の合計を求めるフローチャート

第19章で作成した合計と平均を求めるプログラムをフローチャート化しましょう。

プログラムと同様に、フローチャートでも繰り返し処理のために変数iを用意します。変数iには初期値として0を持たせ、処理を1度行うごとに1ずつ増加していくようにします。各人の点数が変数（配列）x(i)に入っているとすると、「goukei = goukei + x(i)」を繰り返し実行することで、x(0)からx(9)までの10人の点数を合計することができます。今回は人数が10人と決まっていますから、「iが10になったら繰り返しを止める」ことを、条件分岐を用意して表現します。

➡ JIS規格では繰り返し処理の記号として「ループ端」を定めていますが、本章では理解しやすさを考慮し、「判断」で繰り返し処理を表現しています。

この繰り返し処理をフローチャートで表現すると図のようになります。

iが10未満のときには、対応する人の点数をgoukeiに加え、iに1を加えます。iが10以上のときには条件分岐がFalseになりますから、繰り返し処理は終了し、別の処理を行います。

最後に合計点を画面に表示すれば、フローチャートは終了です。最終的なフローチャートは次の図になります。

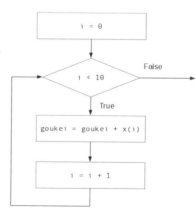

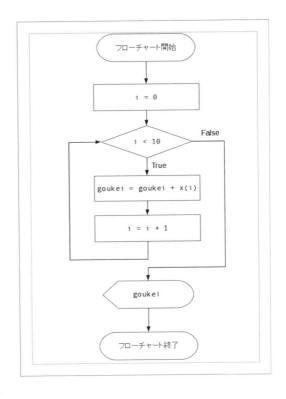

2 平均点を求める処理を加えたフローチャート

　前項のフローチャートに平均点を求める処理を加えましょう．平均点は合計点を人数で割ることで求められますから，合計の計算が終わった後に「heikin = goukei / i」という処理を付け加えればよいわけです．

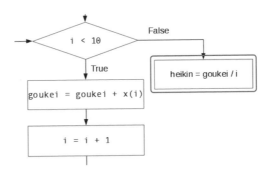

　heikinには平均点が代入されていますから，heikinを画面に出力する記号を描き加えれば，フローチャートは完成です．合計の出力の後に平均を出力するようにしてください．
　このように，行いたい処理を記号として追加していくことで，複雑な処理であってもフローチャートで表現できるようになります．

3 10進数を2進数に変換する処理のフローチャート

　第20章で作成した進数の変換プログラムをフローチャート化します．構造は前項までのフローチャートと同じですが，行う処理が複雑になっています．まずはアルゴリズムの骨組みをしっかりと把握することから始めましょう．

　このフローチャートでは，与えられた10進数の数字がZに代入されるものとして，Zが存在する場合には処理が進みますが，そうでない場合には処理が行われません．このことをフローチャートの骨組みとして最初に描いておきます．フローチャートの開始からフローチャートの終了までの大きな流れを作成してください．

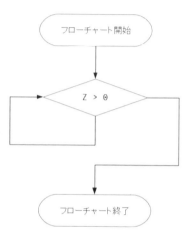

　ここから10進数を2進数にするための具体的な作業に入っていきます．

　10進数を2進数に変換するためには，与えられた自然数Zを2で割りつづける処理が必要です．自然数がそれ以上2で割れなくなったときに，それまでの割り算の余りを並べたものが，自然数を2進数に変換した値となります．

　自然数を入力する部分からフローチャートを描いていきましょう．Zに自然数を入力するところからフローチャートは始まるので，「Zに自然数を入力」という処理を先ほど入力した条件分岐の前に入れておきます．

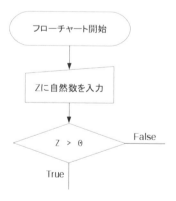

　Zを2で割った余りが，2進数における各位の数を表しますから，Zを2で割る処理ごとにaの中にはその余りの数字を追記していきます．この処理を繰り返すことでaの中には，例えば「1011」のように数字が並んでいくことになります．

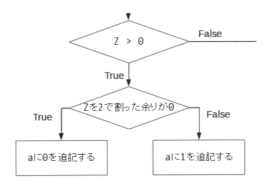

一方，Zを2で割ったときの商は，新しいZとして代入する処理を行います．こうすることで，Zを2で割った回数と2進数の桁数が対応するのです．

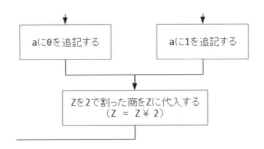

最終的にZ=0となったとき，aには最初の自然数を2進数に変換した数が完成しています．これを表示させればフローチャートは終了です．

25・2 入れ子状の繰り返し処理

ここでは九九のフローチャートを作成します．

九九を表現するには2つの変数i, jを使います．九九は「iが1のときjが1」，「iが1のときjが2」，「iが1のときjが3」……「iが9のときjが1」というように，1の段のかけ算を行い，1の段の計算が終わると，今度は「iが2」となる2の段に移動します．この移動を繰り返すことで最終的には9の段の計算「iが9のときjが1」，「iが9のときjが2」……「iが9のときjが9」というかけ算を行って終了します．

この計算においてかけ算は，変数iの値が1増える間に変数jの値が1から9まで増え，iが1増えたら再びjが1から9まで増加し，またiが1増えたら再度jが……という繰り返しになっています．つまりiとjが入れ子状に繰り返し処理を行っているわけです．大きなiのループの中で小さなjのループが実行され，小さなループが終わると，大きなループが実行され……を繰り返す構造です．

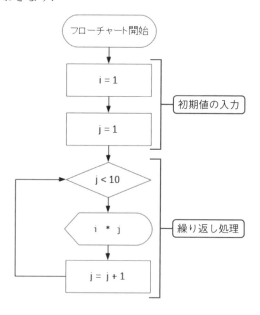

考え方が理解できたらフローチャートの作成に入りましょう．まずは初期値の設定と小さなループの作成です．初期値として，九九のための変数i, jのそれぞれに1を入力しておきます．

次にかけ算を行うための小さなループを作成します．jが1から9まで値を1ずつ増加させるたびに，iとjのかけ算をします．jが9より大きくなった時点で，小さなループから抜け出します．

小さなループから抜け出したら，iの条件の検証です．もしiが9未満だった場合には，iに1を加えます．この処理を行うことで九九の次の段に移動できます．

新しい段に移動すると，jの値を初期化する必要があります．小さなループを抜け出した時点でjの値は10になっていますから，このまま計算をしてしまうと九九の計算としては間違った結果が表示されてしまうのです．jに1を代入し，初期化ができたら，再度小さなループを実行します．

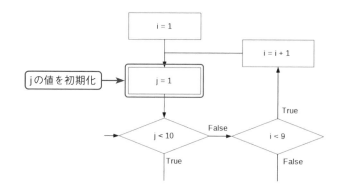

以上の繰り返しをiが9のときまで行うことで，九九の計算ができるようになります．

演習25

1．10人の点数の合計と平均を求めるフローチャートを完成させてください．

2．10進数を2進数に変換するフローチャートを完成させてください．

3．九九のフローチャートを完成させてください．

4．繰り返し処理のフローチャートとうるう年判定のフローチャートを組み合わせて，西暦1年から西暦2009年までのうるう年の回数を計算するフローチャートを作成してください．

5．3で作成したフローチャートをもとにして，九九の表をCalc上のシートに表示するLibreOffice Basicのプログラムを作成してください．

	A	B	C	D	E	F	G	H	I	J	K
1		1	2	3	4	5	6	7	8	9	
2	1	1	2	3	4	5	6	7	8	9	
3	2	2	4	6	8	10	12	14	16	18	
4	3	3	6	9	12	15	18	21	24	27	
5	4	4	8	12	16	20	24	28	32	36	
6	5	5	10	15	20	25	30	35	40	45	
7	6	6	12	18	24	30	36	42	48	54	
8	7	7	14	21	28	35	42	49	56	63	
9	8	8	16	24	32	40	48	56	64	72	
10	9	9	18	27	36	45	54	63	72	81	
11											

6．4で作成したフローチャートをもとにして，うるう年の回数を計算するLibreOffice Basicのプログラムを作成してください．

	A	B	C	D	E
1					
2		うるう年の判定回数			
3		開始年	終了年	回数	
4		1996	2016	6	
5					

Impress

プレゼンテーションでは，発表内容をわかりやすくまとめたスライドが使用されるのが一般的です．伝えたい内容をテキストだけでなく画像やグラフなどを使いながら上手にスライドとして提示することで，相手に効果的に情報を伝達できるからです．ここからはLibreOfficeのプレゼンテーションソフトであるImpressの使い方を3回に分けて学習します．

第26章 プレゼンテーション資料作成の基本

本章ではImpressの細かな使い方ではなく，プレゼンテーションソフトで情報を伝達するときに気を付ける点の理解を目的として学習を行います．プレゼンテーションとして発表する内容は，基本的にレポートを執筆するときと同じように整理して伝えるようにします．

　本章では以下の5枚のスライドを作成します．

スライド1

犯人を明らかにする

グローバル文化学部
多文化共生学科1年
山口 文多郎

スライド2

目的

・本発表では
　- 古い洋館で起きた事件について
　- 当日の容疑者たちのアリバイを元に
　- 犯人がメイドであることを明かにする

スライド3

前提

・犯行を行うためには，
　- 犯人と被害者が同じ場所にいなければならない

スライド4

推論

・事件が発生したときに洋館には被害者の他にはメイドとシェフと私しかいなかった
・シェフと私は一緒にいた
・被害者と同じ場所にいられたものはメイド以外には存在しない
・よって前提より，メイドが犯人である

スライド5

結論

・本発表では
　- 古い洋館で起きた事件について
　- 当日の容疑者たちのアリバイを元に
　- 犯人がメイドであることを明かにした

26・1 Impressの起動と編集画面

最初に白紙のスライドを開いて「課題」のスライドを作る方法を学習しましょう．

Impressは，LibreOfficeのメニューから[Impressプレゼンテーション]をクリックして起動させます．

第26章 プレゼンテーション資料作成の基本

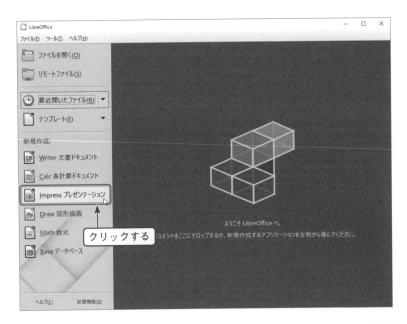

これでImpressの編集画面が開きます．まずは画面構成について簡単に説明します．

操作画面は次のようになっています．中央にあるのがスライドで，これを編集することになります．

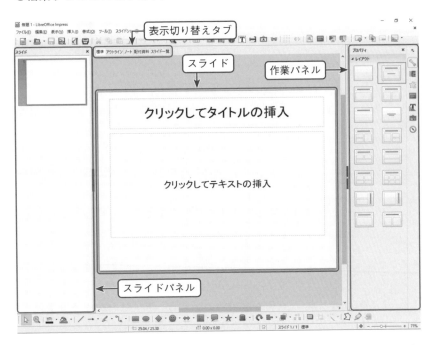

❏ **スライドパネル** 　作成中のスライドを縮小状態で一覧でき，ここで各スライドをクリックするとそのスライドを編集することができます．

❏ **作業パネル** 　スライドのレイアウトやアニメーションの設定，文字装

飾，スタイルの適用，デザインの適用などが選択できます．それぞれの作業については後で詳細に見ていきます．

❏ **表示切り替えタブ**　スライドの表示モードを切り替えられるようになっています．本章でスライドを編集するときは[標準]モードで行います．そのほかのモードは後で説明します．

26・2　スライドの作成

1　表紙ページの作成

まずは表紙のページを作ってみましょう．新規作成したプレゼンテーションの1枚目のスライドはタイトルスライドになっています．ここにタイトルと発表者を記載します．手順は次のとおりです．

手順 ➡

❶スライド上に表示されているタイトル入力欄をクリックします．
❷テキスト編集モードになるので，タイトルの文字を入力します．

❸同様にテキスト入力欄をクリックして，発表者の所属している組織や発表者の氏名，メールアドレスなどを入力します．

なお，入力が終わった後に文字を追記したり修正したりしたいときは，そのテキスト部分をクリックすればテキスト編集モードになります．

2　新しいスライドの挿入とレイアウトの設定

➡ ここでは「前提」としていますが，このスライドには「仮説」や「仮定」を記入する場合もあります．これは行っている推論によって変わります．本章の課題を行うときは「前提」としてください．

プレゼンテーションで発表するときには，レポートを書くときと同じように，「目的」「証明（前提・推論）」「結論」をはっきりと分けるようにします．これらが明確になっていることで，発表を聞いている人たちに，これから何が発表されるのか，それはどのような方法で明らかになることなのかを伝えることができます．

プレゼンテーションソフトを立ち上げたら，まずは5枚のスライドを作成する習慣を身に付けましょう．明らかにすることが複雑になればなるほど「証明」の部分のスライドは多くなりますが，そのときにもまずは5枚の

スライドを作成し，発表の骨格をきちんと整えることから始めてください．

「課題」のスライドのように4枚のスライドを追加し，タイトルのスライドと合わせて5枚のスライドにしましょう．スライドを追加する方法には，メニューバーから追加する方法と，スライドパネルから追加する方法の2つがあります．

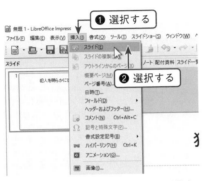 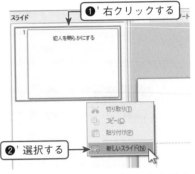

●メニューバーから挿入する場合　　●スライドパネルから挿入する場合

4枚のスライドを挿入したら，それぞれのスライドにレイアウトを適用します．作業パネルの[**レイアウト**]にスライドへ適用できる様々な種類のレイアウトが用意されています．スライドを選択した状態で，この中から適用したいレイアウトをクリックすると適用できます．2枚目から5枚目のスライドには，発表内容を箇条書きで書くことができる「タイトル，コンテンツ」を選択しておいてください．

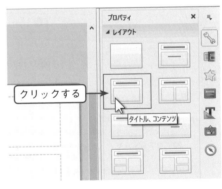

レイアウトを選んだら，2枚目のスライドには「目的」，3枚目のスライドには「前提」，4枚目のスライドには「推論」，5枚目のスライドには「結論」とタイトルを付けておきましょう．

③ スライドの内容の入力

「課題」のスライドにしたがって，すべてのスライドに内容を入力していきます．

選択しているレイアウトが「タイトル，コンテンツ」の場合，テキスト部分は箇条書きモードになっているので，Enterキーを押すごとに行頭に「●」が自動的に付けられます．

「結論」のスライドは「目的」のスライドからテキストをコピーしてくだ

さい．ただし，「目的」のスライドには「明らかにする」という表現がありますが，その箇所を「明らかにした」とだけ変更してください．

1 箇条書きレベルの変更

箇条書きにはレベルがあります．レベルを上下させることで，内容の包含関係を見た目で表せるようになります．

「課題」のスライド2のように「目的」のスライドにテキストを入力します．「本発表では，」と入力したら Enter キーを押しましょう．自動的に箇条書きの「•」が挿入されます．この後に続くのは「本発表」で伝える内容になりますから，箇条書きのレベルを下げておきます．手順は次のとおりです．

手順 ➡
❶レベルを下げたい行の最初にカーソルを動かします．
❷ Tab キーを押します．箇条書きの記号が変わり，レベルが下がったことがわかります．さらにレベルを下げたいときには Tab キーをその分だけ押します．逆にレベルを上げるときは Shift + Tab キーを押してください．

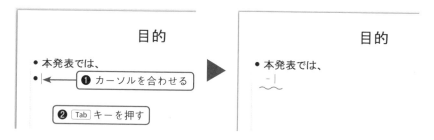

2 行間の調整

行の間が詰まりすぎていると，見づらいプレゼンテーション資料になります．行間にはできるだけ余裕を持たせ，読みやすくしましょう．行間は次の方法で調整します．

手順 ➡
❶調整したいテキスト部分をドラッグして選択します．ここでは箇条書きにした部分を選択しましょう．
❷[作業パネル]の中の[プロパティ]で[行間]ボタン ≔▾ をクリックし，[行間：2行]を選択しましょう．

または，マウスを右クリックして[段落]→[行間]→[2行]と選択する方法もあります．

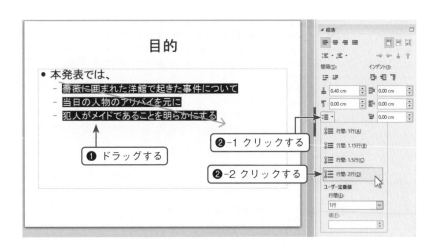

26・3 スライドショー

① スライドショーの実行

作成した5枚のスライドをスライドショーとして実行してみましょう．実行の手順を2通り説明します．

1 始めのスライドからスライドショーを実行する場合

手順
❶ メニューバーから［スライドショー］→［先頭のスライドから開始］を選択します．
❷ 全画面でスライドショーが始まります．スライドを進めるときは左クリック，そのほかの操作は右クリックからできます．スライドショーを中断するときは Esc キーを押してください．
❸ 最後のスライドが終わると黒い画面に白字で「マウスクリックでスライドショーの終了」と表示され，クリックするとスライド編集画面に戻ります．

2 途中のスライドからスライドショーを実行する場合

手順
❶ スライドショーを開始したいスライドを選択します．
❷ メニューバーから［スライドショー］→［現在のスライドから開始］を選択します．
❸ その後の操作は，始めのスライドから実行した場合と同様です．

それぞれのキーボードショートカットを覚えておくと便利です．始めから実行の場合は F5 キーを，途中からの場合は Shift + F5 キーでスライドショーを開始できます．

② タイミングのリハーサル

　Impressには，それぞれのスライドを使った発表に要した時間を計測する機能があります．本番のプレゼンテーションを行う前に，リハーサルで時間を計測し，余分な内容が含まれていないか，余裕のある発表になっているかなどを確認しましょう．プレゼンテーションに慣れないうちは何度もリハーサルを行いましょう．

　リハーサルを行うには，メニューバーから［**スライドショー**］→［**タイミングのリハーサル**］を選択します．スライドショーが始まりますが，左下に時間が表示されている点が，通常のスライドショーとは異なっています．リハーサルを行うときにはこの時間をチェックするようにしましょう．

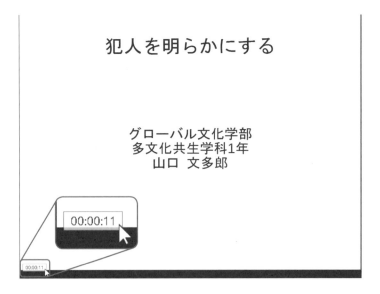

　次の手順で，リハーサルにかかった時間をImpressに記録させ，本番のプレゼンテーションで自動的にスライドが切り替わるように設定できます．

手順

❶ リハーサルを行っているときにスライドを切り替えるタイミングで左下の時間をクリックすると，そのときのスライドに費やした時間がImpressに記録されます．

❷ 記録した時間を，スライドを自動的に切り替える機能と連動させます．メニューバーから［**スライドショー**］→［**画面切り替え**］を選択してください．

❸ 作業パネルに［**画面切り替え**］が表示されますので，［**スライドを進める**］の「次の時間後に表示」にチェックを入れます．ここの秒数欄には，リハーサルで記録した時間が自動的に反映されています．

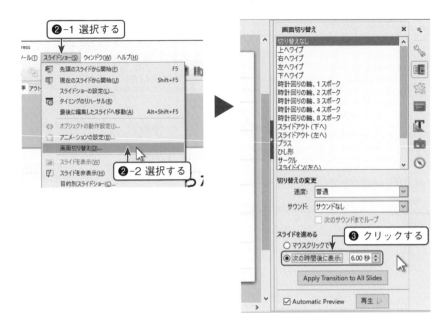

こうすることで，スライドを切り替えるときにキーボードやマウスを使うことなく，入念にリハーサルしたタイミングでプレゼンテーションを行うことができます．

26・4 表示モードについて

Impressではスライドを編集するモードとして「標準」以外にも4つのモードがあります．これらのモードは，[**表示切り替えタブ**]で切り替えることができます．

① アウトラインモード

タイトルとテキストだけが表示されるようになっています．これを確認することで，プレゼンテーションの流れを把握することができます．一番大きな文字の行頭に付いている記号は，各スライドのタイトルなどを意味しています．

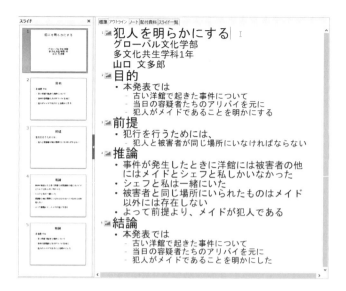

2 ノートモード

それぞれのスライドにメモを付けられるモードです．プレゼンテーションに慣れないうちは，話す内容や順番をここに記入しておくとよいでしょう．メモを書いておくことで話し忘れたりすることが少なくなります．

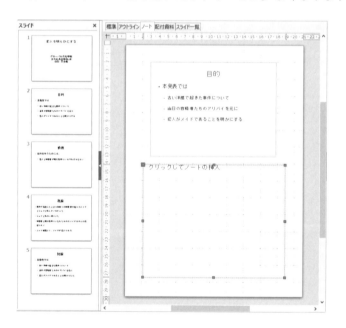

3 配布資料モード

資料を紙に印刷して配布する際に利用します．1枚の紙に印刷するスライドの枚数を作業パネルで選択できるようになっています．

第26章　プレゼンテーション資料作成の基本

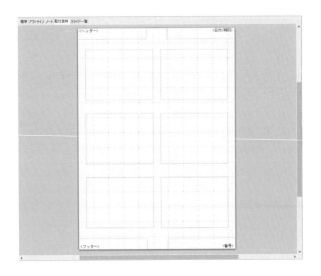

④ スライド一覧モード

　作成したスライドを一覧で確認するときに利用します．プレゼンテーションを行う前の最後の確認に使用してください．レイアウトの変更を行うこともできます．スライドをダブルクリックすれば，そのスライドの編集画面（標準モード）に切り替わります．

　それぞれのモードは印刷するときにも選択できます．ノートモードで入力したテキストは，印刷時にノートモードを選択することで紙に出力できます．

演習26

1. 犯人がメイドであることを示すスライドを完成させてスライドショーを実行しましょう．

2. 次の発見についてプレゼンテーションができるようにスライドを作成してください．

> 動いているものは必ず何かに動かされています．そして恒星は天空を動いています．ここから，恒星を最初に動かしたものがいるという結論が導出されます．
> このことから星々を最初に動かしたものがいるということを発見できたことになります．

3. 産褥熱の原因を明らかにしたゼンメルバイスの業績をスライドにしてください．ゼンメルバイスが行ったことは次のとおりです．

> ゼンメルバイスは19世紀に活躍した医者です．彼は病院でお産をした女性の多くが産褥熱に罹って亡くなることに悩んでいました．
> 事実を調査していくと，産婆がお産に立ち会っていた病棟よりも医師がお産に立ち会っていた病棟の方が死亡率が高いことが判明しました．さらに，遺体の解剖をしていた際に傷を負った同僚の医師が，妊婦と同じ産褥熱に罹りました．医師は解剖に携わりますが，産婆はそうではないことも明らかになりました．
> このことから，遺体に含まれる何らかの物質が産褥熱の原因になるとゼンメルバイスは考え，お産の前には手を消毒することを提案しました．
> 消毒を行うようになってから，産褥熱の発生率が低下するようになりました．

第27章 デザインとアニメーションの設定

　本章ではImpressのスライドにデザインを適用する方法とアニメーションの設定方法を学習します．文字だけのスライドもシンプルで見やすいですが，ある程度のデザインやちょっとしたアニメーションは，プレゼンテーションを見ている人の興味を引く効果があります．ただし凝ったデザインや複雑なアニメーションは，かえって相手の興味を削いでしまうことにもなりかねませんので注意してください．

● 課題　　　　本章では以下の3枚のスライドを作成し，アニメーションの設定を行います．

スライド1

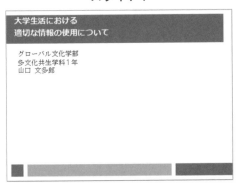

スライド2

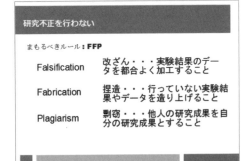

スライド3

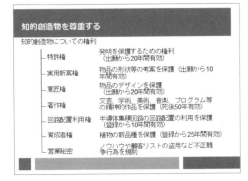

27・1　マスターページの選択

　マスターページを設定することで，様々なデザインのスライドを作成できます．設定の手順は次のとおりです．

手順 ➡　❶作業パネルの右側にある[**マスターページ**]ボタン をクリックします．

❷作業パネルに使用可能なテンプレートが一覧で表示されるので,好きなものを選んでクリックします.選択したテンプレートがスライドに適用されます.

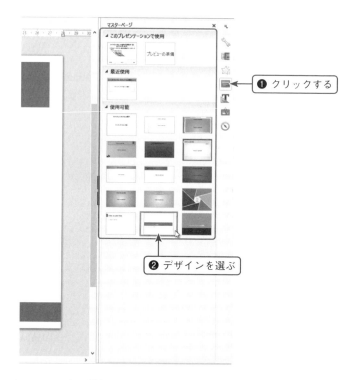

マスターページの選択により,あらかじめ決められた背景や文字色などがすべてのスライドに適用されます.なお,Impress用の様々なデザインテンプレートはhttp://templates.libreoffice.org/から検索してダウンロードできます.

27・2 文字の挿入

まずは,「課題」のスライドを見ながら,プレゼンテーションの表紙となるタイトルスライドを作成してください.

次に2枚目のスライドを挿入し,タイトル欄に「研究不正を行わない」と入力してください.このスライドにはテキストボックスを用いて文字入力を行うので,「タイトルのみ」のレイアウトを選択してください.テキストボックスを挿入して文字を入力する手順は次のとおりです.

手順 ❶ツールバーの[**テキストボックス**]ボタン T をクリックします.
❷スライド上をドラッグして,文字を入力する範囲を選択します.
❸文字(ここでは「まもるべきルール:FFP」)を入力します.

❹同様にして,「Falsification」「Fabrication」「Plagiarism」もそれぞれ別のテキストボックスに入力します.

まもるべきルール: FFP

Falsification

Fabrication

Plagiarism

27・3　文字の装飾

初期設定のままでは文字の大きさが小さいため[**標準スタイル**]を変更します.手順は次のとおりです.

手順

❶作業パネルの右側の[**スタイルと書式設定**]ボタン**T**をクリックし,作業パネルに表示された「標準」を右クリックして,[**変更**]を選択します.

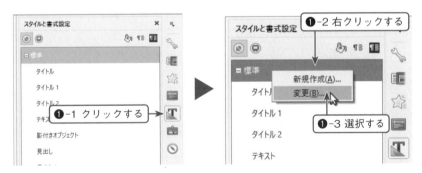

❷[Graphic Styles: 標準]ダイアログボックスが開くので,[**フォント**]タブを選択します.

❸フォントのサイズを[**西洋諸言語用フォント**](英数字用),[**アジア諸言語用フォント**](日本語用)の両方とも「28」に変更し,[**OK**]ボタンをクリックします.これで,すでに入力してあるテキストのフォントのサイズが変わります.また,これから入力するテキストのフォントも,変更後の大きさになります.

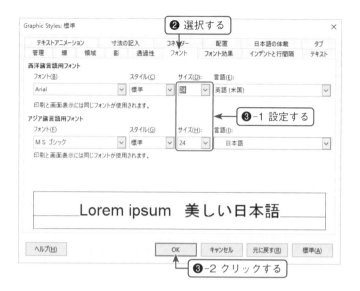

27・4 アニメーションの設定

プレゼンテーションを効果的に印象づけるために,オブジェクトに対してアニメーションの設定を行います.プレゼンテーション中にクリックすると,オブジェクトが現れたり消えたりするなど,様々な動作を設定できます.

1 アニメーション設定の追加

「クリックするとスライド外部からオブジェクトが現れる」というアニメーションをオブジェクトに割り当ててみましょう.

手 順

❶「Falsification」のテキストボックスをクリックしてアクティブにします.

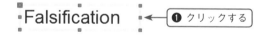

❷作業パネルの右側の[**アニメーション**]ボタン☆をクリックし,作業パネルに表示された[**効果の追加**]ボタン✚をクリックします.

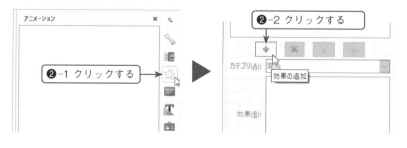

第27章 デザインとアニメーションの設定

❸アニメーション設定のウィンドウが開くので、[カテゴリ]のプルダウンメニューから[開始]を選択し、[効果]から「スライドイン」を選択します。プレビューが実行されるので、アニメーションの効果を確認してください。

❹[再生]ボタンをクリックして、選択したアニメーションを適用します。

2 複数オブジェクトの同時動作

複数のオブジェクトのアニメーションを、同時に動作するように設定することができます。ここでは、先ほどの手順でアニメーションを設定した「Falsification」に合わせて、ほかのオブジェクトのアニメーションも同時に動作するよう設定してみましょう。

手順

❶「Fabrication」をクリックしてアクティブにし、先ほどと同様の手順で「スライドイン」のアニメーションを設定します。

❷[アニメーション]の下部にある[効果 スライドイン]の[開始]から「直前の動作と同時」を選びます。

❸[アニメーション]の「Fabrication」の項目にあった「カーソル」がなくなり、直前の「Falsification」のアニメーションと同時に動作することが確認できます。

3 複数オブジェクトの連続動作

オブジェクトのアニメーションをクリックすることなく連続して行いたい場合は、次のように設定してください。

手順

❶先ほどと同様の手順で「Plagiarism」に「スライドイン」のアニメーションを設定します.

❷[**アニメーション**] の下部にある [**効果現れる**] の [**開始**] から「直前の動作の後」を選びます.

❸[**アニメーションの設定**]の「Plagiarism」の項目の「カーソル」が時計アイコンに変わるのを確認します.

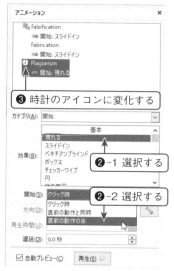

④ 動作順序の入れ替え

アニメーションの順序を入れ替えたい場合は[**アニメーション**]に登録した内容の順序を入れ替えます. 上にあるアニメーションが先に実行されます.

手順

❶順序を変更するオブジェクトを選択して, [**上に移動**]ボタンをクリックします.

❷オブジェクトが1つ上に移動します.

なお, アニメーションを後ろに移動させたいときは[**下に移動**]ボタンをクリックします.

設定が終わったら, 一度, スライドショーを実行して動作を確認しておきましょう. 動作順序を入れ替えた後は, 意図しないアニメーションにならないように, アニメーションが開始する条件「クリック時」「直前の動作と同時」「直前の動作の後」をよく見直してください.

⑤ アニメーションによる強調設定

スライドショーの実行時に, オブジェクトが強調表示されるようにしてみましょう. ここではテキストの文字を大きくします. すでに「Falsification」オブジェクトにはスライドインが割り当てられていますが, ここにスライド

インした後に文字サイズが大きくなるアニメーションを追加します．

手順
❶「Falsification」をクリックしてアクティブにします．
❷［アニメーション］の［効果の追加］ボタン ✚ をクリックします．
❸アニメーション設定のウィンドウが開くので，プルダウンメニューから［強調］を選択し，「フォントサイズを変更」を選択します．

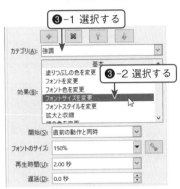

6 強調設定を元に戻す

このスライドを使用したプレゼンテーションでは，「Falsification」の説明後，「Fabrication」の説明に入るはずです．このとき，「Falsification」の文字が大きいままでは，説明中の内容と違う箇所を強調するスライド表示になってしまいます．そこでもう一度アニメーションを設定し，文字の大きさを小さくします．

手順
❶先ほどの手順にしたがって「Falsification」にさらに「強調」のアニメーションを追加して，作業パネルの［**アニメーション**］にある［**オプション**］ボタンをクリックします．
❷「効果オプション」ダイアログボックスが表示されるので，［**効果**］タブを選択して文字の大きさを変更します．初期設定では「150%」に拡大されているので，これを「100%」に戻して［**OK**］ボタンをクリックします．

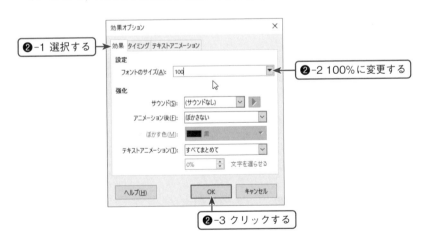

以上の作業が終わったら，次は「Fabrication」に対して「強調」のアニメーションを設定します．このように設定していくと，プレゼンテーションの進行状況に応じてスライドの該当箇所を強調していくことができます．

27・5 コネクターの扱い方

次に「課題」のスライド3を作成します．まずはツールバーの[**スライド**]ボタン をクリックしてスライドを追加してください．

スライド3では「知的創造物についての権利」から「特許権」や「著作権」に対して線が引かれています．Impressには単純な直線オブジェクトもありますが，これを使用してオブジェクト間に線を引いた場合，オブジェクトの配置が変わるたびに線を引きなおさなければいけません．それを避けるために「コネクター」を使います．

➡ コネクターの取扱い方法は，基本的には第25章で説明した描画ソフトDrawでの方法と共通です．

手順

❶「知的創造物についての権利」と「特許権」と入力した2つのテキストボックスを作成します．

❷ウィンドウ下部の「図形描画」ツールバーから[**コネクター**]ボタン をクリックします．ツールバーのボタン形状がこれと異なる場合は，右図のようにアイコン右にある矢印をクリックしてください．

❸「特許権」のオブジェクトにカーソルを近づけると，コネクターを結合するための4つの制御点が現れます．ここでは左の制御点にカーソルを合わせてクリックします．

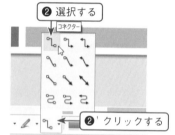

❹そのまま「知的創造物についての権利」までドラッグし，下の制御点にコネクターを結合します．

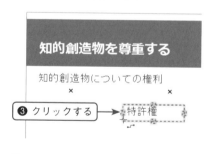
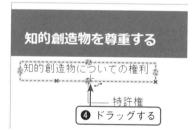

❺これで，2つのオブジェクトの間から離れることのないコネクターを引くことができました．試しにどちらかのオブジェクトを移動して，コネクターも一緒に移動することを確認してください．

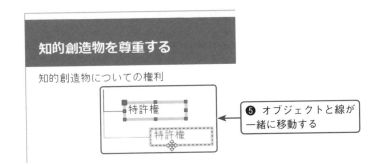

「課題」に記載したスライド3と下記の表を参照して,ほかのオブジェクトを入力した後,それらをコネクターで接続してください.

●知的創造物についての権利

特許権	発明を保護するための権利（出願から20年間有効）
実用新案権	物品の形状等の考案を保護（出願から10年間有効）
意匠権	物品のデザインを保護（出願から20年間有効）
著作権	文芸,学術,美術,音楽,プログラム等の精神的作品を保護（死後50年有効）
回路配置利用権	半導体集積回路の回路配置の利用を保護（登録から10年間有効）
育成者権	植物の新品種を保護（登録から25年間有効）
営業秘密	ノウハウや顧客リストの盗用など不正競争行為を規制

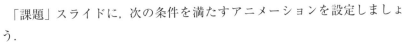

演習27

「課題」スライドに,次の条件を満たすアニメーションを設定しましょう.

1. 「特許権」の説明のときに「特許権」の文字が大きくなる.次の「実用新案権」の説明に移るときは,「特許権」の文字が小さくなり,同時に「実用新案権」の文字が大きくなる.

2. 「特許権」とその説明文が,同時に左右別々の方向から現れる.

3. 権利の説明をしているときに,その内容の文字が赤くなる.

ほかにも色々な手法を試して,伝えたい内容が効果的に伝わるような表現を身に付けましょう.

Column

フリーソフトウェアの考え方

コンピュータを購入してもOSがなければそのパソコンは動きません．たとえOSがインストールされていたとしても，アプリケーションソフトがなければ文書を作成したり，絵を描いたり，写真を加工したり，映像を見たり，音楽を聴いたりできません．

ソフトウェアは知的生産物ですから，著作権や特許権の対象となります．手に入れたソフトウェアを改良してより使いやすくすることは著作権の違反になります．また，より高精細な映像を作成するソフトウェアを開発した人が，そのアイデアに対して特許を取得したとしましょう．すると，使用料を支払わない限り高精細な映像をコンピュータ上で再生するソフトウェアを作成することができなくなります．

ここで奇妙なことが起こっています．知的所有権が私たちの所有権を制限し，結果的に私たちから自由を奪うことになるのです．コンピュータを購入して所有していたとしても，ソフトウェアを自由に使うことができなければ，コンピュータを自由に使うことができなくなります．自分が所有しているコンピュータを自分が自由に使うためには，自由に使うことができるソフトウェアが必要になります．

このことに気がついたのがリチャード・ストールマンであり，彼は1983年にフリーソフトウェア運動を開始します．コンピュータを動かすためのソフトウェアを作成し，自由に配布し，自由に複製し，自由に改造し，自由に実行することを推進している運動です．

つまりフリーソフトウェアは，自分が所有しているコンピュータを自由に使うために開発され存在しているソフトウェアです．

より詳しくはFSF（Free Software Foundation, https://www.fsf.org/）を参照してください．

第28章 グラフの作成とほかのソフトウェアとの連携

本章では，Impressにおいてグラフを利用する方法について演習します．Impressはほかのソフトウェアと連携することが可能で，例えばCalcで作成したグラフをImpressで使用することなどができます．また，Impressにも簡単なグラフ作成機能があります．

○課題　本章では，以下のスライド中のグラフを3種類の方法で作成します．

スライド1

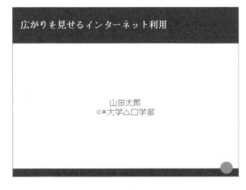

スライド2

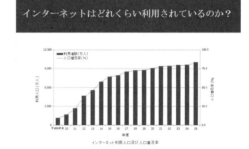

スライド3

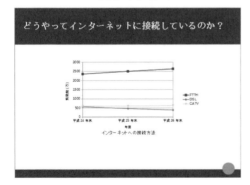

スライド4

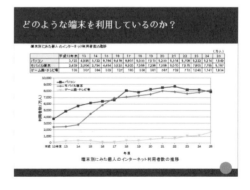

28・1　Impressにおけるグラフの表示

Impressでグラフを表示するには，Calcで作成したグラフをコピーして利用する方法，Impress自身のグラフ作成機能を使用する方法，他ソフトウェアのOLEオブジェクトとして連携させる方法の3つがあります．これらの方法を状況に応じて使い分けられるようになると，効率的に作業が行えるようになります．

28・2 Calcで作成したグラフのコピー

➡「グラフウィザード」ダイアログボックスでグラフの種類として「縦棒と折れ線」を選択してグラフを作成した後，データ系列「人口普及率」の[データ系列の方向]を「第2Y軸」に設定します．そのほかのグラフ作成の詳細は，第11章，第12章を参照してください．

まず，Calcで次の表を入力して，「課題」のスライド2のようなグラフを作成します．Calcのファイルは「OLE_graph.ods」というファイル名で保存してください．

	A	B	C	D	E	F	G	H	I	J	K	L	M	N	O	P	Q	R
1	インターネット利用人口の推移																	
2																		
3		平成9年末	10	11	12	13	14	15	16	17	18	19	20	21	22	23	24	25
4	利用者数(万人)	1,155	1,694	2,706	4,708	5,593	6,942	7,730	7,948	8,529	8,754	8,811	9,091	9,408	9,462	9,610	9,652	10,044
5	人口普及率(%)	9.2	13.4	21.4	37.1	46.3	57.8	64.3	66.0	70.8	72.6	73.0	75.3	78.0	78.0	79.1	79.5	82.8

出典：総務省情報通信統計データベース「インターネット利用人口の推移」
(http://www.soumu.go.jp/johotsusintokei/field/tsuushin01.html)
(データを加工して作成)

グラフを作成したら，以下の手順で，それをコピーしてImpressのスライド2に貼り付けます．

手 順

➡ グラフを編集状態にしてコピーすると，スライド上での貼り付けがうまくできない場合があります．

❶Calc上でグラフの編集状態を終了してから，作成したグラフを右クリックして，メニューから[**コピー**]（あるいは Ctrl + C キー）を選択します．

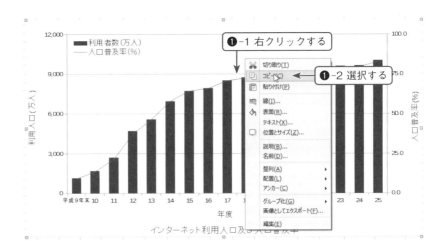

❷Impressでスライド2を右クリックして，メニューから[**貼り付け**]（あるいは Ctrl + V キー）を選択すると，コピーしたグラフを貼り付けることができます．Calcからコピーしたグラフはグラフオブジェクトとして貼り付けられるので，このグラフをダブルクリックすると編集状態になり，様々な変更を加えることができます．

なお，貼り付け時に，メニューバーから[**編集**]→[**形式を選択して貼り付け**]を選択すると，「形式を選択して貼り付け」ダイアログボックスが表示され，貼り付ける形式を選ぶことができます．例えばここで「GDIメタファイル」を選択すると，グラフが画像として貼り付けられます．この場合，ファイルサイズが小さくなったり，見た目が変わらないなどの利点は

ありますが，スライド内でグラフの編集を行うことはできません．

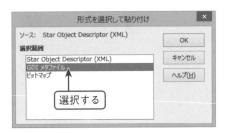

●画像として貼り付ける場合

28・3 Impressのグラフ作成機能

1 グラフの作成

前節の方法では，グラフが参照するデータの値が変更された場合，再度Calc上でグラフを作成しなおして，上記の手順を繰り返す必要があります．そこで，簡単なグラフの場合は，Impressのグラフ作成機能を利用するという方法もあります．

手順 ➡

❶メニューバーから［**挿入**］→［**グラフ**］を選択します．

❷グラフが編集状態で中央に表示されるので，これを右クリックし，メニューから［**データテーブル**］を選択します．

➡ グラフの編集状態が解除されている場合は，ダブルクリックして編集状態にしてください．

❸「データテーブル」ダイアログボックスが表示されるので，ここに次のようにデータを入力し，4行目にカーソルを移動して［**行の削除**］ボタン でこの行を削除した後，［**OK**］ボタンをクリックします．入力したデータを反映したグラフが作成されるので，グラフ以外の場所をクリックして，グラフの編集状態を解除してください．

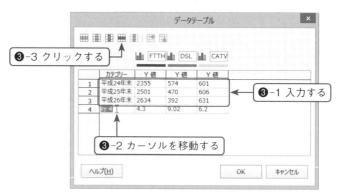

出典：総務省情報通信統計データベース
「ブロードバンドサービス等の契約数の推移（四半期）」
(http://www.soumu.go.jp/johotsusintokei/field/tsuushin01.html)
（データを加工して作成）

2 グラフの書式設定

作成したグラフには，様々な変更を加えることができます．ここでは，グラフの種類を変更し，タイトルを挿入してみます．

❶グラフをダブルクリックして編集状態にしてから右クリックし，メニューから［**グラフの種類**］を選択します．

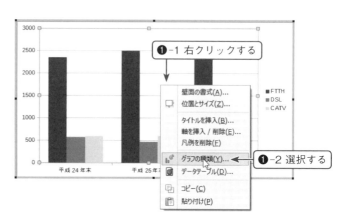

❷「グラフの種類」ダイアログボックスが表示されるので，グラフの種類を「線」，形状として「点および線」を選択して，［OK］ボタンをクリックします．

第28章　グラフの作成とほかのソフトウェアとの連携　259

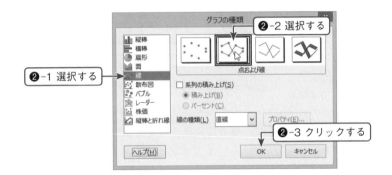

❸次に，タイトルを設定します．グラフが編集状態であることを確認して，右クリックしてから［**タイトルを挿入**］を選択するか，メニューバーから［**挿入**］→［**タイトル**］を選択します．

❹「タイトル」ダイアログボックスが表示されるので，［**タイトル**］に「インターネットへの接続方法」，［**X軸**］に「年度」，［**Y軸**］に「契約数（万）」を入力して，［**OK**］ボタンをクリックします．

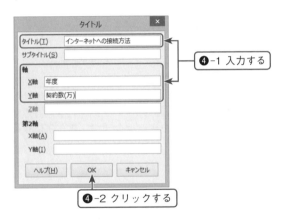

❺グラフが折れ線グラフに変更されて，タイトルが挿入されます．

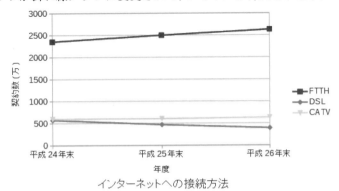

28・4　OLEオブジェクトとしてのCalcとの連携

➡ OLEは，ドキュメント内にほかのソフトウェアで作成したデータを取り込むためのしくみの1つで，OLEオブジェクトとは，このしくみで取り込まれたデータを指します．リンク機能を有効にすると，ほかのソフトウェアでデータを変更した場合，その内容がOLEオブジェクトにも反映されます．

Calcなどほかのソフトウェアで作成したファイルをImpressから直接参照する方法として，そのファイルをOLEオブジェクトとして取り込むという方法があります．その場合，元のファイルで変更した内容がスライド上にも簡単に反映されるので，データを変更するたびに元ファイルを開いてコピーしなおす必要がなく便利です．ただし，参照するファイルの内容が変わるとスライドの表示も変わるので，参照するファイルのバージョン等をきちんと管理する必要があります．

① 準備

まず，Calcで先ほどの「OLE_graph.ods」を開き，「sheet2」に次の表を入力して，「課題」のスライド4のようなグラフを作成した後，ファイルを保存してCalcを終了します．

	A	B	C	D	E	F	G	H	I	J	K	L	M	N	O
1	端末別にみた個人のインターネット利用者数の推移														
2															（万人）
3		平成12年末	13	14	15	16	17	18	19	20	21	22	23	24	25
4	パソコン	3,723	4,890	5,722	6,164	6,416	6,601	8,055	7,815	8,255	8,514	8,706	8,222	8,214	7,849
5	モバイル端末	2,439	2,504	2,794	4,484	5,825	6,923	7,086	7,294	7,506	8,010	7,878	7,603	7,788	8,167
6	ゲーム機・テレビ等	138	307	364	339	127	163	336	361	567	739	715	1,040	1,141	1,634

出典：総務省情報通信統計データベース
「端末別にみた個人のインターネット利用者数・比率の推移」
（http://www.soumu.go.jp/johotsusintokei/field/tsuushin01.html）
（データを加工して作成）

② OLEオブジェクトの挿入

ImpressのスライドトでOLEオブジェクトの挿入を行います．

❶ メニューバーから［挿入］→［オブジェクト］→［OLEオブジェクト］を選択します．

❷「OLEオブジェクトの挿入」ダイアログボックスが表示されるので，「ファイルから作成」を選択して，「ファイルへリンク」をチェックした後，［検索］ボタンをクリックします．「開く」ダイアログボックスが表示されるので「OLE_graph.ods」を選択して［開く］ボタンをクリックすると，

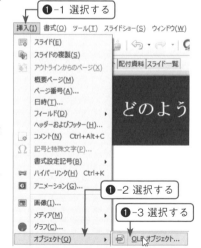

［ファイル］に次のようにファイルの場所が入るので，この状態で［OK］ボタンをクリックします．

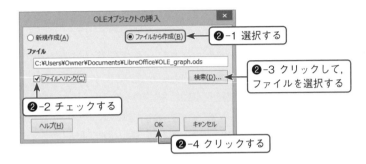

❸ スライド上で指定したファイルが開くので，［シート］タブで表示したいシートを選択します．シートの一部しか表示されていない場合は，図のようにマウスで拡大して全体を表示するようにします．最後にオブジェクト領域の外側をクリックして，編集状態を終了します．

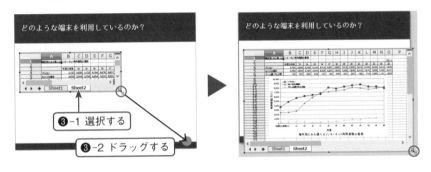

③ OLEオブジェクトの変更

参照するファイルの内容を変更してOLEオブジェクトに反映させるには，まず，変更したファイルを保存して終了した後，スライド上でOLEオブジェクトをダブルクリックします．これによって，参照先ファイルの変更がスライド側にも反映されます．

なお，OLEオブジェクトを含むImpressファイルでは，ファイルを開くときに次のようにデータを更新するかどうかが尋ねられるので，［はい］ボタンをクリックするとOLEオブジェクトが最新の状態に更新されます．

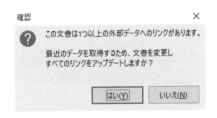

演習28

「課題」で作成したファイルに5枚目のスライドを挿入し，Calcで以下の表から作成したグラフを，スライド上に表示してみましょう．今回は，Calcからグラフをコピーして貼り付ける方法で行いましょう．

	A	B	C	D	E	F	G	H	I	J	K	L
1	我が国のブロードバンド契約者のトラヒック総量の試算											
2												(Gbps)
3		平成16年11月	17	18	19	20	21	22	23	24	25	26
4	トラヒック総量	257	390	540	708	939	1206	1363	1696	1905	2584	3552

出典：総務省情報通信統計データベース
「我が国のインターネットにおけるトラヒック総量の把握」
（http://www.soumu.go.jp/johotsusintokei/field/tsuushin01.html）
（データを加工して作成）

◆Microsoft Officeの場合

PowerPointでは，リボンの[挿入]タブで，[テキスト]グループにある[オブジェクト]ボタンをクリックすると，「オブジェクトの挿入」ダイアログボックスが表示されるので，ここから色々なオブジェクトをスライドに取り込むことができます．

Column

オープンソースの考え方

フリーソフトウェアはそれ自体で十分に魅力的ですが，そのライセンスには1つだけ難点だと思われていることがあります．フリーソフトウェアを改変した場合に，その成果物であるソフトウェアもフリーソフトウェアにしなければならないという点です．

どれだけ苦労して製作したソフトウェアであったとしても，フリーソフトの一部を使用していただけで自由にコピーを許さなければならなくなります．そうなるとソフトウェアをよりよいものにして販売しようというモチベーションが下がるのではないかという点が危惧されていました．購入しようとしたソフトウェアが自由にコピーできるのであれば，誰も購入せずにコピーするはずだと考えられていました．その結果，フリーソフトの開発は敬遠されることが多く，魅力的な機能を持っていたとしてもお世辞にも使いやすいとは言えないようなものもあります．

そこで，自由を追求するという思想的な側面に力点を置くのではなく，ソフトウェアを自由に使えるようにすることによって生じるメリットを強調するオープンソースという表現を，エリック・レイモンドが1998年に考えだしました．

メリットは多くあります．ソフトウェアをオープンにすることで，多くの人々が実際に使い，開発し，改良し，よりよいソフトウェアになっていきます．オープンソース運動ではこれらを強調しソフトウェアの公開を推進しています．実際に，開発に加わる人数が増えることで，便利な機能が追加されたり洗練されたインターフェイスなどが取り入れられています．

本書で採用しているLibreOfficeもオープンソースのソフトウェアであり，多くの人々の手によって十分に実用的なソフトウェアになっています．

より詳しくはOSI（Open Source Initiative, https://opensource.org/）を参照してください．

Base

Baseはデータベースのソフトウェアです．データベースは多くの情報を記録し，その情報の中から必要なデータを取り出す機能を持っています．データベースではSQLという言語を用いて表計算よりも多くの情報を取り扱うことができます．単体のアプリケーションソフトとしてだけではなくウェブサイトなどでも利用されている基本的なソフトウェアの1つです．

第29章 データベースソフトの基礎

本章ではデータベースソフトで家計簿を管理する演習を通じて，データベースの概要を理解することを目的とします．LibreOffice Baseの使い方を通じてデータベースの基礎を学びましょう．

○課題

本章では，基本的なBaseの使い方を学び，SQLを用いてデータベースから任意の情報を取り出す方法を学習します．

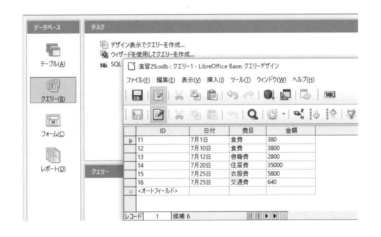

29・1 基本的なBaseの使い方

LibreOfficeの起動画面で[Baseデータベース]を選択し，Baseを起動すると「データベースウィザード」が表示されます．まずは新規データベースを作成しましょう．

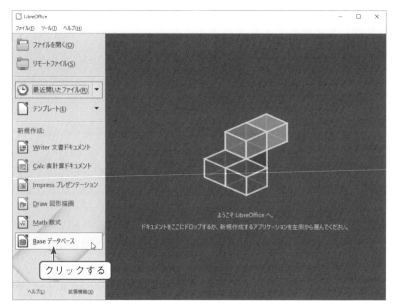

●Baseデータベースを起動

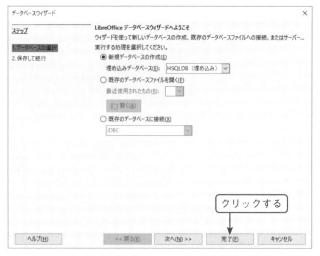

●新規データベースの作成

「演習29」という名前でデータベースを新規作成してください．

データベースを作成するとBaseのメインウィンドウが表示されます．最初にこのウィンドウの操作方法について簡単に説明します．

ウィンドウ左側の[**データベース**]の中には，[**テーブル**][**クエリー**][**フォーム**][**レポート**]などのBaseの基本的な操作で取り扱う項目があります．[**タスク**]の内容は，選択している項目に応じて変化します．

第29章　データベースソフトの基礎

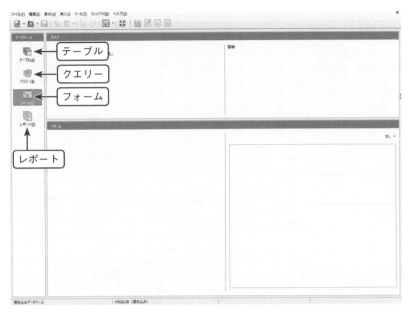

- **テーブル**　　データを登録するための表（テーブル）の作成や変更などを行います．
- **クエリー**　　データを検索するための操作を行います．
- **フォーム**　　ボタンや検索窓など，データベースからデータを取り出すためのグラフィカルなインターフェイスを作成するときに使います．
- **レポート**　　データを整理してWriterに表示するためのフォーマットを作成するときに使います．

1　テーブルの作成

　データベースソフトでは，データを蓄積する「テーブル」とデータの読み書きのための「クエリー」の2つを利用してデータを操作するのが基本となります．本章でも「テーブル」と「クエリー」を使ってデータの登録，検索を行います．

　先ほど作成した「演習29」のデータベースにテーブルを作成します．[**タスク**]にある[**デザイン表示でテーブルを作成**]をクリックしてください．

　テーブルは表の形をしており，表計算ソフトのシートと同じように行と列を持っていますが，第15章「表集計」でも説明したように，データベースではこれらを列と行ではなく**フィールド**と**レコード**と呼びます．また表計算ソフトでは，個々のセルに「日付」「数値」「文字」「数式」などの様々なデータを入力できましたが，データベースでは列ごとに入力できるデータ型を決めておく必要があり，決まった形式のデータしか入力できないようになっています．

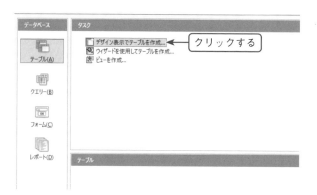

●「デザイン表示でテーブルを作成」をクリック

●フィールドとフィールドタイプの設定

下記の手順にしたがってテーブルを作成し，次にフィールドを作成し，フィールドタイプ（データ型）を定義していきます．

手順

❶個々のデータを識別するためのフィールド「ID」を定義し，[**自動入力値**]を「はい」にしてください．これによって，このフィールドにはコンピュータから自動的に数値が割り振られるようなります．この数値はテーブル内で重複することがないため，これを使うとテーブル内のデータを一意に指し示すことができます．このようなデータを「主キー」と呼びます．例えば同じ氏名を持つ2人のデータを登録したときに，それぞれのデータを区別するために用いるのが主キーです．

❷「日付」「費目」「金額」のフィールドを作成します．それぞれのフィールドタイプは，日付は「日付（DATE）」，費目は「テキスト（VARCHAR）」，金額

は「数値（NUMERIC）」にしましょう．

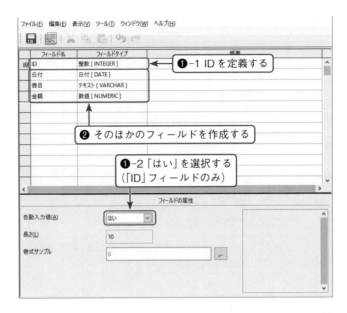

❸フィールドに表示されるデータの形式を変更します．初期状態では「日付」フィールドには「月日」しか表示されないため，年を間違って入力しても気付くことができません．そのためここでは，「年月日」形式で表示されるよう書式を設定します．

「日付」フィールドを選択してから，[**書式サンプル**]をクリックし，「フィールドの書式設定」ダイアログボックスの[**形式**]リストから「1999年12月31日」を選択して，[**OK**]ボタンをクリックします．

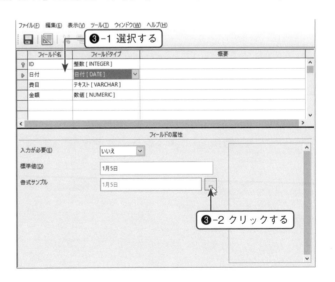

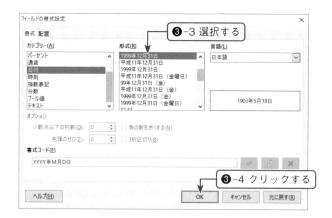

❹フィールドを作成したらテーブルを保存します．テーブルの名前は「家計簿」にしてください．テーブルを作成すると，ウィンドウのタイトルバーに「家計簿」が表示されます．保存が終わったら，このウィンドウを閉じます．

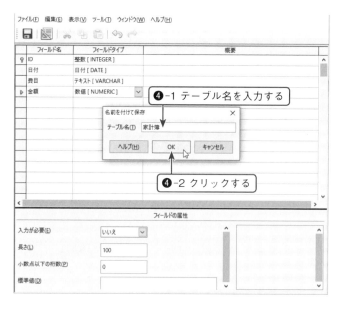

❺Baseのメインウィンドウで「家計簿」をダブルクリックしてテーブルを開いて，下記のデータを入力してください．日付を入力するときは半角英数で「2016-6-1」のようにします．

第29章　データベースソフトの基礎　269

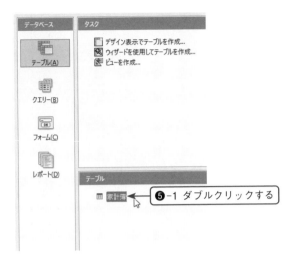

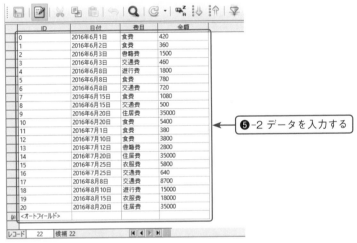

29・2　データの取り出し

次にクエリーを使ってデータベースから任意のデータを取り出します．Baseでは，データベースの取扱いにSQLという言語を使用しています．SQLは，ISOで規格化されているデータベースを操作するための言語です．SQLで作成した命令は「クエリー」と呼びます．

➡ SQLは1986年にANSIでSQL86として規格化され，その翌年にISOでSQL86として採用されました．現在はISO 9075と名前を変え，その内容は年々発展を遂げています．

SQL自体は難しい言語ではありませんが，まずはデータベースに慣れるために「ウィザードを使用してクエリーを作成」から始めましょう．

① ウィザードを使用してクエリーを作成

ウィザードを使用したクエリーの作成は，次のように行います．

手順　❶[データベース]の中から[クエリー]を選択して，[ウィザードを使用し

てクエリーを作成]をクリックします.

❷クエリーウィザードが表示されるので,「テーブル：家計簿」を選択します.

❸[**利用できるフィールド**]内のすべてを選択して[**クエリー内のフィールド**]に移動し,[**次へ**]ボタンをクリックします.

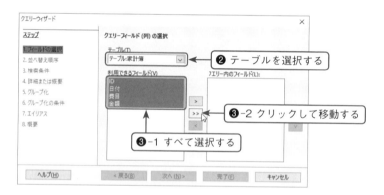

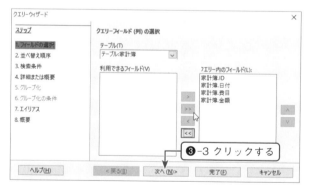

❹この画面ではデータを表示させるときの並び方を指定できます.ここでは,日付順に表示させるために並べ替えの基準を「日付」にして,昇順を選びましょう.

❺ 最後にデータを取り出す条件を指定します．より詳細なデータ取得のために複数の条件を指定することもできますが，ここでは1つの条件で検索を行います．費目が食費になっているデータを表示してみましょう．

❻ 入力が終わったら［完了］ボタンをクリックしてください．検索結果が表示されます．

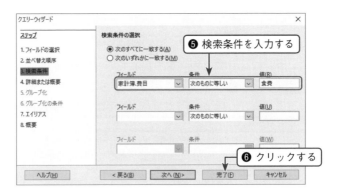

2 デザイン表示を用いたデータの取り出し

［データベース］の中から［クエリー］を選択して，［デザイン表示でクエリーを作成］をクリックし，家計簿のテーブルを追加してください．追加されたテーブルはデザインビューの中に表示されます．

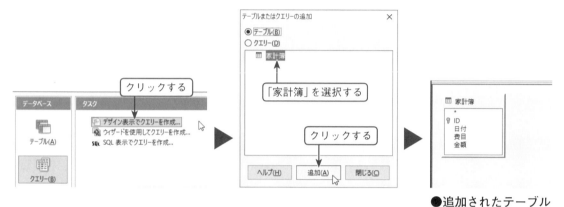

1 データへの関数の適用

費目の一覧を出してみましょう．

手順

❶ ウィンドウの下部にある「デザインビュー」の［フィールド］から「家計簿.費目」を選択し，次に［テーブル］から「家計簿」を選択します．

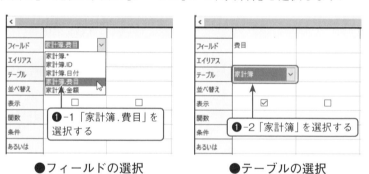

●フィールドの選択　　　　●テーブルの選択

❷ メニューバーの［編集］→［クエリーの実行］を選択するか，もしくはツールバーから［クエリーの実行］ボタン をクリックするとその結果が表示されます．

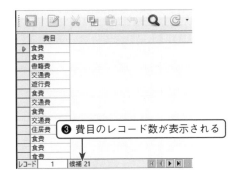

●メニューバーから実行　　●ツールバーから実行

❸ステータスバーに表示されているように，費目には21のレコードがあることがわかります．

❸費目のレコード数が表示される

次にそれぞれの費目について支払った金額を見てみましょう．それぞれの費目について支払った金額をすべて表示する手順は次のとおりです．

手 順

❶図のようにフィールドに「金額」を追加し，テーブルとして「家計簿」を選択してください．

❷この状態でクエリーを実行すると次のような結果になります．すべての費目についての金額が表示されています．

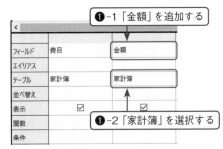

❶-1「金額」を追加する
❶-2「家計簿」を選択する

すべての費目とその金額は表示されますが，この状態では費目の全体像が把握しづらくなっているので，グループ化して表示することにします．

2 関数の適用

フィールドなどの項目の並びに「関数」を選択できる箇所があります．ここをクリックして自分が行いたい処理にふさわしい関数を選びます．

手順

❶先ほど追加した「金額」をフィールドから削除した後，「費目」フィールドの関数としてグループ化を行う「GROUP」をクリックして Enter キーを押します．

❷関数にGROUPが表示されていることを確認したらクエリーを実行してください．結果として6つのレコードが表示されています．これは費目が全部で6種類あることを意味しています．

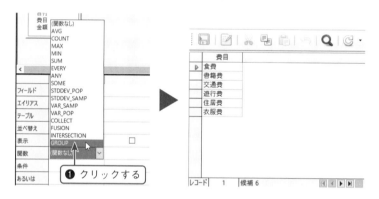

このとき，「金額」フィールドを削除しない状態でこのクエリーを実行して，「GROUP」でまとめた費目ごとの合計金額を表示しようとすると，クエリーの実行が失敗します．次に進む前に，その理由を推測してみましょう．

3 グループ化したデータへの対応

先ほどの失敗は，グループ化したデータに対する処理が適切に指示されていないことに原因があります．グループとしてまとめた「金額」データをどのように扱うかが不明だからです．これを回避するために「SUM」関数を「金額」フィールドに適用します．こうすることで，グループ化した費目の合計金額を出力するクエリーができあがります．これはコンピュータに解釈可能な命令です．

合計金額が出力されているのを確認してください．ほかにも「AVG」「COUNT」などの関数が使用できます．

③ SQL表示でクエリーを作成

次に，SQLを自分で入力してデータを取り出しましょう．

手順

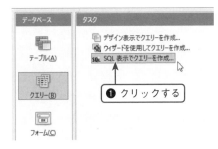

❶ [データベース] の中から [クエリー] を選択して，[SQL表示でクエリーを作成] をクリックします．

❷ 表示されたウィンドウに次のSQLを入力してください．

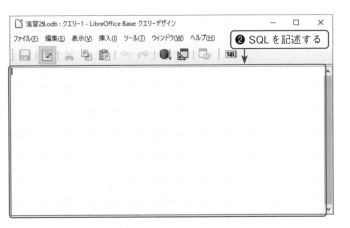

➡ 複数のテーブルからデータを取り出す場合には，フィールドを「"家計簿"."日付"」のように記述する必要があります．

```
SELECT * FROM "家計簿" WHERE "日付" >= '2016-07-01' ORDER BY "日付"
```

このSQL文の意味を見てみます．

```
SELECT * FROM "家計簿"
```

これは「家計簿からすべてのデータ（*）を取り出す」という意味です．こ

こに次のようにWHEREを用いて条件を与えています．

```
WHERE "日付" >= '2016-07-01'
```

その条件とは「家計簿の中の日付というフィールド内のデータが2016-07-01以上のもの」という内容です．最後に，もう1つデータの並び方に対する指示も付け加わっています．

```
ORDER BY "日付"
```

これは「日付順に並べる」ことを意味します．何も指定しないときには昇順になります．明示的に昇順や降順を指定したいときには「desc（descentの意味）」「asc（ascentの意味）」を最後に付け加えます．

```
ORDER BY "日付" desc
```

これらをまとめると，先ほどのSQLの意味は次のようになります．

「『家計簿』からすべてのデータを選択すること．ただし，家計簿の日付が2016年7月1日以降のものであって日付順（昇順）にすること」です．

実行結果はこのようになります．実際に確認してみましょう．

WHEREの中にはほかにも条件を追加することができます．使うことができる論理演算子は「AND」や「OR」，「NOT」などです．先ほどのSQLでは7月以降のすべてのデータを検索しましたが，例えば7月だけのデータを検索したいときには「7月1日以降かつ（AND）7月31日以前」とする必要があります．

```
WHERE "日付" >= '2016-07-01' AND
"日付" <= '2016-07-31'
```

上記の内容でWHEREの中を書き換えると，7月だけのデータが検索されます．

演習29

1. 交通費のみを表示させるクエリーを，デザイン表示で作成してください．

2. それぞれの費目の合計金額を表示させるクエリーを，デザイン表示で作成してください．

3. 各費目ごとの合計金額と個数を求めるクエリーを，デザイン表示で作成してください．

4. 「SQL表示でクエリーを作成」を使用して，7月以外のデータのみを表示するSQLを作成してください．

第30章 データベースを用いた文献管理

　前章ではデータベースソフトの基本的な使い方を学びました．本章ではデータベースのリレーションシップについて学習します．リレーションシップとはデータベースのテーブルとテーブルに持たせた関係を意味しています．複数の異なるテーブルを関連させることで，複数のテーブルに散らばったデータであっても，自由に取り出すことができるようになります．

●課題

　本章では，レポートや論文で必須となる文献情報の効率的な扱い方を通じて，データベースソフトの考え方を習得します．実際に文献の書誌情報を管理するデータベースを作成し，それぞれの文献の間にある関係をデータベース上で管理する練習を通じて，データベースにより慣れ親しんでください．

30・1　準備

　Baseを起動して「書誌情報」というデータベースを作成します．

　データベースを作成するときは，格納するデータの性質を十分に理解しておくことが大切です．例えば，実際に「書誌情報」を格納するテーブルを設計してみると，「著者」データの取扱いが難しいことに気付くはずです．というのも，論文によっては1人の著者が執筆したものもあれば，数百人もの著者がいるようなものもあります．もちろん書籍でも，複数の著者が執筆していることはよくあります．

　したがって，著者データを扱うフィールドは，いくつ用意しておけばよいのか事前にはわかりません．そこで書誌情報テーブルを分割して，著者データは別テーブルに格納することにします．

手順

❶まずは，著者以外の書誌情報を格納するテーブルを作成します．[**デザイン表示でテーブルを作成**]をクリックして，次のように「フィールド名」と「フィールドタイプ」を設定します．このとき，「B_ID」は前章と同じように主キーとして設定しておいてください．すべてのフィールドを作成したら，このテーブルを「基本情報」という名前で保存します．

第30章 データベースを用いた文献管理

フィールド名	フィールドタイプ
B_ID	整数
タイトル	テキスト
雑誌名	テキスト
出版社	テキスト
出版年	数値
巻・号	テキスト
ページ	テキスト

❷次に，著者データを格納するためのテーブルを作成します．先ほど同様，次のように「フィールド名」と「フィールドタイプ」を設定して，このテーブルを「著者」という名前で保存します．

フィールド名	フィールドタイプ
A_ID	整数
著者	テキスト
読み方	テキスト
B_ID	整数

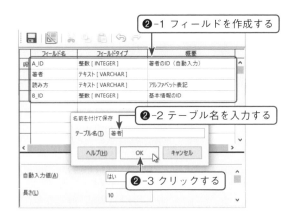

著者テーブル内でレコードを個別化するための主キーは「A_ID」とします．

著者テーブルの「B_ID」という名前のフィールドは，「基本情報」と「著者」の2つのテーブルを繋ぐための鍵であり，書誌情報データベースでは，このフィールドを使って2つのテーブルを接続します．

著者テーブルの「B_ID」は基本情報の「B_ID」と内容を同じにしなければならないため主キーにはしないでください．

30・2 データの入力

次のように，それぞれのテーブルにデータを入力してください．

「著者」テーブルの「B_ID」には「基本情報」テーブルで設定した「B_ID」を入力します．

30・3 テーブルの結合

作成した2つのテーブルには「著者」と「文献」という関係があります．それを表すために2つに分割したテーブルを結合するクエリーを作成します．

手順

❶ [データベース] → [クエリー] から [デザイン表示でクエリーを作成] を選択します．

❷「テーブルまたはクエリーの追加」ダイアログボックスで「基本情報」を選択してから [追加] ボタンをクリックして，このテーブルをクエリーに追加します．次に「著者」を選択して同様に追加します．

❸「基本情報」を選択し，その中から「B_ID」をクリックして「著者」の「B_ID」へドラッグします．これによってテーブル間に線が引かれたことを確認してください．これで2つのテーブルが「B_ID」を通じて関連付けられました．

❹ 上記の手順でテーブル間に関連付けができたら，デザイン表示の下部からこのクエリーで検索するデータを選択します．今回は，「基本情報.タイトル」と「著者.著者」の2つのフィールドを選択します．

❺ [クエリーの実行] ボタン をクリックしてクエリーを実行すると，次のような結果が表示されます．

出力を見てみると，2つのテーブルに分割したデータが元のとおりに適切に結び付けられているのがわかります．このような結合を可能にするテーブル間の関連付けを，リレーションシップといいます．

30・4　正規化

先ほど「著者」テーブルのデータを入力する際，同じ著者のデータが複数存在しており，データが重複していることに気付いたはずです．現在のデータベース構成では，新たに書誌情報を追加するたびに著者データも追加しなければいけないため，このままでは，同じ著者名を何度も追加しつづけることになります．また多数の著作を登録した後で著者名が間違っていることに気付いた場合，該当するすべてのデータを修正する必要が生じます．このようにデータが冗長になる場合は，さらにテーブルを分割してこれを解消します．

それぞれのテーブルを適切に分割し，極力シンプルにして，データの性質をテーブル間の関係に置き換えてゆくことを**正規化**といいます．

① 「著者」と「基本情報」を結合するテーブルの作成

[デザイン表示でテーブルを作成] をクリックして，次のテーブルを作成してください．このテーブルを使って，「基本情報」テーブルの「B_ID」と「著者」テーブルの「A_ID」を結合できるようにします．作成したテーブルは，「執筆関係」という名前で保存してください．

第30章 データベースを用いた文献管理　283

フィールド	フィールド名
ID	整数
A_ID	整数
B_ID	整数

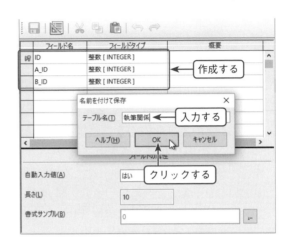

なお,「ID」フィールドは,主キーに設定してください.

② 著者テーブルの整理

次に「著者」テーブルから「B_ID」を削除します.どの著者がどのテキストを執筆したのかというデータは,先ほど作成した「執筆関係」テーブルで管理するからです.

1 フィールドの削除

手順

❶「著者」テーブルの上で右クリックして,表示されたメニューから[**編集**]を選択します.

❷「B_ID」の上で右クリックして,表示されたメニューから[**削除**]を選択します.

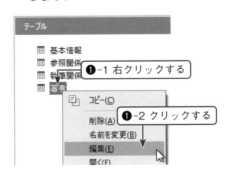
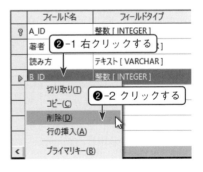

2 データの削除

次に,「著者」テーブルをダブルクリックして,重複している著者データを削除し「著者」テーブルを右の状態にしてください.

A_ID	著者	読み方
0	土屋 俊	Syun Tutiya
1	大谷 卓史	Takusi Ootani
2	Debora G.Jhonson	
3	水谷 雅彦	Masahiko Mizutani
4	江口 聡	Satosi Eguti
5	加藤 尚武	Hisatake Kato
6	James Moor	
8	越智 貢	Mitugu Oti
<オートフ		

③ 「執筆関係」テーブルへのデータ入力

「執筆関係」テーブルは,誰がどのテキストの著者なのかを関連付けるテーブルです.「A_ID」には著者テーブルの「A_ID」を,「B_ID」には「基本情報」テーブルの「B_ID」を入力します.例えば「James Moor(A_ID:6)」は「What is computer Ethics?(B_ID:3)」を執筆しているので,この関係を表すレコードとしては,「A_ID」に「6」,「B_ID」に「3」を入力します.

ID	A_ID	B_ID
0	0	0
1	1	0
2	2	1
3	3	1
4	4	1
5	5	2
6	6	3
7	0	4
8	3	4
9	8	4
<オートフィールド>	0	0

④ テーブルの結合とクエリーの実行

それでは,以上の手順で分割したテーブルがきちんと結合できるかどうかを検証してみます.前節と同様の手順で「基本情報」「著者」「執筆関係」テーブルの3つを結合しましょう.

手順

❶ [データベース] → [クエリー] から [デザイン表示でクエリーを作成] を選択します.

❷ 「テーブルまたはクエリーの追加」ダイアログボックスで「基本情報」を選択してから [追加] ボタンをクリックして,このテーブルをクエリーに追加します.同様に,「著者」「執筆関係」の2つのテーブルも追加します.

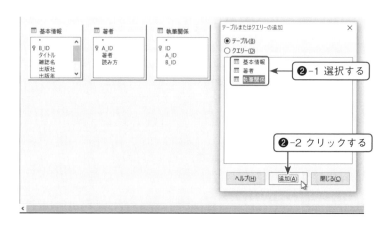

❸「執筆関係」の「A_ID」と「著者」の「A_ID」,「執筆関係」の「B_ID」と「基本情報」の「B_ID」の間をマウスでドラッグして結合します.

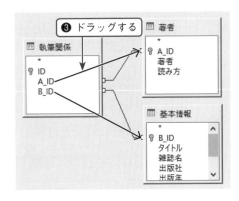

クエリーの実行結果が,前節と同じであることを確認してください.

このように,1つの大きなテーブルに多くの情報を詰め込むのではなく,データ同士の関係をテーブルの関係として表現することでデータを整理できるのがリレーショナルデータベースのメリットです.

30・5 データベースの活用

① 文献間の参照関係の作成

次に論文の参照関係をデータに加えましょう.多くの場合,学術論文や図書は先行研究を参照しています.ここでは例えば,「B_ID」が0の書籍(情報倫理入門)は「B_ID」が1(コンピュータ倫理学)と「B_ID」が2の書籍(現代倫理学入門)を参照しています.また,「B_ID」が1の書籍は「B_ID」が3の論文(What is computer Ethics?)を参照しています.これらの参照関係をデータベースに登録することで,文献間の関係を表現することができるようになります.登録するデータの数が多くなれば,多数の文献から参照されている基本的な文献を明らかにすることができます.

手順 ❶「参照関係」という新しいテーブルをデータベースに作成します.

ここでは参照・被参照の関係を親子として解釈し,その関係を表すためにこのテーブルに次の3つのフィールドを作成します.

1つ目は「参照先」の「B_ID」を格納するための「PARENT_ID」フィールド,2つ目は「参照元」の「B_ID」を格納するための「CHILD_ID」フィールドです.この2つのフィールドを用意することで,どの「B_ID」がどの「B_ID」を参照しているのかを表すことができます.

3つ目はこのテーブルの主キー「REF_ID」です.これも忘れずに作成してください.

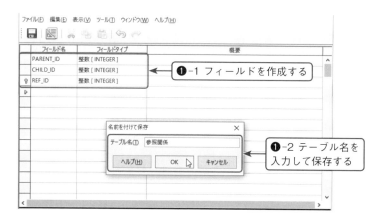

❷次に参照関係のテーブルにデータを入力します.すでに作成している基本情報のテーブルをもとに各IDを入力していきますが,まずは,次のような3つのレコードを登録しておいてください.

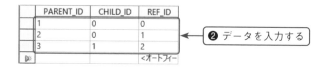

入力を終えたら,先ほどと同じようにクエリーを作成してテーブルを結合します.

② 3つのテーブルの結合

次に,クエリーを作成して「参照関係」と「基本情報」テーブルを結び付けます.

手順 ❶［データベース］→［クエリー］から［デザイン表示でクエリーを作成］を選択します.

❷「テーブルまたはクエリーの追加」ダイアログボックスで「参照関係」を選択してから［追加］ボタンをクリックして,このテーブルをクエリーに

追加します．次に「基本情報」を選択して同様にクエリーに追加しますが，今回はその後もう一度同じ作業を行い，デザイン表示上に「基本情報」テーブルが2つ存在する状態にしておきます．

❸ 次にテーブル間の関連付けを指定します．ここでは，「参照関係」の参照先である「PARENT_ID」と「基本情報」の「B_ID」，「参照関係」の参照元である「CHILD_ID」と「基本情報_1」の「B_ID」の2組を関連付けます．これによって，ある文献が別の文献を参照している関係が表現されます．

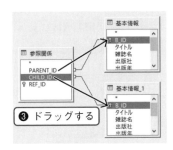

❹ 次のように表示するデータを選択します．ここでは「基本情報」のタイトルを「参照先」という名前，「基本情報_1」のタイトルを「参照元」という名前で表示するようにしています．「エイリアス」はクエリーの実行結果を表示するときに，フィールド名として付けることができる別名です．

フィールド	タイトル	出版年	タイトル	出版年
エイリアス	参照先		参照元	
テーブル	基本情報	基本情報	基本情報_1	基本情報_1
並べ替え				
表示	☑	☑	☑	☑
関数				

❹ 表示内容を選択する

❺ 準備が整ったら［**クエリーの実行**］ボタン をクリックしてSQLを実行してみましょう．

この結果からわかるように，参照関係というテーブルを作成することで，ある文献が別の文献を参照しているという関係を表現できました．

最初から基本情報の中に参照関係を入力してしまえばよいではないかという疑問を持つかもしれませんし，確かにそういった考え方もあります．しかし，参照関係は固定的なものではありません．新しい文献が出るたびに過去の文献について言及される場合もあります．新たに参照されるたび

に参照先文献に情報を追記していく方法では，フィールドがいくつあっても足りなくなってしまうでしょう．

　また，文献と文献の関係は，文献そのものの情報ではなく，文献に関連する周辺情報であり，文献そのものとは関係のない情報です．そういった情報は文献の情報とは別に存在しているわけですから，データ上も別に管理するほうが望ましいと言えます．

　このように，データ自体だけではなく，さらにそのデータについてのデータを一緒に管理したい場合には，まさにリレーショナルデータベースが効力を発揮します．正規化を考慮し，適切にテーブルを分割し，結合できるようになってください．

 演習30

1．下記の2つの文献をデータベースに登録しましょう．

```
越智貢編『情報倫理学入門』, ナカニシヤ出版, 2004
水谷雅彦編『応用倫理学講義3 情報』, 岩波書店, 2005
```

これらの書籍も別の書籍と次のような参照関係を持っています（「→」は参照を意味します）．

```
情報倫理学入門   →   情報倫理の構築
応用倫理学講義   →   情報倫理の構築
情報倫理入門     →   情報倫理の構築
情報倫理入門     →   情報倫理学入門
```

これらの関係を作成したデータベースに登録してください．

2．登録した文献の中で，最もよく参照されている文献を探してください．回数は「COUNT」関数を利用して数えることができます．

3．文献間の関係と同じように，どの著者がどの著者を参照しているのかを表すクエリーを作成しましょう．

4．各著者ごとに執筆した書籍を表示するクエリーを作成しましょう．

参考文献一覧

■ リテラシーについて

- 石田雅,大本雅也.『オープンソース・ソフトウェアで学ぶ情報リテラシ[改訂版]』.学術図書出版社.2014.
  LibreOfficeをはじめとして,各種オープンソースのソフトウェアの詳細な使い方を学ぶことができます.
- 奥村晴彦.『改訂第2版 基礎からわかる情報リテラシー』.技術評論社.2014.
  情報リテラシーについて,言葉の意味や情報のしくみなど基礎的な解説が行われています.辞書的な使い方をすることで知りたいトピックにあたることができます.
- 岡本敏雄監修.『よくわかる情報リテラシー』.技術評論社.2012.
  データの分析についての基礎的な考え方をコンピュータ上で表現する方法について学べます.またプレゼンテーションの作法についても興味深く学習できます.

■ レポートの作成について

- 木下是雄.『理科系の作文技術』.中公新書.1981.
  誰もが一度は読んだことがあると言えるほど有名な書籍です.教科書としても使用されている例があるようです.
- ジョゼフ F. トリマー著,丸橋良雄,日高真帆訳.『MLA英語論文作成ガイド[第8版]』.英光社.2011.
  MLAにおける参考文献の記述についてより詳細に知りたい場合に参照してください.APAについても簡潔に述べられていますので,読んでおいて損はありません.
- 戸田山和久.『新版 論文の教室』.NHKブックス.2012.
  大学1年生がレポートを書くというストーリーをなぞりながら,その技法を学ぶことができます.
- 戸田山和久.『科学哲学の冒険』.NHKブックス.2005.
  科学の方法論や考え方を知ることで,どのように主張することが説明につながるのかを理解することができるようになります.同時に,行ってはいけない主張の方法も見えてきます.自分のレポートに説得力を持たせるためにも,どのような方法論が存在するのかを学習することは重要です.
- 野矢茂樹.『新版 論理トレーニング』.産業図書.2006.
  論証を行うための道具がぎっしりと詰まっています.しっかりと考える方法を身に付けたい場合には必読です.

■ 倫理について

- 眞嶋俊造,奥田太郎,河野哲也編著.『人文・社会科学のための研究倫理ガイドブック』.慶應義塾大学出版会.2015.
  本書では研究不正について「FFP」を紹介しましたが,その他の不正行為や,研究方法に関する倫理について丁寧に解説しています.

- 菅野政孝，大谷卓史，山本順一.『メディアとICTの知的財産権』. 共立出版. 2012.
  現在社会において知的財産権が必要とされる理由や歴史的経緯についてもまとめられており，知的財産権に関する優れた入門書です．
- 土屋俊監修.『情報倫理入門[改訂新版]』. アイ・ケイコーポレーション. 2014.
  情報倫理についてトピックを網羅しており，基礎的な知識を効果的に習得できます．

■ 情報数学と統計について

- 幸谷智紀, 國持良行.『情報数学の基礎』. 森北出版. 2011.
  コンピュータを理解するうえで必要な数学的な基礎がわかりやすく説明されています．
- 森敏昭, 吉田寿夫.『心理学のためのデータ解析テクニカルブック』. 北大路書房. 1990.
  統計学に関して基本的な部分から応用的な面まで幅広く取り上げており，また，説明もわかりやすく詳細です．
- 村井潤一郎.『はじめてのR』. 北大路書房. 2013.
  統計解析ソフトのRについてわかりやすく説明されており，本書で取り上げた多重比較等をRを用いて行う方法が記載されています．
- 河口至商.『多変量解析入門I』. 森北出版. 1973.
- 河口至商.『多変量解析入門II』. 森北出版. 1978.
  本書で取り上げた回帰分析，分散分析といった分析手法について，理論的な部分が丁寧に説明されています．

■ プログラムについて

- 内田智史監修.『C言語によるプログラミング 基礎編[第2版]』. オーム社. 2001.
- 内田智史監修.『C言語によるプログラミング 応用編[第2版]』. オーム社. 2002.
  C言語のための書籍ですが，プログラミングの基本から応用，色々なアルゴリズム，コンピュータの基礎知識など全般的に学ぶことができます．
- 日向俊二.『LibreOffice/OpenOffice.org Basicハンドブック』. カットシステム. 2014.
  LibreOffice Basicについて全般的に詳しい説明がされており，命令や文法のリファレンスとしても用いることができます．
- 加藤潔.『Excel環境におけるVisual Basicプログラミング[第3版]』. 共立出版. 2013.
  Excel VBAのための書籍ですが，LibreOffice Basicと文法的に近く，また，数値計算の基礎知識も学べます．

索引

◆記号

$	78
&	79, 176
()	78
*	79
.	78
[]	79
^	78
{n,m}	79
¥	79
¥n	78
+	79
=	176

◆英数字

2次元配列	182
2重ループ	183
2進数	191
ABS	149
AVERAGE	105, 110
BASICの保存	174
Caps Lock	16
CORREL	135
COUNT	109
COUNTIF	110
COUNTIFS	112
COVAR	140
CSV	151
DCOUNT	159
DEVSQ	142
do while文	181
double	175
DSUM	153
F.DIST	147
FINV	146
for文	180
FREQUENCY	116
F値	146
GDIメタファイル	256
IF	112
if文	186
IMRAD	28
integer	175
INTERCEPT	141
ISBLANK	169
LEFT	167
MAX	110
MID	167
MIN	110
mod	189
msgbox	173, 174
MS-IME	18
OLEオブジェクト	255
PDF形式	50
——での保存	50
PDFとしてエクスポート	51
qwerty配列	13
RANK	113
RIGHT	167
rnd	195
ROUNDDOWN	165
select文	188
SLOPE	141
SQL	263, 269
SQRT	143
STDEV.P	105
STDEV.S	105, 142
string	175
SUM	104
SUMIF	119
Tukey HSD法	148
VAR.P	105
VAR.S	105, 142
VLOOKUP	166
WHERE	276
Word形式	48
——での保存	48
X軸	133
Y誤差範囲	143
Y軸	133

◆あ行

アウトラインモード	241
アクティブセル	89
アニメーション	245, 248
アルゴリズム	194
アンカーポイント	65
入れ子	231
印刷	96
——プレビュー	96
インデント	33
引用の方法	37
うるう年	200, 225
円グラフ	124
オートフィル	93
オブジェクト	193, 208
——の移動	208
——のコピーと貼り付け	209
——のサイズ変更	209
——の挿入	208
——のプロパティ	210
——への文字の入力	209
折れ線グラフ	132

◆か行

回帰分析	138
確率密度関数	147
画像	63
——の移動	64
——の大きさ	67
——の挿入	63

かな入力 …………………… 20
関数 ………………………… 104
── ウィザード …………… 108
── の組み合わせ ………… 111
── のネスト ……………… 161
── の利用 ………………… 203
キーボード ………………… 13
── ショートカット ……… 17
帰無仮説 …………………… 144
脚注 ………………………… 39
行 …………………………… 55
── の削除 ………………… 58
── の高さの変更 ………… 90
── の追加 ………………… 58
行間の調整 ………………… 238
共分散 ……………………… 140
寄与率 ……………………… 140
近似曲線 …………………… 140
偶数判定 …………………… 223
クエリー …………… 265, 269
── の実行 ………………… 272
グラフ ……………… 121, 131
── 作成 ……… 121, 124, 131
── の編集 ………………… 133
繰り返し …………… 172, 220
── 処理 …………… 180, 228
グループ化 ………………… 274
グレゴリオ暦 ……………… 201
クロス集計 ………………… 170
検索 ………………………… 72
── と置換 ………………… 71
検定 ………………………… 142
効果の追加 ………………… 248
項目名 ……………………… 132
── に引用 ………… 124, 132
誤差バー …………………… 143
コネクター ………… 221, 252

◆さ行
最大値検索 ………………… 195
サイドバー ………………… 4
作業パネル ………………… 235

サブフォルダー …………… 9
参考文献の書き方 ………… 37
算術演算 …………………… 177
算術演算子 ………… 99, 177
三段論法 …………………… 213
散布図 ……………………… 135
シート ……………… 88, 100, 193
集合 ………………………… 144
自由度 ……………………… 146
主キー ……………………… 266
順次 ………………………… 220
小計 ………………………… 157
条件分岐 …………… 161, 172, 220
書誌情報 …………………… 278
処理 ………………………… 172
数式 ………………………… 98
── のコピー ……………… 102
── バー …………… 89, 99
スクロールバー …………… 4
図形描画 …………………… 206
スタイル …………………… 30
── と書式設定 …………… 26
── の使い方 ……………… 30
── の適用 ………………… 31
── の編集 ………………… 32
スチューデント化された
　範囲分布 ………………… 148
ステータスバー …………… 4
スライド …………………… 234
── 一覧モード …………… 243
── ショー ………………… 239
── の挿入 ………………… 236
── パネル ………………… 235
正規化 ……………………… 282
正規表現 …………………… 77
整数型 ……………………… 175
セキュリティ ……………… 52
絶対参照 …………………… 103
絶対値 ……………………… 107
セル ………………… 88, 193
── 内の改行 ……………… 94
── 内容の修正 …………… 90

── の色 …………………… 95
── の結合 ………… 63, 93
── のコピー ……………… 92
── の参照 ………………… 101
── の書式設定 …………… 94
── の分割 ………………… 61
── 範囲 …………………… 104
── 番地 …………………… 100
── への値の入力 ………… 90
相関係数 …………………… 135
相対参照 …………………… 103

◆た行
第2Y軸 …………………… 134
タイトルバー ……………… 4
代入演算子 ………………… 176
対立仮説 …………………… 144
多重比較 …………………… 142
タッチタイピング ………… 13
置換 ………………………… 74
注の付け方 ………………… 37
ツールバー ………………… 4
データ系列 ………… 125, 132
データテーブル …………… 257
データの並べ替え ………… 122
データベース ……………… 263
── 関数 …………………… 150
データラベル ……………… 127
テーブル …………………… 265
── の作成 ………………… 265
テキスト形式 ……………… 49
── での保存 ……………… 49
テキストボックス ………… 129
デスクトップ ……………… 1
テンプレート ……………… 246
度数分布表 ………………… 116

◆な行
ナビゲーター ……………… 34
並べ替え …………………… 197
── 基準 …………………… 164
── 条件 …………………… 123

日本語入力‥‥‥‥‥‥‥‥‥13
ノートモード‥‥‥‥‥‥‥242

◆は行
配布資料モード‥‥‥‥‥‥242
配列‥‥‥‥‥‥‥‥‥‥‥177
配列数式‥‥‥‥‥‥‥‥‥119
判断‥‥‥‥‥‥‥‥‥‥‥224
凡例を表示‥‥‥‥‥‥‥‥125
比較演算子‥‥‥‥‥‥110, 182
引数‥‥‥‥‥‥‥‥‥‥‥104
ヒストグラム‥‥‥‥‥‥‥116
ピボットテーブル‥‥‥‥‥160
表‥‥‥‥‥‥‥‥‥‥‥55, 56
──の挿入‥‥‥‥‥‥‥‥55
表計算‥‥‥‥‥‥‥‥‥‥‥87
表示切り替えタブ‥‥‥‥‥236
標準偏差‥‥‥‥‥‥‥105, 143
剽窃‥‥‥‥‥‥‥‥‥‥‥‥38
ファイルへリンク‥‥‥‥‥260
フィールド‥‥‥‥‥‥‥‥153
フォーム‥‥‥‥‥‥‥‥‥265
フォルダー‥‥‥‥‥‥‥‥‥6
複合参照‥‥‥‥‥‥‥‥‥103
ブック‥‥‥‥‥‥‥‥‥‥193
フッター‥‥‥‥‥‥‥‥‥‥43
浮動小数点型‥‥‥‥‥‥‥175
不偏分散‥‥‥‥‥‥‥‥‥142
プレゼンテーション‥‥‥‥234
フローチャート‥‥‥‥220, 228
プログラミング‥‥‥‥‥‥172
文献管理‥‥‥‥‥‥‥‥‥278
分散‥‥‥‥‥‥‥‥‥‥‥105
分散分析‥‥‥‥‥‥‥‥‥142
──表‥‥‥‥‥‥‥‥‥144
文書の構造化‥‥‥‥‥‥‥‥26
平均‥‥‥‥‥‥‥‥‥‥‥105
ページ総数‥‥‥‥‥‥‥‥‥47
ページ番号‥‥‥‥‥‥‥‥‥47
ページビューボタン‥‥‥‥‥4
ヘッダー‥‥‥‥‥‥‥‥‥‥43
偏差値‥‥‥‥‥‥‥‥‥‥105
偏差平方和‥‥‥‥‥‥‥‥142
ベン図‥‥‥‥‥‥‥‥‥‥211
変数‥‥‥‥‥‥‥‥‥‥‥175
──の宣言‥‥‥‥‥‥‥175
ホームポジション‥‥‥‥‥‥13
母集団‥‥‥‥‥‥‥‥‥‥142
保存‥‥‥‥‥‥‥‥6, 91, 152

◆ま行
マクロの管理‥‥‥‥‥‥‥172
マスターページ‥‥‥‥‥‥245
メニューバー‥‥‥‥‥‥‥‥4
目次‥‥‥‥‥‥‥‥‥‥‥‥82
──の更新‥‥‥‥‥‥‥‥83
──の作成‥‥‥‥‥‥‥‥82
──の設定‥‥‥‥‥‥‥‥82
文字型‥‥‥‥‥‥‥‥‥‥175
文字の折り返し‥‥‥‥‥‥‥65
文字列演算子‥‥‥‥‥‥‥176
文字列の操作‥‥‥‥‥‥‥167
文字列の挿入‥‥‥‥‥‥‥129
戻り値‥‥‥‥‥‥‥‥‥‥204

◆や行
有意水準‥‥‥‥‥‥‥‥‥146
ユリウス暦‥‥‥‥‥‥‥‥200
予測値‥‥‥‥‥‥‥‥‥‥140

◆ら行
乱数‥‥‥‥‥‥‥‥‥‥‥194
リハーサル‥‥‥‥‥‥‥‥240
リレーションシップ‥‥‥‥282
累積分布関数‥‥‥‥‥‥‥147
レコード‥‥‥‥‥‥‥‥‥153
列‥‥‥‥‥‥‥‥‥‥‥‥‥55
──の削除‥‥‥‥‥‥‥‥60
──の追加‥‥‥‥‥‥‥‥60
──幅の変更‥‥‥‥‥‥‥90
レポート‥‥‥‥‥‥‥‥‥265
連続データの作成‥‥‥‥‥117
ローマ字入力‥‥‥‥‥‥‥‥20
ログイン‥‥‥‥‥‥‥‥‥‥1

論理演算‥‥‥‥‥‥‥‥‥155
論理積‥‥‥‥‥‥‥‥‥‥155
論理和‥‥‥‥‥‥‥‥‥‥156

◆わ行
ワープロ‥‥‥‥‥‥‥‥‥‥26

【著者紹介】

畔津忠博（あぜつ・ただひろ）
　　山口県立大学国際文化学部　准教授
　　担当箇所：第7章～第22章，第28章

吉永敦征（よしなが・のぶゆき）
　　山口県立大学国際文化学部　准教授
　　担当箇所：第1章～第6章，第23章～第27章，第29章～第30章

永﨑研宣（ながさき・きよのり）
　　一般財団法人人文情報学研究所　主席研究員
　　担当箇所：全章，コラムの監修

LibreOfficeで学ぶ情報リテラシー

2016年5月10日　第1版1刷発行　　　　　　　　ISBN 978-4-501-55430-9 C3004
2019年3月20日　第1版3刷発行

著　者　畔津忠博・吉永敦征・永﨑研宣
　　　　©Azetsu Tadahiro, Yoshinaga Nobuyuki, Nagasaki Kiyonori 2016

発行所　学校法人 東京電機大学　　〒120-8551　東京都足立区千住旭町5番
　　　　東京電機大学出版局　　　　Tel. 03-5284-5386（営業）03-5284-5385（編集）
　　　　　　　　　　　　　　　　　Fax. 03-5284-5387　振替口座 00160-5-71715
　　　　　　　　　　　　　　　　　https://www.tdupress.jp/

JCOPY　＜(社)出版者著作権管理機構　委託出版物＞
本書の全部または一部を無断で複写複製（コピーおよび電子化を含む）することは，著作権法上での例外を除いて禁じられています。本書からの複製を希望される場合は，そのつど事前に，(社)出版者著作権管理機構の許諾を得てください。また，本書を代行業者等の第三者に依頼してスキャンやデジタル化をすることはたとえ個人や家庭内での利用であっても，いっさい認められておりません。
［連絡先］Tel. 03-5244-5088, Fax. 03-5244-5089, E-mail: info@jcopy.or.jp

編集協力・組版：(株)トップスタジオ　　印刷：(株)ルナテック　　製本：渡辺製本(株)
装丁：大貫伸樹
落丁・乱丁本はお取り替えいたします。　　　　　　　　　　　　　Printed in Japan

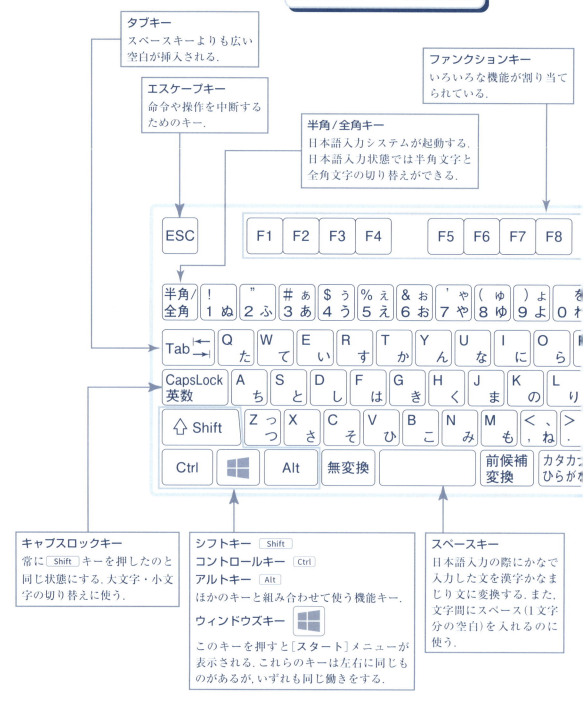